Prendre sa première classe en main

ÉDITION 2025

Florence Samarine
Brigitte de Vathaire-Cardona

Nathan

LES AUTRICES

Florence Samarine est inspectrice 1er degré de l'Éducation nationale après avoir été professeure des écoles pendant une quinzaine d'années dont 6 ans comme formatrice. Elle a enseigné en France et à l'étranger après un parcours en entreprise. Elle a codirigé les ouvrages *Pédagogies alternatives et démarches innovantes* (Nathan, 2020), *Comment l'enfant rentre dans les apprentissages* (Nathan, 2023) et a coécrit l'ouvrage *La pédagogie positive à l'école primaire* (Dunod, 2019). Elle est convaincue de l'éducabilité « de tous les élèves et toujours en quête de démarches pour contribuer à une école plus juste et efficace ».

Brigitte de Vathaire-Cardona est professeure des écoles depuis 25 ans et maitre formatrice depuis 2011. Elle a co-écrit l'ouvrage *Construire un climat de classe serein* (Nathan, 2021) et rédigé des documents pédagogiques consacrés à la prévention contre les violences sexuelles faites aux enfants.

Très investie dans la formation des étudiants de Master MEEF à l'INSPE de Paris et des professeurs des écoles stagiaires, elle intervient en particulier sur les difficultés de gestion du groupe et sur la construction du climat de classe. L'éveil de citoyens respectueux des principes de la République, capables d'esprit critique, solidaires et acteurs de la société est au cœur de sa pratique de classe.

Direction éditoriale : Gaëlle Mauduit
Édition : Doriane Giuili
Iconographie : Laure Penchenat, Sylvie Leneveu
Fabrication : Émilie Rametti
Direction artistique : Nadia Fernandes
Conception graphique : Création SKGD
Couverture : Création SKGD
Mise en page : Soft Office

92 avenue de France - 75013 Paris
ISBN : 978-209-50-48013

contact@nathan.fr

SOMMAIRE

INTRODUCTION

01 ÊTRE ENSEIGNANT

02 PRÉPARER LA RENTRÉE

04 L'ORGANISATION DE L'ANNÉE

ANNEXES

INTRODUCTION

Jeune enseignant titulaire, contractuel, stagiaire, étudiant en responsabilité de classe, vous avez choisi le métier de professeur des écoles. Vous entrez dans un métier passionnant, porteur de sens pour le professionnel et d'enjeux importants pour la société. Voir évoluer et réussir un élève grâce à son travail procure une réelle satisfaction ! Mais c'est aussi un métier complexe par la multitude des tâches qu'il comprend, un métier difficile à appréhender en début de carrière tant ses dimensions sont multiples. Être professeur des écoles allie en même temps des qualités de bâtisseur, d'ingénieur et d'humaniste pour construire le monde d'aujourd'hui et former les adultes de demain.

Cet ouvrage est destiné aux enseignants du premier degré qui entrent dans le métier quel que soit leur statut. Il propose des éclairages et conseils très pratiques pour prendre en main sa classe, la préparer avant la rentrée, réussir ses premiers jours avec les élèves, les parents, les collègues et se projeter dans l'année pour construire un climat serein propice aux apprentissages de tous les élèves. Les conseils que vous y trouverez sont illustrés de situations de classe que nous avons vécues en tant qu'enseignantes en maternelle et en élémentaire ou en tant que formatrices lors de visites de classes d'enseignants débutants. Des documents professionnels directement utilisables pour votre classe sont proposés en fin d'ouvrage.

Prendre sa première classe en main, c'est un véritable challenge ! Cela se prépare, se pense, se construit : un groupe d'enfants va vous être confié, c'est un engagement important. Il va vous falloir être professionnel dès la pré-rentrée.

VOTRE RÔLE EST ESSENTIEL

Le professeur des écoles amène quotidiennement les élèves à construire des savoirs et des compétences quels que soient le niveau de ses élèves et le territoire sur lequel il enseigne. Il incarne au quotidien les valeurs de la République et participe à leur promotion sociale et à leur intégration. Même si vous entrez dans le métier, vous avez déjà des compétences professionnelles et des qualités personnelles qui vous permettront de remplir ces missions. Vous serez certes la plupart du temps seul dans la classe pour faire cours, mais vous vous inscrirez au sein d'une communauté éducative variée qui vous permettra de trouver de l'aide didactique et pédagogique, du soutien moral, de croiser les regards sur une démarche, un manuel, un élève, un parent… Vous n'êtes pas seul. S'il faut un village pour élever un enfant, il faut une communauté pour enseigner et faire réussir tous les élèves !

VOTRE ACTION DOIT ÊTRE EFFICIENTE

Le climat de classe est un élément majeur de la réussite des élèves : on n'apprend bien que quand on se sent bien. Il est nécessaire de tout mettre en œuvre pour développer un climat de travail propice à conjuguer l'épanouissement des élèves, leur motivation et la réussite de leurs apprentissages en veillant à l'inclusion de tous. Par son enseignement, sa posture et ses gestes professionnels, le professeur des écoles amène ses élèves à développer leur confiance en eux et contribue à la formation de leur esprit critique et de démarches de communication, à la construction progressive de l'autonomie et de la coopération, à l'exercice de la responsabilité.

Vous devrez tenir compte du contexte particulier de votre école, de votre classe et de chacun de vos élèves pour accompagner leurs parcours, en vous appuyant sur votre connaissance du fonctionnement du système éducatif et des mécanismes qui régissent les apprentissages de l'école. Des données objectives, tels que les résultats aux évaluations, vous permettront de situer le niveau de vos élèves. La confrontation à l'hétérogénéité du groupe classe est toujours déstabilisante et il vous faudra ajuster vos pratiques et différencier pour amener chacun à progresser. Être efficace pour tous n'est pas aisé, mais cela doit être la préoccupation centrale de votre métier !

Enfin, vos compétences relationnelles vous permettront de trouver la juste distance avec vos élèves, exigeante mais bienveillante.

VOTRE PRATIQUE DOIT ÊTRE RÉFLEXIVE

Observer et mesurer quotidiennement la capacité à progresser de vos élèves sont votre boussole pour analyser votre travail. Qu'est-ce que mes élèves ont appris ? L'éducabilité de tous les élèves oblige à interroger fréquemment ses pratiques, à s'inscrire dans une dynamique de développement professionnel continu, à innover, à réajuster son action. Les tuteurs et les conseillers pédagogiques vous aideront pour faire évoluer vos pratiques et renforcer la qualité de votre action.

Que vous soyez professeur des écoles stagiaire, contractuel, alternant ou récemment titulaire, vos actions doivent s'inscrire dans ces objectifs.
Que vous exerciez à temps plein, en temps partagé, en stage filé ou massé, vous êtes en responsabilité de vos élèves. Engagez-vous pleinement !
Nous souhaitons que cet ouvrage vous permette d'anticiper et de mieux comprendre les attentes et difficultés de votre métier au quotidien pour faire réussir tous vos élèves. Travaillez en équipe, vous n'êtes jamais seul. Osez poser les questions. Nous avons tous débuté un jour !
Prenez le temps de mettre en place vos activités et d'observer vos élèves pour les faire réussir.
Ayez confiance dans vos capacités.

01

ÊTRE ENSEIGNANT

A RESPECTER LE CADRE **INSTITUTIONNEL**

La profession d'enseignant est encadrée par des textes officiels qui définissent les droits et obligations des fonctionnaires et ceux plus spécifiques des professeurs. Que vous soyez enseignant stagiaire, débutant ou contractuel, vous avez les mêmes obligations que vos collègues plus expérimentés dès le premier jour de classe.

1. APPARTENIR À UN SERVICE PUBLIC DE L'ÉDUCATION

Ces grands principes qui se sont construits progressivement avec les différents textes de loi depuis le XIXe siècle ont un impact au quotidien sur vos actions. La loi et les différents textes garantissent une homogénéité entre les citoyens et se portent garants de la République. Vous constaterez dans des situations variées que le « retour aux textes » permet d'argumenter en cas de difficultés et de litiges. Il est donc important de les connaître car c'est dans ce cadre précis de référence que vos missions s'inscrivent, que vous construisez quotidiennement vos activités, que vous légitimez vos actions auprès de vos tuteurs, vos collègues, les parents, les animateurs, les partenaires. C'est aussi dans ce cadre officiel que vous serez évalué lors des stages, pour votre titularisation et tout au long de votre carrière.

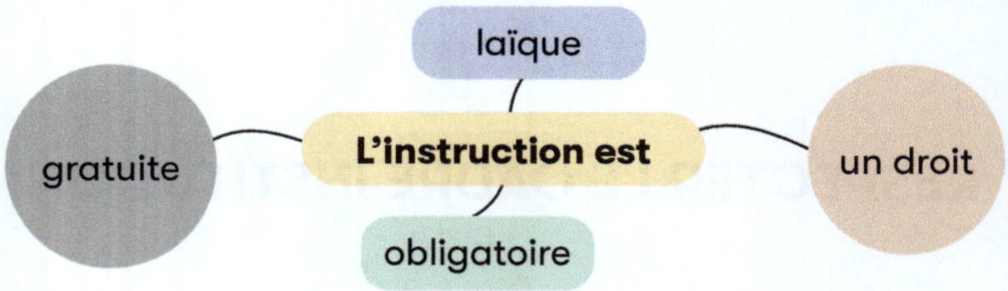

L'école publique est gratuite

• À savoir : Afin de garantir l'accès de tous et l'égalité des chances devant le savoir dans le respect des valeurs de la République, les parents ne supportent pas financièrement les frais de scolarité pendant toute la durée de la scolarité obligatoire.

Quelles sont mes responsabilités par rapport à la gratuité ?

Toutes les **activités obligatoires** d'enseignement sur le temps scolaire sont gratuites, qu'elles se déroulent à l'école ou en dehors. **Les projets de sorties** peuvent parfois nécessiter une participation des familles pour le transport et la visite. La contribution financière des parents doit rester raisonnable pour ne pas constituer un frein à la participation des élèves. Elle sera, si besoin, réglée par la coopérative en totalité ou en partie pour certains élèves. Soyez donc très vigilant pour fixer le montant de la participation.

Veillez également à ce que tous les élèves participent aux différentes activités. Certaines familles peuvent essayer de soustraire leur enfant à certaines activités sous de faux motifs cachant des raisons variées : pudeur de révéler leurs difficultés financières, croyance philosophique ou religieuse... Toutefois vous pourrez rappeler aux parents leur intérêt : contribuer à donner du sens aux apprentissages en favorisant le contact direct avec l'environnement naturel ou culturel, avec des acteurs dans leur milieu de travail, avec des œuvres originales...
N'hésitez pas à en parler à vos collègues qui ont peut-être déjà rencontré cette situation et ont une connaissance plus ancienne des familles. Par ailleurs, la souscription d'une assurance par les parents d'élèves n'est pas exigée pour les sorties scolaires obligatoires (c'est-à-dire sur le temps scolaire).

Pour les sorties facultatives (hors temps scolaire), la souscription est obligatoire. En tant qu'enseignant, vous ne pouvez participer à la distribution de contrat d'assurance.

La participation à la coopérative scolaire n'est pas obligatoire. La contribution est toujours volontaire et doit rester mesurée. Quelle que soit la participation des familles, il est respectueux que vous leur signaliez l'utilisation des fonds récoltés (par exemple, financement d'une activité, d'une sortie...)
L'achat de matériel et de fournitures scolaires est financé par les communes. Certains projets peuvent impliquer une participation financière des familles. En cas de difficultés financières de certaines familles, la coopérative scolaire peut apporter un complément.

L'école publique est laïque

• **À savoir :** Cela signifie que l'enseignement est le même pour tous, qu'aucune instruction religieuse n'est dispensée (sauf dans les départements de l'Est qui relèvent de l'application du Concordat de 1905) et que les signes extérieurs à des fins de prosélytisme (religieux, politiques, philosophiques...) et les activités d'endoctrinement sont interdits.

Quelles incidences sur mon travail ?

Le principe de laïcité vous impose une obligation de neutralité :
• dans votre tenue vestimentaire : ne pas porter de signes ostensibles ;
• dans vos propos : ne pas faire acte de prosélytisme religieux, philosophique, politique ou commercial. Par exemple, vous ne pouvez pas imposer un agenda scolaire spécifique par respect de la liberté de choix des familles et le jeu de la concurrence en matière d'achats. Les produits ne doivent pas être désignés par le nom d'une marque mais par leurs caractéristiques.
• dans votre rapport aux élèves : aucune discrimination de sexe, culture et religion ;
• dans vos choix d'activités.

EN PRATIQUE

Ai-je le droit de parler de religion à l'école ?

Vous pouvez tout à fait parler de religion avec vos élèves si vos séances vous y conduisent. Il faut distinguer l'enseignement de la religion elle-même, qui n'a pas sa place à l'école, de l'enseignement des faits religieux.

« *L'enseignement des faits religieux, dans notre république laïque, est inscrit dans le socle commun de connaissances, de compétences et de culture. Avec objectivité et méthode, il décrit et analyse les faits religieux comme éléments de compréhension des sociétés passées et de notre patrimoine culturel, par le truchement de disciplines, telles l'histoire, les lettres, l'histoire des arts, l'éducation musicale, les arts plastiques, ou encore la philosophie.* »
(source Eduscol)

En revanche, en tant que fonctionnaire d'État exerçant une mission de service public, vous êtes tenu au **devoir de neutralité** : vous ne pouvez donc pas parler de votre religion ou de votre absence de religion. Votre discours doit être dénué de tout engagement personnel et vous devez veiller à apporter des notions sur toutes les grandes religions. Il est important avec vos élèves de distinguer la science, fondée sur la démarche scientifique, universelle (« le savoir »), et la religion, fondée sur la croyance, expérience personnelle (« le croire »), sans pour autant discréditer celle-ci.
Parler des religions, c'est reconnaitre leur dimension culturelle et historique. L'aspect cultuel ne peut pas être enseigné. Connaitre les religions des autres, c'est prendre conscience de tout ce que les religions ont en commun et dépasser la peur de l'autre.
Un travail sur la Charte de la laïcité* est nécessaire pour faire réfléchir les élèves sur ce principe qui fonde le système éducatif français depuis la fin du XIXe siècle et qui doit les préserver de tout prosélytisme idéologique, économique et religieux pour garantir à chacun le principe de liberté.

Mes élèves ont-ils le droit de parler de leur religion à l'école ?

Oui, vos élèves ont le droit de parler de leur religion, mais sans prosélytisme ni jugement dévalorisant les autres religions ou l'athéisme. La liberté d'expression s'applique tant qu'elle n'est pas source de violence et de haine. Aucun élève ne doit critiquer autrui pour ses convictions religieuses ou dans sa manière de vivre sa religion.

* Charte de la Laïcité BO du 12 septembre 2013, https://eduscol.education.fr/1618/la-laicite-l-ecole

Lors d'une sortie, un parent accompagnateur porte un signe religieux visible. Peut-il accompagner la classe ?

Seuls les élèves et les personnels qui remplissent une mission d'enseignement, d'éducation ou d'animation sont soumis à une interdiction de porter des signes par lesquels ils manifestent ostensiblement leur appartenance religieuse (loi de 2004). Un parent qui vient ponctuellement accompagner la classe ne saurait être de manière générale assujetti à la même obligation. Par conséquent, le port de signe religieux est accepté. Le parent accompagnateur est tenu, dans tous les cas, à un devoir d'exemplarité et ne doit faire preuve ni de prosélytisme ni de discrimination envers les élèves. Néanmoins, si un parent vient dans votre classe animer un atelier, il doit se conformer au principe de laïcité.
Le vademecum « La laïcité à l'école »* permet de trouver des réponses concrètes face aux nombreuses questions soulevées par tous les acteurs de la communauté éducative.

Que faire si un parent demande que son enfant ne participe pas à une activité scolaire?

Les élèves sont soumis à **l'obligation d'assiduité** par l'article L. 511-1 du Code de l'éducation, qui impose que soit suivie l'intégralité des enseignements obligatoires et facultatifs auxquels les élèves sont inscrits.
Tous les cours inscrits à l'emploi du temps sont donc obligatoires pour tous les élèves sans pouvoir refuser les matières qui leur paraîtraient contraires à leurs convictions. Un absentéisme sélectif pour des raisons religieuses ne peut être accepté.
En EPS, les certificats médicaux – qui pourraient apparaître de complaisance – peuvent être soumis au contrôle du médecin scolaire académique. En effet, le motif d'atteinte à des convictions religieuses ne figure pas au nombre des motifs d'absence reconnus comme légitimes.
Le vademecum « La laïcité à l'école » comporte de nombreux exemples à tous les niveaux de la scolarité.

* Vademecum Laïcité Eduscol – mises à jour régulières

L'instruction est obligatoire

• **À savoir :** L'instruction (et non l'école) est obligatoire pour tous les enfants français ou étrangers résidant en France de l'âge de 3 ans à 16 ans depuis la rentrée 2019. C'est une obligation de l'État qui doit garantir l'égal accès de tous les enfants à l'instruction.

Quelles conséquences au quotidien ?
Vous devez impérativement contrôler l'assiduité de tous les élèves inscrits dans votre classe. Ce contrôle s'effectue par l'appel systématique à chaque demi-journée, la tenue rigoureuse du registre d'appel et une vigilance pour non-respect de l'assiduité de certains élèves. (Voir **partie 2-A** « Préparer les outils de l'enseignant »)
Le directeur de l'école visera mensuellement le cahier d'appel de chaque classe.

Quelle particularité pour la classe de Petite Section ?
La scolarité en PS est obligatoire pour tous les enfants qui ont 3 ans dans l'année civile. Par exemple, pour l'année scolaire 2025-2026, tous les enfants nés entre le 1er janvier et le 31 décembre 2022 sont scolarisés en PS.

Un aménagement du temps de présence peut être accordé (uniquement en PS) pour la présence l'après-midi. Il fait l'objet d'une demande préalable des personnes responsables sur une fiche spéciale et de l'accord de l'inspecteur. Les parents en sont informés lors de l'entretien d'inscription par le directeur. Votre rôle consiste à recueillir les documents et rappeler le cadre du décret n° 2019-826 du 2 août 2019 sur les modalités d'aménagement de l'obligation d'assiduité en petite section d'école maternelle si nécessaire. Toutes les questions relatives à la présence et l'absence des élèves doivent être adressées à l'enseignant et au directeur de l'école.

EN PRATIQUE

J'ai une classe de Toute Petite Section (2-3 ans). L'obligation de présence est-elle la même ?

À partir du moment où un élève est inscrit à l'école, vous devez contrôler son assiduité même si l'école n'est pas obligatoire en TPS. De manière générale, l'inscription d'un enfant à l'école implique une fréquentation assidue et une justification systématique de ses absences.

Quel est mon rôle en cas d'absence d'un élève?
Vous reportez chaque absence dans le cahier d'appel par demi-journée selon la codification précisée (voir **partie 2-A** « Les documents administratifs : le cahier d'appel »).

Vous informez le directeur qui contacte les responsables de l'enfant pour connaitre le motif de l'absence si elle n'a pas été signalée préalablement. Les seuls motifs légitimes sont :
– maladie de l'enfant ;
– maladie contagieuse d'un membre de la famille ;
– réunion solennelle de famille ;
– empêchement dû à la difficulté accidentelle de communication ;
– absence temporaire des personnes responsables.
En cas de maladie contagieuse, un certificat du médecin est nécessaire.
Vous demandez aux parents un justificatif et vous le conservez.
Vous rappelez si besoin aux parents le cadre des absences et mentionnez que chaque absence pénalise l'enfant puisqu'il ne suit pas tous les enseignements obligatoires.
Vous mentionnez à la réunion de parents de début d'année la procédure à tenir en cas d'absence prévue ou imprévue.

L'instruction est un droit

• À savoir : Le droit à l'éducation est un des droits universels de l'Homme, droit d'être éduqué et d'avoir accès à la connaissance. Il est inscrit dans la Déclaration universelle des droits de l'homme de 1948 et la Convention relative aux droits de l'enfant en 1989, texte signé et ratifié par la France le 7 août 1990.

Tout être humain a le droit d'apprendre à écrire et à lire et, grâce aux connaissances transmises par l'éducation, à s'épanouir dans sa vie d'adulte, et à acquérir un développement moral et citoyen au sein de la société. L'éducation de l'enfant permet le développement social, économique et culturel d'une société.

2. LES VALEURS RÉPUBLICAINES : LES INCARNER ET LES FAIRE VIVRE

• À savoir : L'École n'est pas seulement un lieu d'apprentissages du français et des mathématiques, elle est surtout un lieu de construction du futur citoyen amené à vivre en société. Cela pose clairement la question de l'éthique et de la déontologie des enseignants qui vont contribuer à la formation des élèves. Pour enseigner, chaque personnel doit accepter et assumer cette dimension morale. L'éthique renvoie à des convictions personnelles mais aussi aux valeurs communes, l'idéal humaniste et républicain, dont l'Institution attend l'intériorisation par chacun de ses personnels.

Le Code de l'éducation rappelle, dans son article L 111-1, que « Outre la transmission des connaissances, la Nation fixe comme mission première à l'École de faire partager aux élèves les valeurs de la République ».

Comment se positionner pour enseigner ?
La **liberté de conscience** offre la possibilité pour chaque citoyen d'adhérer aux conceptions philosophiques, politiques, religieuses, commerciales... de son choix. Ce droit permet à tout individu de choisir ses valeurs, principes, idées... tout en les inscrivant parallèlement dans un strict **devoir de neutralité.**

L'École s'attache à développer cette liberté de conscience, indissociable de l'égalité. En effet, les citoyens sont libres de penser car ils se considèrent égaux et refusent toutes les discriminations. L'École refuse le déterminisme social en s'attachant au principe d'éducabilité.

L'École n'enseigne pas les valeurs républicaines comme un corpus idéologique mais les met en œuvre dans des actions et activités quotidiennes au cœur de l'école et de la classe pour initier à la démocratie. La laïcité fournit le cadre de l'enseignement des valeurs aussi bien pour les enseignants que pour les élèves. Elle n'est pas une abstention de croyances philosophiques, religieuses... mais la certitude d'offrir un cadre apaisé et neutre aux élèves, propice aux apprentissages et à la construction de leur personnalité et d'une pensée raisonnée et indépendante.

Vous avez donc une triple mission :
- Garantir les valeurs de la République
- Les faire connaitre
- Les faire partager

Elle vous oblige à un devoir d'exemplarité et une compréhension du sens des valeurs. Vos actions s'inscrivent dans le cadre de la loi du 20 avril 2016 relative à la déontologie et aux droits et obligations des fonctionnaires qui assure une cohérence d'ensemble au service de l'intérêt des élèves.

3. LE RÉFÉRENTIEL DE COMPÉTENCES : CONNAITRE LE CADRE STATUTAIRE

• **À savoir :** Le référentiel de compétences publié au Journal officiel du 18 juillet 2013 se décline en 19 compétences : 14 compétences communes à tous les professeurs et personnels d'éducation et 5 spécifiques aux professeurs. Il définit le cadre statutaire de votre exercice professionnel.

Le référentiel vise trois objectifs :
• affirmer que tous les personnels concourent à des objectifs communs en référence à une culture professionnelle partagée,
• reconnaitre la spécificité du métier d'enseignant,
• identifier des compétences attendues.

Quelles sont les compétences de l'enseignant à acquérir ?
Les 19 compétences sont identiques quels que soient le nombre d'années d'expérience, le lieu d'exercice, le niveau d'enseignement (maternelle, élémentaire, 2nd degré). Le référentiel dresse le portrait du professeur

MÉMENTO

Des compétences communes à tous les professeurs et personnels d'éducation (CC)

• CC1. Faire partager les valeurs de la République
• CC2. Inscrire son action dans le cadre des principes fondamentaux du système éducatif et dans le cadre réglementaire de l'école
• CC3. Connaître les élèves et les processus d'apprentissage
• CC4. Prendre en compte la diversité des élèves
• CC5. Accompagner les élèves dans leur parcours de formation
• CC6. Agir en éducateur responsable et selon des principes éthiques
• CC7. Maitriser la langue française à des fins de communication
• CC8. Utiliser une langue vivante étrangère dans les situations exigées par son métier
• CC9. Intégrer les éléments de la culture numérique nécessaires à l'exercice de son métier
• CC10. Coopérer au sein d'une équipe
• CC11. Contribuer à l'action de la communauté éducative
• CC12. Coopérer avec les parents d'élèves
• CC13. Coopérer avec les partenaires de l'école
• CC14. S'engager dans une démarche individuelle et collective de développement professionnel

Des compétences communes à tous les professeurs (P)

• P1. Maitriser les savoirs disciplinaires et leurs didactiques
• P2. Maitriser la langue française dans le cadre de son enseignement
• P3. Construire, mettre en œuvre et animer des situations d'enseignement et d'apprentissage prenant en compte la diversité des élèves
• P4. Organiser et assurer un mode de fonctionnement du groupe favorisant l'apprentissage et la socialisation des élèves
• P5. Évaluer les progrès et les acquisitions des élèves.

d'aujourd'hui : « un "praticien réflexif", en posture de recherche, qui fonde et ajuste son action sur l'évaluation des besoins et des progrès des élèves. Il pratique la différenciation pédagogique pour s'adapter à la diversité des élèves. Il utilise les outils numériques et les démarches de projet pour renforcer l'individualisation, l'interaction, la créativité et la collaboration entre les élèves. Acteur de la communauté éducative, il contribue avec ses pairs à la conception et à la mise en œuvre du projet d'école ou d'établissement dans son / ses environnements. C'est un humaniste, un ingénieur, un bâtisseur : en donnant du sens à son métier, il ouvre la porte de l'avenir à ses élèves. » [1]

NOTRE CONSEIL

En tant qu'***enseignant débutant***, consultez-le régulièrement pour vous auto-positionner et cibler vos points d'amélioration. Utilisez la grille et les descripteurs des degrés d'acquisition des différentes compétences[2].

Les formateurs qui vous rendent visite s'appuient sur le référentiel pour identifier les compétences fondamentales que vous devez acquérir en formation initiale. Vous les développerez tout au long de votre carrière. Tous les rapports de visite rédigés à l'issue de l'observation de votre classe s'y réfèrent. Votre titularisation et vos rendez-vous de carrière avec l'inspecteur s'appuieront dessus pour évaluer votre maitrise progressive de chaque compétence.

Quelles différences y a-t-il entre un animateur et un enseignant ?

L'école est un lieu d'apprentissages qui répond à des objectifs définis dans les programmes et mesurés au travers des évaluations. Les activités scolaires, même intéressantes, ne peuvent pas relever de l'occupationnel et doivent toutes contribuer à la construction de connaissances et compétences du socle dans le cadre de vos obligations professionnelles. Les formateurs qui visiteront votre classe y seront particulièrement attentifs : objectifs d'apprentissage, évaluation des acquis, référence aux textes institutionnels. Pour chaque activité programmée, partez du programme (et non de l'activité) et commencez par définir la compétence travaillée et l'objectif d'apprentissage (« Qu'est-ce que je veux que mes élèves aient appris à la fin de cette séance ? »), définissez les activités et critères de réussite. Par exemple, vous proposez une activité de coloriage. En tant qu'enseignant, vous donnerez une consigne, vous intégrerez cette activité dans un projet, vous donnerez des critères de réussite, vous

1 Source : MEN, février 2021 https://www.education.gouv.fr/le-referentiel-de-competences-des-metiers-du-professorat-et-de-l-education-5753

2 https://cache.media.education.gouv.fr/file/13/04/3/encart6379_fiche14_404043.pdf

serez attentif à la bonne préhension et tenue du feutre, vous vérifierez la précision du geste graphique, la qualité du travail et vous proposerez un bilan en fin de séance.

La nature de la relation que vous allez construire avec les élèves doit être respectueuse, empathique, bienveillante et cadrante, en adéquation avec la posture d'un enseignant.

Un enseignant qui a de l'estime pour ses élèves est celui qui a de l'ambition pour eux. Avoir de l'ambition, c'est être exigeant sur la qualité des productions, leur montrer qu'ils peuvent réussir seul. Les difficultés d'apprentissage et les problèmes de type personnel des élèves se traitent toujours en professionnel. Vos élèves ne sont pas des copains. Il s'agit donc d'être à l'écoute, en empathie pour comprendre, de montrer de la sensibilité pour entendre leurs difficultés personnelles. Quand les élèves s'adressent à vous, c'est avant tout à un adulte référent qu'ils parlent.

Qu'est-ce que la polyvalence de l'enseignant du premier degré ?
Vous êtes professeur des écoles, vous devez être capable d'enseigner toutes les matières du programme, à tous les niveaux de la TPS au CM2, à des profils d'élèves variés et d'inculquer les valeurs de la République. Cette prérogative participe à l'affirmation de votre identité professionnelle, détaillée dans le référentiel de compétences professionnelles.

Cette polyvalence se fonde sur les besoins psychologiques et physiologiques des élèves de 3 à 11 ans et la volonté de former l'élève dans sa globalité.
Par votre présence chaque jour et pour tous les enseignements, vous développez un cadre offrant des repères stables au niveau du temps, de l'espace et des personnes. Vous permettez ainsi à vos élèves de développer des liens socio-affectifs structurants absolument nécessaires pour construire des apprentissages, enseigner des méthodes et former progressivement au regard critique.

L'exercice de la polyvalence garantit la cohérence des apprentissages.
Vous allez lier des contenus, aider à décontextualiser et à recontextualiser un concept, proposer des stratégies de transfert ou encore asseoir des compétences méthodologiques.
Même si l'enseignement des fondamentaux reste une priorité nationale, vous ne devez pas négliger les autres domaines d'apprentissage aussi bien dans votre emploi du temps, que dans les appréciations portées auprès de vos collègues ou des parents. Travailler toutes les disciplines au travers du projet d'école et des projets de classe permet à vos élèves de tisser des liens entre les savoirs, de penser le monde dans sa globalité et de donner plus du sens aux acquisitions. La polyvalence offre à vos élèves plus de cohérence et de sens, ce qui les engagera dans les apprentissages, en particulier pour ceux éloignés de l'école.

EN PRATIQUE

Je ne suis vraiment pas à l'aise en arts plastiques. Suis-je vraiment obligé d'en faire ?

Oui, les arts plastiques faisant partie des programmes, vous y êtes obligé, comme pour tous les domaines d'enseignement. De plus, la compétence du référentiel de l'enseignant CC14, *S'engager dans une démarche individuelle et collective de développement professionnel*, induit que vous devez mettre en œuvre une démarche de formation personnelle si vous avez identifié des besoins. Lisez des documents de référence, questionnez vos collègues, soyez curieux et constructif : la polyvalence s'acquiert par un positionnement réflexif et une démarche de recherche active.

La polyvalence vous permet d'observer l'engagement des élèves dans les apprentissages de différentes matières, d'accueillir leurs talents, de les valoriser.
Un élève au niveau faible en français peut avoir des compétences en EPS que vous pourrez ainsi souligner pour développer son estime de soi. Enseigner une langue vivante étrangère permet de mettre tous les élèves sur un pied d'égalité, de voir les élèves non francophones habituellement réservés en langage oral en français oser enfin s'exprimer.

Toutes les matières concourent à l'épanouissement des élèves, en particulier pour ceux éloignés de la culture scolaire.

4. LES OBLIGATIONS DE L'ENSEIGNANT

Vous avez, en tant que professeur des écoles, des obligations et des droits liés à votre appartenance à un service public d'éducation qui impose des comportements dictés par l'intérêt du service public.

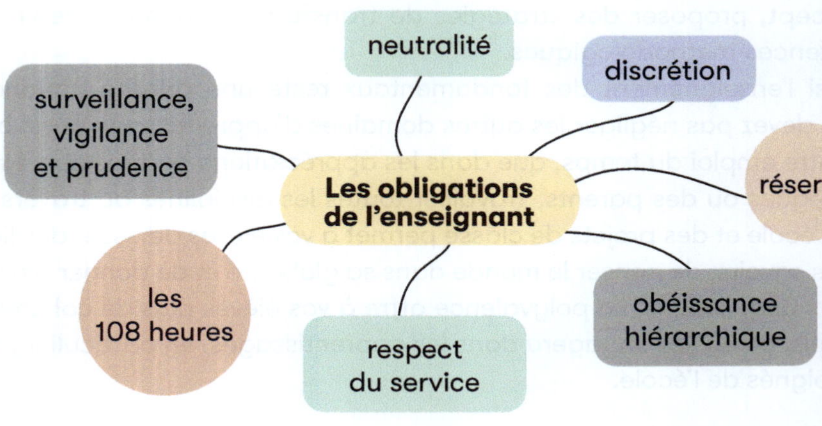

obligation de neutralité

• À savoir : Vos missions vous conduisent à transmettre les valeurs de la République, notamment l'idéal laïc qui exclut toute discrimination de sexe, culture ou religion. Vous ne pouvez, à ce titre, manifester vos opinions dans le cadre professionnel. Cela implique que vous respectiez la liberté de conscience des élèves, que vous ne condamniez aucune croyance et que vous ne preniez parti pour aucune.

obligation de discrétion

• À savoir : Vous allez être dépositaire de certains documents, faits, informations pour certains élèves, leurs familles, vos collègues. Vous devez faire preuve de discrétion professionnelle en ne révélant pas ces informations. Cette disposition a pour objet de protéger les intérêts matériels et moraux de chaque individu. Cette obligation ne peut être déliée que par décision de vos supérieurs hiérarchiques.

EN PRATIQUE

Lors d'une équipe éducative, certaines informations sont données. Dois-je les communiquer à l'ATSEM de la classe ?

Les informations à caractère personnel n'ont pas à être diffusées. Les révéler ne permettrait d'ailleurs pas de répondre mieux aux besoins de l'élève. L'ATSEM doit connaitre les actions à mettre en œuvre pour surmonter les obstacles aux apprentissages sans en connaitre les origines.

obligation de réserve

• À savoir : Le principe de neutralité du service public interdit à tout fonctionnaire d'user de sa fonction pour imposer un point de vue politique, religieux, philosophique, commercial… Cette limitation de la liberté d'expression évite les prises de position qui nuiraient à l'intérêt du service public.

EN PRATIQUE

Un média me demande de témoigner. Puis-je m'exprimer librement ?

Toute communication dans les médias sous votre statut d'enseignant doit faire l'objet d'une demande d'autorisation préalable auprès de votre supérieur hiérarchique.

obligation d'obéissance hiérarchique

• **À savoir :** L'enseignant doit se conformer aux instructions émanant de l'autorité hiérarchique, dont le premier niveau est représenté par l'inspecteur.

Cette obligation impose de vous soumettre au contrôle hiérarchique et d'être loyal dans l'exercice de vos missions. Elle implique aussi la mise en œuvre et le respect de toutes les instructions, textes et règlements en vigueur. Tout manquement serait considéré comme une faute professionnelle. Cette obligation est levée lorsque l'ordre donné est manifestement illégal ou de nature à compromettre gravement à un intérêt public (sécurité des élèves, neutralité...).

NOTRE CONSEIL

Si vous utilisez un manuel scolaire, vérifiez bien ses contenus. Certains peuvent avoir été supprimés ou modifiés par rapport aux programmes en vigueur.

Lors des visites de classe, l'inspecteur et les différents formateurs vont vérifier la conformité de vos documents professionnels avec les textes en vigueur. Ils contrôlent les disciplines et compétences enseignées, le volume horaire par discipline, le libellé des disciplines... Autant d'informations qui attestent de votre connaissance des programmes et de votre respect des instructions.

EN PRATIQUE

Les évaluations nationales sont-elles obligatoires ?

Ces évaluations, définies par le ministère de l'Éducation nationale pour chaque niveau de classe de l'école élémentaire, permettent d'avoir un profil précis des élèves. Elles sont obligatoires pour tous les élèves des classes concernées. Refuser de procéder aux évaluations ou de transmettre leurs résultats correspond à une faute professionnelle.

obligation d'assurer son service

• **À savoir :** Lorsque vous êtes affecté sur un poste, quelle qu'en soit la durée, ou pour un stage, vous avez une obligation de rejoindre le poste assigné et d'assurer toutes les charges qui relèvent de cette mission (heures de classe, heures de réunions pédagogiques, heures de formation, communication des résultats des évaluations, communication avec les parents...). N'hésitez pas à demander au directeur des précisions sur ces différents points.

Si vous ne vous rendez pas sur votre lieu d'affectation, l'inspecteur considère que vous avez abandonné votre poste.
Vous devez être chaque jour ponctuel et assidu.

EN PRATIQUE

J'ai demandé une affectation en maternelle et je me retrouve en élémentaire. Ai-je le droit de refuser le poste?

Non, vous devez vous rendre au poste qui vous a été affecté. Vous êtes professeur des écoles et pouvez enseigner de la TPS au CM2.

obligation des 108 heures

• **À savoir :** Le BO du 21 février 2013 impose à chaque enseignant du premier degré (maternelle et élémentaire) d'effectuer 24 heures hebdomadaires d'enseignement à tous les élèves et 3 heures hebdomadaires en moyenne annuelle, soit 108 heures annuelles.

Le contenu des 108 heures se définit par :

• **36 heures** consacrées à des activités pédagogiques complémentaires (APC) en groupe restreint pour les élèves rencontrant des difficultés dans leurs apprentissages en français et en mathématiques. L'organisation (mois, jour, horaire) est définie en conseil des maîtres pour chaque école. Si vous arrivez en cours d'année dans une école, renseignez-vous sur vos obligations de service.

• **48 heures** forfaitaires à répartir entre :
  – des travaux en équipe pédagogique : conseils des maîtres, conseils de cycles, liaison école-collège,
  – des relations aux parents,
  – le suivi des élèves avec Projet Personnalisé de Scolarisation.

• **6 heures** consacrées aux conseils d'école. La présence aux conseils d'école est obligatoire.

• **18 heures** de formation pédagogique.

EN PRATIQUE

Si je travaille à temps partiel, quelle quotité dois-je réaliser pour les 108 heures ?

La quotité d'heures consacrées pour les 108 heures est proportionnelle au temps de service. Si vous travaillez à 50 %, vous devrez effectuer 50 % des 108 heures. Vous devrez choisir les activités et leur durée en fonction des besoins du service et en concertation avec le directeur. Votre présence au premier conseil d'école est indispensable pour vous présenter aux représentants des parents d'élèves.

Il y a un conseil des maîtres de 17 h à 18 h 30 mais je n'ai pas de solution de garde pour mes enfants. Suis-je obligé d'y aller ?

Oui, votre présence à ces temps de travail en équipe est obligatoire ; ils font partie de votre temps de travail rémunéré. Vous devez chercher une solution pour vous libérer de vos contraintes familiales ce jour.

obligation de surveillance

• **À savoir :** La responsabilité civile des enseignants s'entend sur tous les temps scolaires et nécessite une obligation constante de surveillance, de vigilance et de prudence. Votre responsabilité pénale est engagée en cas de défaut de surveillance.

Vous avez la responsabilité des élèves qui vous sont confiés. À leur arrivée à l'école, il y a un transfert de responsabilité entre les responsables de l'enfant et les enseignants. Vous veillerez sans relâche à :
• la sécurité morale et physique et la santé des élèves que ce soit aux abords très proches de l'école, dans l'espace scolaire, dans la classe, dans la cour de récréation, lors des activités physiques, lors des sorties... ;
• le contrôle du mobilier, matériel et fournitures mis à la disposition des élèves ;
• en cas d'intervention d'ATSEM, d'AESH, d'intervenants extérieurs, de parents, dans l'espace scolaire, à la piscine ou en sortie scolaire, vous restez le seul responsable des élèves et des activités, y compris si cette tierce personne intervient dans une autre salle et que les élèves ne sont plus dans votre champ de vision. Vous devez toujours savoir où se trouve chacun de vos élèves.

Comment s'organise le service de surveillance ?

Le service de surveillance, lors de l'accueil et des sorties de classe et pendant les temps de récréation est réparti entre les maitres en conseil des maitres lors de la pré-rentrée. Il tient compte du nombre d'élèves et de la configuration de la cour. Le nombre d'enseignants qui surveille peut donc varier afin d'assurer une intervention rapide en cas d'accident ou pour gérer d'éventuels conflits.

L'accueil des élèves à l'école est assuré dix minutes avant le début des activités scolaires. Cet accueil se déroule généralement dans la cour en élémentaire ou dans la classe en maternelle.

À l'issue des classes du matin ou de l'après-midi, les enfants sont pris en charge par leurs familles, par un service municipal (cantine, études, gouter...), ou par un transport.

En maternelle, les enfants sont remis uniquement aux personnes désignées par les parents : eux-mêmes, personnes nommément autorisées par eux, service d'accueil ou transport.

EN PRATIQUE

Quel est mon rôle lors de la récréation et des accueils dans la cour?

Votre surveillance doit être active pour tous les enfants présents dans toutes les aires de la cour et dans l'utilisation du matériel. Ne pas oublier les toilettes. Votre action consiste à vous déplacer dans tous les espaces, surtout les recoins sans visibilité, rappeler les règles, intervenir rapidement pour prévenir les conflits... La sécurité des élèves dépend en partie de la qualité de la surveillance.

Quels sont les points de vigilance?

• **Pour les récréations :** accompagner toujours vos élèves jusque dans la cour et s'assurer que l'enseignant de service est présent. Attendre impérativement son arrivée le cas échéant. Les élèves ne peuvent rester sans surveillance.

• **Pour la sortie de l'école :** accompagner vos élèves jusqu'au lieu désigné par le directeur (portail, préau...); confier l'élève en maternelle à la personne désignée sur la fiche d'autorisation. Ne jamais confier un élève à une personne non autorisée par les responsables de l'enfant. Se munir de votre dossier d'autorisations lors de la sortie. Mettre ce dossier facilement accessible en cas de remplacement.

• **En classe :** vous positionner pour voir tous vos élèves. En maternelle, lorsque vous menez un atelier, s'assurer de garder un œil sur le reste des élèves y compris si l'ATSEM est dans la classe.

• **En sorties scolaires :** s'assurer d'avoir le nombre suffisant d'intervenants en respectant le nombre réglementaire (1 adulte pour 8 élèves en maternelle et 1 adulte pour 15 élèves en élémentaire). Se reporter à la réglementation en vigueur selon le lieu et la durée de la sortie. Compter régulièrement vos élèves en sortant et rentrant de tout déplacement en dehors de la classe (sorties scolaires, piscine, échanges de services, salle multimédia, BCD...) y compris en début d'année à votre retour de récréation.

• Afficher très visiblement **le tableau des services de surveillance** pour votre éventuel remplaçant.

• Lire **le règlement intérieur** qui stipule le dispositif d'accueil et sortie des élèves, surtout en maternelle.

La problématique des téléphones en classe

L'utilisation des téléphones mobiles est interdite dans l'enceinte des écoles et des collèges pour les élèves. Cette mesure vise à les sensibiliser à l'utilisation raisonnée des outils numériques, à leur faire pleinement bénéficier de la richesse de la vie collective et à faciliter leur concentration.
L'utilisation du téléphone en classe par l'enseignant n'est pas régie par un texte. Il s'agit de faire preuve de bon sens. Par respect pour vos élèves, son utilisation est fortement déconseillée. Placez votre téléphone sur silencieux et attendez la pause pour le consulter. En cas d'urgence, demandez à être contacté par la loge de l'école ou le directeur qui vous transmettra rapidement le message.

MÉMENTO

Que faire en cas d'accident ?

• Avertir immédiatement les secours d'urgences si besoin.
• Prévenir les parents.
• Ne pas utiliser son véhicule personnel pour conduire un élève à l'hôpital.

Que faire en cas de maladie ?

• Si cette maladie est contagieuse, prévenir sans délai le directeur de l'école qui procèdera, selon le cas, à l'éviction et à l'information des familles.

Que faire en cas de maltraitance ?

• Informer rapidement le directeur pour tout problème de santé, d'hygiène, de maltraitance. Il transmettra au médecin scolaire, à l'assistante sociale ou au psychologue selon la situation ; ceux-ci se chargeront d'entamer des discussions avec les parents.

5. LES PRINCIPAUX DROITS DES ENSEIGNANTS

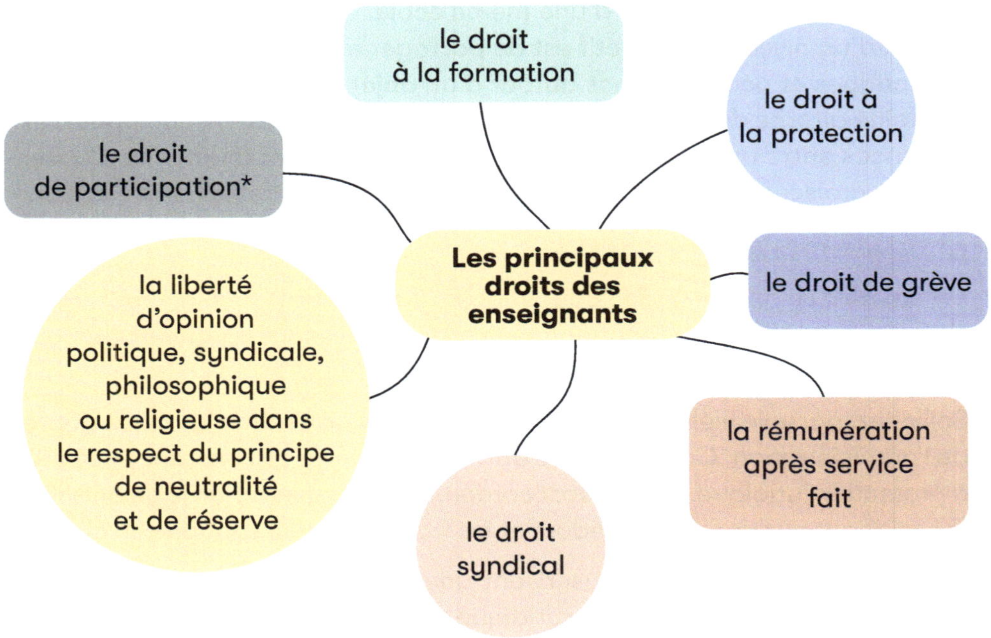

* Notamment à l'organisation et au fonctionnement des services publics, à l'élaboration des règles statutaires et à l'examen des décisions individuelles relatives à leur carrière, par l'intermédiaire des délégués siégeant dans les organismes consultatifs.

Droit à la formation

• **À savoir :** L'enseignant bénéficie de 18 heures de formation annuelle dans le cadre des animations de circonscription. Quel que soit le niveau d'enseignement, les 18 heures se décomposent généralement en 6 heures de mathématiques, 6 heures de français et 6 heures au choix du professeur. En complément de ces 18 heures obligatoires, il peut aussi s'inscrire à des formations académiques selon son profil, son ancienneté, ses besoins et souhaits d'approfondissement et d'évolution personnelle.

Qu'est-ce qu'une formation en constellation ?

C'est une modalité obligatoire de formation qui existe dans toutes les circonscriptions et qui regroupe une dizaine d'enseignants du 1er degré pour travailler ensemble sur une problématique en mathématiques ou

NOTRE CONSEIL

- Demandez à votre directeur ou aux conseillers pédagogiques le plan de formation de votre circonscription. Selon votre profil, votre nombre d'années d'ancienneté et votre quotité de travail, les thématiques et volumes horaires de formation peuvent varier. Le plan de formation d'une circonscription fait en général l'objet d'une présentation par le directeur et / ou l'inspecteur.

- Inscrivez-vous rapidement à l'ouverture de la plateforme d'inscriptions pour avoir un choix plus large des horaires et thématiques.

en français. Cette problématique est définie par le groupe d'enseignants et coordonnée par un référent de circonscription. La constellation peut regrouper des enseignants d'une même école, d'un même cycle, d'un territoire, d'un niveau... L'objectif est de partager entre pairs des expériences didactiques et pédagogiques autour d'un objet commun de travail. Cette modalité alterne des temps d'apports de connaissances, de partages d'expériences entre pairs, de construction collective de ressources et d'observations croisées dans les classes des enseignants de cette constellation.

Droit à la protection juridique

• **À savoir :** Le ministère de l'Éducation nationale a mis en place des dispositifs pour protéger ses fonctionnaires que ceux-ci soient victimes ou poursuivis. (voir circulaire n° 2158 du 5 mai 2008).

Sollicitez, par voie hiérarchique, le bénéfice de la protection juridique auprès de l'administration. Cette dernière apprécie, selon les circonstances, le droit à protection juridique. Si elle est accordée, un avocat est chargé de défendre l'enseignant pendant la procédure et les frais de justice sont pris en charge.

Souvent, les enseignants souscrivent une assurance professionnelle afin de bénéficier d'une protection juridique plus large.

Droit de grève

• **À savoir :** Le droit de grève est un droit constitutionnel inscrit dans la Constitution de 1946 (article 7). Dès lors qu'un préavis de grève est déposé par une organisation syndicale, tout agent titulaire, stagiaire ou contractuel (syndiqué ou non) exerce sa liberté individuelle de décision et peut se mettre en grève. Il est impératif de déposer une déclaration préalable d'intention de faire grève auprès de la circonscription (si vous deviez être devant vos élèves ce jour-là) au moins 48 heures avant.

Quelles sont les conséquences d'un jour de grève ?

• **Si vous êtes gréviste,** pour chaque jour de grève, vous perdez une journée de salaire, mais aucune journée d'ancienneté générale des services (AGS). Il n'y a donc aucune incidence sur votre barème pour le mouvement, ni sur votre titularisation.

• **Si vous êtes non gréviste,** vous assumerez comme les autres enseignants l'accueil des élèves présents des enseignants grévistes s'il y a moins de 25 % de participation. Au-delà, la DSDEN demande à la mairie la mise en place du service minimum d'accueil (SMA) qui prendra en charge les élèves de tous les enseignants grévistes.

• **Si vous êtes le seul enseignant non gréviste de votre école,** vous ne pourrez pas être en classe en tant que stagiaire (donc non titulaire) devant vos élèves. L'école sera fermée. Vous devrez vous rendre au bureau de la circonscription.

EN PRATIQUE

Je souhaite faire grève mais une visite d'un de mes tuteurs est programmée ce jour-là. Que dois-je faire?

Vous prévenez impérativement et le plus tôt possible votre tuteur de votre absence afin qu'il reprogramme sa visite. De manière générale, en cas d'absence quel qu'en soit le motif, vous informez toujours votre tuteur si une visite était planifiée, sans en justifier le motif.

Droit de retrait

• **À savoir :** L'enseignant, comme tout agent de la fonction publique ou salarié du privé, peut exercer, de sa propre initiative, son droit de retrait s'il estime être exposé à un danger grave et imminent pour sa vie ou pour sa santé (voir décret n° 82-453 du 28 mai 1982 complété par le décret n° 95-680 du 9 mai 1995 relatif à l'hygiène et à la sécurité du travail ainsi qu'à la prévention médicale permettant la mise en œuvre du droit de retrait en cas de danger grave et imminent).

Quand et comment procéder ?

Toutes situations désagréables rencontrées dans votre quotidien d'enseignant (dégradation du matériel, insulte, fuite d'eau dans la classe...) doivent être signalées rapidement au directeur et à la hiérarchie pour faire cesser la situation mais elles ne permettent pas pour autant d'exercer votre droit de retrait. Ce dernier s'exerce uniquement si vous êtes face à un danger grave et imminent qui dépasse largement l'inconfort de la situation à laquelle vous êtes confronté. Ces deux conditions de gravité et d'imminence doivent être impérativement réunies.

La **gravité du danger** s'entend quand il y a un risque vital et réel (pas éventuel), susceptible de produire un accident ou une maladie pouvant entraîner la mort ou paraissant devoir entraîner une incapacité permanente ou temporaire prolongée. La gravité a donc des conséquences physiques ou psychologiques qui seront longues à effacer voire définitives.

Ce danger revêt aussi un **caractère imminent**, de l'ordre de quelques secondes ou minutes.

Si vous estimez que le danger est grave et imminent, **vous alertez votre directeur et l'IEN**. Vous pouvez aussi avertir le représentant du CHSCT (Comité d'Hygiène, de Sécurité et des Conditions de Travail) de votre département. Cette procédure d'alerte et de retrait est individuelle et non collective.
Le signalement doit être inscrit dans le registre spécial destiné au signalement d'un danger grave et imminent qui est tenu à disposition par le directeur d'école.

EN PRATIQUE

Un de mes élèves est hautement perturbateur et me porte des coups physiques. Puis-je exercer mon droit de retrait ?

Non, ce n'est pas un motif valable pour exercer votre droit de retrait.

- Évoquez immédiatement cette situation anormale avec le directeur afin que cette situation soit mise à l'ordre du jour d'un prochain conseil des maitres. Seul, vous parviendrez très difficilement à la faire évoluer. La difficulté doit être traitée de manière systémique au sein de l'école, avec tous vos collègues pour envisager si nécessaire un protocole de gestion de crise, c'est-à-dire définir plusieurs étapes dès que la crise survient (accès à un coin calme dédié, accueil temporaire dans une ou plusieurs autres classes, accueil chez le directeur).
- Demandez aussi au directeur d'organiser une équipe éducative en présence du psychologue et du médecin scolaire pour croiser les regards.
- Contactez les enseignants spécialisés pour contribuer à la recherche de solutions.
- Communiquez avec les parents pour les informer du protocole mis en place et les associer au parcours de scolarisation de leur enfant.

6. LES TEXTES OFFICIELS

Le socle commun

• À savoir : Le socle commun de connaissances, de compétences et de culture publié en mars 2015 présente ce que tout élève doit savoir et maitriser à 16 ans en termes de connaissances, compétences, valeurs et attitudes nécessaires pour réussir sa scolarité et sa vie de futur citoyen. La maitrise du socle est nécessaire pour obtenir le diplôme national du brevet (DNB).

Comment se déroule l'évaluation du socle commun au fil de la scolarité ?

Le niveau de maitrise du socle est évalué par palier en chaque fin de cycle 2, 3 et 4. Il s'appuie sur le LSU, livret scolaire unique, qui rend compte périodiquement aux parents des acquis et des progrès de leurs enfants. Il suit l'élève du CP à la 3e. Il fournit une évaluation claire des parcours (parcours avenir à partir de la 6e, parcours d'éducation artistique et culturel, parcours citoyen, parcours santé) et des enseignements dans huit domaines :

1. Langue française à l'oral et à l'écrit
2. Langues étrangères et régionales
3. Langages mathématiques, scientifiques et informatiques
4. Langages des arts et du corps

5. Méthodes et outils pour apprendre
6. Formation de la personne et du citoyen
7. Représentations du monde et activité humaine
8. Systèmes naturels et systèmes techniques

À la fin de chaque cycle, l'équipe pédagogique détermine la position de l'élève dans chaque domaine sur une échelle d'évaluation : maitrise insuffisante, fragile, suffisante ou très bonne.

Je suis enseignant de cycle 1. Que dois-je faire?
Vos enseignements en classe maternelle font l'objet d'évaluations régulières des acquis de l'élève consignés dans le carnet de suivi des apprentissages et résumés dans la synthèse des acquis en fin de GS. Le cycle 1 ne fait néanmoins pas l'objet d'un palier à évaluer dans le socle.

Je suis enseignant en cycle 2. Que dois-je faire?
En tant qu'enseignant de CE2, vous avez la responsabilité de rédiger le bilan de fin de cycle 2. Il ne s'agit pas d'organiser des évaluations spéciales de fin de cycle mais d'écrire ce bilan à partir des évaluations, progrès et acquis constatés sur les trois années.
Si l'école a installé une démarche de concertation, un conseil de maitres de cycle 2 est consacré au bilan de fin de cycle 2 en fin d'année du CE2. Dans le cas contraire, tous les enseignants du cycle vous transmettent des traces, surtout pour les élèves les plus fragiles, pour mieux apprécier leur parcours dans chaque composante du cycle. Vous vous appuyez sur les bulletins périodiques de chaque élève dans le LSU.
Par conséquent, vous rédigerez le bilan si vous enseignez en CE2, vous fournirez des productions significatives d'élèves si vous êtes en CP ou CE1.

Je suis enseignant en cycle 3. Que dois-je faire?
L'évaluation de fin du cycle 3 revient aux professeurs de 6e. Elle est abordée en Conseil École Collège. Les PE de CM1 et CM2 transmettent, surtout pour les élèves les plus fragiles, les éléments au moyen d'une fiche.

Les programmes

• **À savoir :** Le programme représente le prescrit; il est toujours publié au bulletin officiel. Il est précédé d'un préambule qui en définit l'esprit. Le programme donne pour chaque domaine les attendus de fin de cycle et les objectifs en termes de connaissances et de compétences à acquérir pour chaque niveau d'enseignement. Il est complété en français, en mathématiques et en enseignement moral et civique (EMC) par les attendus de fin d'année et repères annuels de progression. Ces documents sont indispensables et incontournables pour préparer la classe.

NOTRE CONSEIL

- Lisez le préambule du programme qui vous permet de comprendre les orientations ministérielles.
- Utilisez les ressources d'accompagnement du programme qui l'explicitent et l'illustrent par des situations d'apprentissage.
- Soyez vigilant, le manuel scolaire ne respecte pas toujours le programme. Il n'en est qu'une interprétation, quelle que soit la qualité des auteurs. Veillez aussi à l'année du programme à laquelle se réfère le manuel. Certaines leçons abordées sont parfois hors programme et / ou pas suffisamment développées.

Comment utiliser le programme ?
À partir des attendus de fin d'année du programme, vous allez construire **la programmation annuelle** en répartissant les compétences à acquérir par période (voir **partie 2-A** « Les documents pédagogiques »). Chaque compétence fait l'objet d'**une séquence** qui s'étale sur une durée de 4 à 7 séances en général. Les séances s'inscrivent toujours dans une séquence et ne sont pas indépendantes les unes des autres puisqu'elles possèdent un fil conducteur, l'**objectif d'apprentissage de la séquence**.

Qu'est-ce que la liberté pédagogique ?
Si les programmes constituent le « commun » de la scolarité, la liberté pédagogique renvoie au fait qu'un enseignant est libre de choisir les manuels scolaires, d'utiliser des ressources variées et d'exercer la méthode pédagogique la mieux appropriée pour atteindre les objectifs fixés par les instructions officielles.

La liberté pédagogique est inscrite dans la loi de 2005 qui pose en même temps le principe de ses limites : « *La liberté pédagogique de l'enseignant s'exerce dans le respect des programmes et des instructions du ministre chargé de l'Éducation nationale et dans le cadre du projet d'école ou d'établissement avec le conseil et sous le contrôle des membres des corps d'inspection.* » (article L.912-1-1 du Code de l'éducation)

Vous êtes donc libre de **vos options didactiques** et de **vos choix pédagogiques**, sous réserve qu'ils fassent apprendre, voire mieux apprendre vos élèves. Par conséquent, si vous souhaitez innover, vous devrez toujours veiller à :

- respecter les programmes en vigueur,
- enseigner tous les domaines selon le volume horaire prescrit,
- tenir compte des axes du projet d'école,
- prendre appui sur les connaissances scientifiques actuelles, en particulier pour l'enseignement des fondamentaux,
- connaître le niveau des acquis de vos élèves,
- réduire (ou maintenir) l'écart entre les élèves en réussite et ceux en difficulté.

Vous allez vous rendre compte sur le terrain que toutes les pratiques pédagogiques ne se valent pas. Une pratique efficace est une pratique qui fait mieux apprendre tous les élèves. Par exemple, une étude a montré que la pédagogie explicite, par son enseignement explicite des stratégies, donne de meilleurs résultats pour l'enseignement des fondamentaux, y compris dans les zones d'éducation prioritaire. En outre, le guide *Pour enseigner la lecture et l'écriture au CP* (MEN, 2019) donne des recommandations précises issues de la recherche qu'il est important de suivre. Par exemple au CP, apprentissage intensif de correspondances graphophonologiques en période 1, textes à lire avec un taux de déchiffrabilité de 80 % en début d'année...

Votre liberté pédagogique est donc une liberté raisonnée.

Les ressources institutionnelles

Le ministère de l'Éducation nationale publie les programmes d'enseignement pour chaque niveau de classe et met à la disposition des enseignants des documents pédagogiques et didactiques de qualité, nourris des travaux de la recherche actuelle. Ces documents d'accompagnement sont tous gratuits et téléchargeables sur le site Eduscol (https://eduscol.education.fr/, rubrique « Enseignement et formation »). Vous y trouverez, organisés par cycle :

• les programmes en vigueur accompagnés de vidéos présentant leur esprit et leur contenu ;

• les repères annuels de progression et attendus de fin d'année, du CP au CM2 ;

NOTRE CONSEIL

• Dès que vous connaissez votre niveau de classe, lisez les programmes, les repères annuels de progression et les attendus de fin d'année de votre année et de l'année précédente : cela vous servira d'appui pour construire vos progressions. Ne vous précipitez pas d'emblée sur les manuels de la classe qui seront à consulter dans un deuxième temps. Cette lecture en deux temps, le prescrit institutionnel puis les manuels, vous permettra de vous approprier les programmes en vigueur et de pouvoir faire preuve d'esprit critique face au contenu du manuel dont certains n'y répondent pas totalement.

• En mathématiques comme en français, des guides spécifiques à chaque sous-domaine sont disponibles : utilisez-les pour construire votre enseignement. Chaque guide s'adresse à un niveau de classe ou à un cycle. Néanmoins, les recommandations qui y figurent sont valables pour tous les niveaux. Par exemple, le guide « Enseigner le vocabulaire en maternelle » propose une démarche d'apprentissage utilisable de la maternelle au cycle 4.

• Si vous avez peu de connaissances sur un domaine, par exemple les sciences, prenez le temps de consulter les ressources proposées adaptées à votre niveau de classe : vous y trouverez les notions que vous devez maitriser et des propositions de situations d'apprentissage à mettre en œuvre.

• les « guides fondamentaux pour l'enseignement » : ce sont des guides spécifiques dédiés à un certain champ d'apprentissage de l'enseignement du français et des mathématiques. Ils présentent les apports de la recherche pour une pratique didactique efficace et proposent des mises en œuvre pédagogiques en classe.
• des propositions de séquences d'apprentissage : fiche de séquence et/ou vidéo de mise en œuvre en classe.

À quoi servent ces ressources ?

Ces ressources sont des outils pour accompagner les enseignants à construire les apprentissages en cohérence avec les programmes et les données scientifiques actuelles issues de la recherche. Elles vous permettront de rendre votre enseignement efficace et vous aideront à acquérir les connaissances nécessaires à la mise en œuvre de la polyvalence du professeur des écoles. D'une année à l'autre, vous serez très probablement amené à changer de niveau et à enseigner à des élèves âgés de 3 ans comme de 10 ans. Les connaissances notionnelles et didactiques à maitriser sont nombreuses : ces ressources sont précieuses pour les enseignants qui doivent se former afin d'être efficients quelle que soit leur affectation.

EN PRATIQUE

Dans l'école où j'exerce, mes collègues de cycle 3 travaillent avec les anciens programmes et me disent qu'il n'est pas nécessaire de tout changer, que l'important est que les élèves apprennent. Ce qu'ils travaillent en mathématiques avec leurs élèves ne correspond donc pas totalement à ce que j'ai prévu dans mes progressions. Dois-je les suivre par souci de cohérence dans l'école ?

À partir du moment où de nouveaux programmes sont édités, tout enseignant est obligé de les suivre. Vos collègues sont donc en faute s'ils ne les appliquent pas. Une certaine tolérance est toutefois appliquée la première année de mise en œuvre, car modifier ses pratiques professionnelles n'est pas aisé... Mais la prise en compte des nouveaux programmes doit être visible dans tous les documents professionnels telles que les progressions disciplinaires annuelles. Conservez donc vos progressions et suivez les directives ministérielles, d'autant que vos formateurs vous évalueront sur le prescrit en vigueur.
Votre souci de cohérence dans l'école est pertinent : vos collègues vont devoir évoluer dans leur pratique. Vous pouvez, lors d'un conseil de cycle, proposez vos progressions à vos collègues et échanger sur les méthodes que vous mettez en place. Le collectif évoluera progressivement.

EN PRATIQUE

J'arrive dans une école publique qui pratique la pédagogie Montessori. Dois-je suivre mes collègues ?

Cette pédagogie, même si elle est inscrite dans le projet d'école, ne peut être la seule modalité pédagogique de la journée. Elle est **forcément complétée par d'autres modalités** afin que les élèves reçoivent des enseignements dans toutes les disciplines, selon les volumes horaires prescrits. Elle développe la réflexion collective pour devenir un citoyen capable de vivre en société.
Cette pédagogie s'appuie par ailleurs sur **un matériel spécifique** qui nécessite une formation pour être mis en œuvre efficacement.
Vos collègues comprendront vos réticences : ils ne sont pas entrés dans le métier par cette pédagogie. C'est ce cheminement progressif qu'il vous faut parcourir pour comprendre comment un élève apprend.
En résumé, n'appliquez pas une pédagogie, quelle qu'elle soit, sans en connaitre ses appuis scientifiques, ses fondements et ses objectifs. Vous devrez justifier vos choix pédagogiques auprès de vos tuteurs, de l'inspecteur, des parents, et faire progresser tous vos élèves.

B TRAVAILLER EN ÉQUIPE

Travailler en équipe, c'est réfléchir et agir ensemble en s'appuyant sur les idées et les connaissances de tous les acteurs : école, circonscription, commune et partenaires. Même si vous débutez dans le métier, ne restez pas seul ; osez participer, questionner, partager pour contribuer à la réussite de tous vos élèves.

1. L'ÉQUIPE PÉDAGOGIQUE

• **À savoir :** L'équipe pédagogique comprend tous les enseignants de l'école : le directeur, les enseignants de chaque classe quel que soit leur statut (adjoint, remplaçant) ainsi que les membres du réseau d'aides spécialisées aux élèves en difficulté (RASED). (article 15 du décret 90-788 du 6 septembre 1990).

Quel est le rôle des différents membres de l'équipe pédagogique ?

Le directeur d'école

Son rôle au sein de l'équipe pédagogique et de l'école est défini au BO spécial n° 7 du 11 décembre 2014 sur les directeurs d'école.

Responsabilités pédagogiques :

Le directeur assure la coordination entre les enseignants de l'école et veille au bon déroulement des enseignements. Il anime, impulse et pilote.

Il préside et consulte le conseil des maitres et veille à la tenue régulière des conseils de cycle. Il transmet les relevés de conclusion à l'Inspecteur de l'Éducation nationale chargé de la circonscription.

Il veille à la bonne intégration des stagiaires et des étudiants de l'INSPÉ affectés à l'école.

Il diffuse auprès des maîtres de l'école les instructions et programmes officiels.

Il réunit l'équipe éducative chaque fois que l'examen de la situation d'un élève l'exige.

Il coordonne l'élaboration du projet d'école et en assure le suivi.

Il sensibilise l'équipe pédagogique à la qualité du climat scolaire.

Responsabilités relatives au fonctionnement de l'école :

Le directeur procède à l'admission des élèves et organise l'accueil et la surveillance des élèves. Il réunit et préside le conseil d'école. Il organise la sécurité au sein de l'école. Il veille au bon déroulement des activités.

Relations avec les parents et les partenaires de l'école :

Le directeur représente l'institution scolaire auprès de la commune. Il organise les élections des représentants de parents d'élèves au conseil d'école qu'il préside et favorise l'implication des familles dans l'école. Il contribue à la protection des enfants en lien avec les services compétents.

EN PRATIQUE

Le directeur est-il mon supérieur hiérarchique ?

Même s'il a de nombreuses responsabilités et missions, le directeur n'est pas votre supérieur hiérarchique : c'est un collègue. La plupart des directeurs partagent leur temps de travail entre leur classe et la direction. Le temps de décharge dépend du nombre de classes dans l'école. À partir de 13 classes en école maternelle, 14 classes en école élémentaire, le directeur est totalement déchargé. Entre 9 et 12 classes, le directeur a une demi-décharge. Le supérieur hiérarchique de tout professeur des écoles, adjoint comme directeur, est l'Inspecteur de l'Éducation nationale (IEN) chargé de la circonscription.

Les adjoints

Ce terme n'est pas utilisé dans l'Éducation nationale comme il l'est dans les entreprises civiles. Être adjoint, c'est **être un enseignant non directeur au sein d'une école**. Après votre année de PES, et titularisation, vous serez soit affecté sur un poste d'adjoint (vous serez PE dans une école fixe), soit affecté sur un poste de remplaçant, soit affecté sur un poste de compléments de service (pour compléter des adjoints en temps partiel, des directeurs déchargés ou des PEMF).

Comment m'intégrer dans l'équipe pédagogique ?

En arrivant dans une nouvelle école, vous devez en premier lieu vous présenter au directeur : une attitude professionnelle, et notamment le vouvoiement, est de rigueur pour cette première rencontre. Par la suite, la relation se construisant, les codes de communication évolueront probablement.

L'équipe pédagogique est constituée de professionnels tournés vers un même objectif : amener les élèves à progresser. D'origines, d'expériences et de caractères différents, les individualités se retrouvent autour de cet objectif commun. Il ne faut pas hésiter à solliciter vos collègues pour toute question d'ordre professionnel : votre bien-être et votre réussite professionnelle sont importants pour l'équilibre de l'école et chacun aura à cœur de vous aider dans cette dynamique.

Les conseils des collègues plus expérimentés et du directeur sont précieux quand on arrive dans une école. Ne croyez jamais qu'une question est idiote ! Un jeune collègue qui se questionne, qui sollicite l'équipe, qui anticipe les obstacles qui pourraient se présenter, c'est un collègue qui

réfléchit et qui s'investit : un positionnement de jeune professionnel très rassurant pour vos collègues. À l'inverse, un jeune collègue qui reste dans sa classe, ne pose aucune question sur le fonctionnement de l'école, ne sollicite personne sur les apprentissages, cela traduit soit un manque d'investissement, soit une absence d'attitude réflexive et de planification, soit un manque de prise de conscience de ses responsabilités. L'un comme l'autre n'est pas compatible avec la fonction de professeur des écoles !

Il n'est pas toujours facile, surtout au moment de la pré-rentrée et dans les jours qui suivent, de solliciter ses collègues. Directeur comme adjoints, tous sont très occupés par la mise en route de cette nouvelle année et les enseignants sont souvent dans leur classe, donc peu accessibles. N'hésitez pas à aller à leur rencontre, à vous présenter et à leur demander s'ils peuvent vous consacrer un peu de temps. Ne vous isolez pas dans votre classe : rejoignez-les le temps d'un café ou pour déjeuner ; vous glanerez de nombreuses informations en participant aux discussions. Vous identifierez aussi plus facilement les collègues qui sont dans le partage et, grâce à cette première relation, vous oserez plus aisément les solliciter. Listez vos questions afin d'être efficace et notez les réponses de vos collègues : face à l'avalanche d'informations de début d'année, les écrits-mémoires sont indispensables !

Qui solliciter prioritairement selon le sujet ?

Le directeur de l'école :

- la structure de l'école : nombre de classes, niveaux, organisation des locaux ;
- le personnel de l'école : noms des collègues PE, noms des ATSEM, des AESH, noms des agents d'entretien, noms des membres du RASED ;
- le fonctionnement de l'école : horaires, services de surveillance, utilisation des espaces, circulation dans le bâtiment, organisation des sorties le midi et en fin de journée, système mis en place pour les appels (transmission des noms des absents, inscription à la cantine, aux activités périscolaires, à l'étude). Ces informations figurent en majorité dans le règlement intérieur ;
- votre classe : liste des élèves avec leur date de naissance et les coordonnées des parents ;
- les questions administratives : autorisations d'absence, autorisations de sortie, communication vers l'IEN ;
- les difficultés dans les relations avec les parents d'élèves.

Les collègues de l'année précédant votre niveau de classe :
• la connaissance de votre groupe classe : identification des élèves en difficulté (difficultés notionnelles ou comportementales, élève à besoin éducatif particulier), transmission d'informations sensibles (situations familiales, difficultés éducatives, suivi par les services sociaux).

Les collègues du même niveau :
• les progressions périodiques : pour être guidé sur les contenus et uniformiser les notions travaillées entre les classes de même niveau ;
• l'organisation des supports d'apprentissage : cahiers, classeurs, manuels, fichiers d'exercices, outils d'évaluation utilisés dans l'école ;
• les moments clés de l'année : si des sorties, rencontres, événements sont ritualisés.

Les collègues responsables de la coopérative scolaire :
• la gestion de la coopérative scolaire : fonctionnement de la coopérative scolaire, budget disponible, modalités d'utilisation du budget, mise en place du cahier de comptes de la classe, procédure pour récupérer les dons des parents.

Les collègues :
• la gestion des élèves : règles de déplacement dans l'école, lieu de rassemblement de chaque classe le matin et en fin de récréation, système de sanction mis en place dans l'école ;
• la vie des collègues : lieu des repas, habitudes d'équipe.

EN PRATIQUE

Le collègue que j'ai sollicité m'a fait sentir que je le dérangeais. Que faire ?

Les équipes pédagogiques sont constituées de professionnels aux personnalités variées. Tous ne sont malheureusement pas accueillants et soucieux des nouveaux collègues. Vous êtes tombé sur le bougon ! Ne vous découragez pas, et tournez-vous vers un autre collègue : il y a toujours quelqu'un de sympathique qui saura se rendre disponible.

Le directeur n'est jamais disponible. Comment avoir les informations dont j'ai besoin ?

Tournez-vous vers un collègue présent depuis longtemps dans l'école. Il aura la réponse à la plupart de vos questions et saura par quel moyen récupérer les informations dont vous avez besoin.

2. L'ATSEM

• À savoir : Les Agents Territoriaux Spécialisés des Écoles Maternelles (ATSEM) sont des fonctionnaires employés par les collectivités territoriales qui exercent uniquement dans les classes maternelles. Ils reçoivent une formation sur la petite enfance pour remplir leur triple mission dans la classe :

• aide pédagogique en apportant leur soutien à l'enseignant lors de différentes activités ;

• fonction éducative en veillant à l'habillage, la sieste... ;

• fonction d'hygiène en veillant à l'entretien de la classe et du matériel.

La collaboration entre le PE et l'ATSEM est indispensable.

Le temps de présence de l'ATSEM dans la classe est variable, partagé entre les actions pour le fonctionnement de l'école (entretien des espaces communs, accueil des élèves, surveillance des lieux d'entrée / sortie...) et l'aide en classe, parfois même dans plusieurs classes. Leur planning est sous la responsabilité du directeur.

Comment travailler avec l'ATSEM ?

N'hésitez pas à lire le référentiel de compétences de l'ATSEM[3] : vous connaitrez ses missions et comprendrez mieux ce que vous pouvez attendre de sa présence et lui confier des tâches s'y référant. Partagez aussi les vôtres avec lui. Il sera honoré de cet échange autour de vos attributions respectives qui atteste que vous comptez sur lui, que vous lui faites confiance, qu'il va jouer un rôle important auprès des enfants. Il se sentira valorisé dans ses fonctions. Une bonne collaboration sert la réussite des élèves.

Il sera nécessaire que vous ménagiez des temps avec lui pour communiquer vos objectifs d'apprentissage et vos attentes. Le plus souvent, ce temps se déroule pendant la récréation ou le matin avant l'arrivée des élèves s'il n'est pas présent lorsque vous présentez l'atelier aux élèves.

Demandez à votre directeur son planning pour savoir à quel moment il sera présent dans votre classe et organisez vos ateliers en conséquence.

Enfin, facilitez-lui le temps d'entretien de la classe et du matériel en responsabilisant vos élèves. Les pinceaux peuvent être posés, ramassés, nettoyés et rangés par les élèves, ce qui leur permet par ailleurs, de travailler la distribution terme à terme (1 pinceau par pot) et la mémorisation d'un fonctionnement. Les découpes de papier après une séance

NOTRE CONSEIL

• Inscrivez sur votre cahier journal quel atelier l'ATSEM prend en charge.

• Laissez votre cahier journal ouvert et invitez votre ATSEM à le consulter pour qu'il connaisse les activités de la journée.

3 https://www.education.gouv.fr/les-missions-des-agents-territoriaux-specialises-des-ecoles-maternelles-atsem-4769

de découpage peuvent être ramassées par les élèves pour faire travailler la motricité fine de la pince pouce-index. La distribution de feutres peut être réalisée par les élèves. Ayez un petit balai à la disposition des élèves... Listez les activités réalisables par eux, prenez un temps d'apprentissage avec eux de ces activités connexes qui contribuent grandement à responsabiliser l'élève et le rendre autonome. Votre ATSEM appréciera votre réflexion éducative et votre empathie à son égard.

EN PRATIQUE

Mon ATSEM est absent. Va-t-il être remplacé ?

L'ATSEM n'est pas affecté à une classe ou un enseignant mais à une école. Selon les communes, leur nombre par école varie. En général, il y a au minimum un ATSEM pour chaque classe de PS et MS et un pour deux classes de GS. C'est le directeur qui les répartit dans les classes en collaboration avec eux. En cas d'absence, le directeur priorise la présence de l'ATSEM dans les classes de PS.

Comment répartir les activités entre le PE et l'ATSEM ?
Vous êtes **le seul responsable pédagogique de la classe**. Cela signifie que les activités d'apprentissage sont définies et menées par vous uniquement. L'ATSEM prendra en charge uniquement des activités d'entrainement, y compris si votre ATSEM est très expérimenté.

Par exemple, vous apprenez le geste graphique des boucles à vos élèves de Grande Section. Quatre ateliers sont organisés. L'atelier 1 consiste à tracer des boucles au crayon de papier en veillant à la bonne tenue de l'outil scripteur, à la bonne position de l'élève et au geste du tracé. L'élève est en phase d'apprentissage. C'est à vous de prendre en charge cet atelier pour guider le geste et donner des critères de réussite. Vous confierez pendant ce temps à l'ATSEM la gestion d'un atelier où l'élève répète, s'exerce à une compétence. Par exemple, produire des boucles en pâte à modeler.

Si l'ATSEM aide à la réalisation de l'atelier, c'est à vous de donner les consignes de l'atelier : l'objectif, les critères de réalisation en utilisant les mots précis. Vous pouvez écrire la consigne afin qu'il utilise ce support pour expliciter la tâche aux enfants.

EN PRATIQUE

Mon ATSEM dirige un atelier et fait le travail à la place d'un élève qui est en difficulté. Que faire ?

De toute évidence, votre ATSEM n'a pas compris l'objectif de l'atelier dont il s'occupe et / ou son rôle. Vous devez prendre le temps de lui expliquer l'intérêt de la tâche pour l'enfant, ce qu'il s'entraine à faire, et lui expliciter son rôle en cas de difficulté : quelles questions il peut poser à l'élève, comment il peut le guider sans réaliser la tâche à sa place. Expliquez à votre ATSEM que, ce qui est intéressant pour vous, est de savoir où en est l'élève dans ses apprentissages : valorisez son rôle de collaboration dans cette démarche qui vous permettra, ensuite, de remédier aux difficultés observées.

3. LA COMMUNAUTÉ ÉDUCATIVE

• **À savoir :** La communauté éducative réunit les élèves, les personnels de l'école, les parents d'élèves, les collectivités territoriales et les acteurs institutionnels, économiques et sociaux. Elle est réunie lors des conseils d'école et associée à l'élaboration du projet d'école et du règlement intérieur (qui rappelle les droits et obligations de chaque membre dont les principes de laïcité et neutralité).

« *Dans chaque école, collège ou lycée, la communauté éducative rassemble les élèves et tous ceux qui, dans l'établissement scolaire ou en relation avec lui, participent à l'accomplissement de ses missions.* » (article L 111-3 du Code de l'éducation)

Comment développer des liens constructifs avec les parents ?
En les invitant à siéger au conseil d'école, l'institution reconnait aux parents via les représentants de parents d'élèves (en général 2 par classe) leur rôle dans le fonctionnement de l'école. Par ailleurs, tous les parents bénéficient du droit d'information des acquis et du comportement de leur enfant. Ils sont aussi garants du respect de leur obligation d'assiduité. Ce cadre ne garantit pas pour autant une coéducation nécessaire à la réussite de l'élève.

Votre rôle sera de développer des relations de confiance avec toutes les familles en vous appuyant sur une **communication régulière et accessible**. Ouvrez votre classe régulièrement pour que les parents voient l'espace de la classe, les travaux en cours, le matériel utilisé… Pour valoriser les langues et cultures des enfants, invitez leurs parents à chanter, parler, conter, raconter, exposer… C'est en ouvrant l'école dans un cadre défini que les parents participeront davantage et se sentiront en confiance. Ils restent les premiers éducateurs de leur enfant.

Lorsque vous souhaitez rencontrer des parents, vous les invitez à un rendez-vous, vous ne les convoquez pas. Commencez l'entretien par les réussites de l'élève. Ne soyez pas fataliste. Vous ne pouvez pas poser un diagnostic médical (par exemple : votre enfant est autiste, est dyslexique...), seul un professionnel de santé est habilité à le faire. Votre rôle est de constater et d'expliciter les difficultés à entrer dans certains apprentissages et de l'orienter vers le médecin scolaire.

NOTRE CONSEIL

- N'invitez pas les parents uniquement en cas de difficultés de leur enfant.
- Soignez les messages écrits dans toute communication et répondez à toutes les demandes des parents dans les plus brefs délais.
- Ne réagissez pas à chaud lors de conflits, proposez un entretien pour discuter en tête à tête.
- Préparez les entretiens. N'hésitez à vous faire aider par le directeur.
- Soyez accompagné par le directeur lors de vos premiers rendez-vous.
- Faites reformuler par les parents afin de vous assurer qu'ils ont bien compris.
- Ne rendez pas les parents responsables des difficultés de leur enfant. Dans la grande majorité des cas, ils veulent bien agir et ne prennent pas la mesure des conséquences.
- Informez-vous sur le dispositif « Ouvrir l'école aux parents ».
- Consultez le site https://mallettedesparents.education.gouv.fr

EN PRATIQUE

Certaines familles ne maitrisent pas la langue française. Comment faire ?

Afin d'avoir une aide rapide en termes de communication, demandez aux parents de l'école si certains, parlant la même langue, pourraient vous aider en traduisant, parfois en expliquant les codes scolaires. Donnez via le directeur une liste d'associations d'entraide (cours de langue, accompagnement éducatif...). Utilisez des livrets d'accueil bilingue. Lors des rendez-vous, utilisez un traducteur (AESH, personnel de service, responsable associatif...). En dernier recours, utilisez un logiciel de traduction en ligne.

Comme se positionner par rapport aux personnels partenaires et intervenants ?

Toute intervention s'inscrit **dans le cadre du projet pédagogique de la classe** avec des objectifs précis. Vous veillez donc à ce que chaque intervention fasse l'objet d'une définition précise au niveau de l'organisation pédagogique et de la sécurité. Si les interventions sont régulières, les modalités d'intervention sont précisées dans une convention signée par l'IEN et dont le directeur d'école garde un exemplaire. Si l'intervention est temporaire, l'activité est soumise à une autorisation d'enseignement du directeur de l'école qui peut mettre fin immédiatement à toute intervention qui ne respecterait pas les principes fondamentaux du service public d'éducation. Certaines activités, notamment pour l'EPS, sont soumises à un agrément académique.

Vous êtes le seul responsable des élèves de la classe et des différents enseignements obligatoires, quelle que soit la personne qui les dispense. Tous les intervenants doivent respecter les personnes et leurs convictions, faire preuve de réserve dans leurs propos. Ils s'interdisent tout comportement qui traduirait du mépris à l'égard des élèves ou de leur famille, qui serait discriminatoire ou susceptible de heurter leur sensibilité. Ils doivent être, en toutes occasions, garants du respect des principes fondamentaux du service public d'éducation et porteurs des valeurs de l'École. Transmettez-leur le règlement intérieur de l'école.

EN PRATIQUE

Que faire si un intervenant ne respecte pas ce cadre ?

L'organisation de la classe pendant l'activité est sous votre surveillance pour vérifier le contenu pédagogique et la sécurité des élèves. Si les conditions de sécurité ne sont plus réunies ou si l'intervenant, dans son comportement, ne respecte pas les valeurs et principes de la République, suspendez immédiatement la séance et informez-en le directeur, y compris lors de l'activité natation avec les maitres-nageurs si vous estimez que la sécurité de vos élèves n'est pas assurée.

4. L'ÉQUIPE DE CIRCONSCRIPTION

• À savoir : Une équipe de circonscription comprend l'inspecteur de l'Éducation nationale pour le premier degré (IEN) qui pilote l'ensemble des personnels du 1er degré de la circonscription, un ou plusieurs conseillers pédagogiques et un secrétaire administratif. Autour de cette équipe, selon les projets et les besoins, interviennent aussi un référent aux usages du numérique (ERUN), des conseillers pédagogiques départementaux (CPD), le réseau d'aides spécialisées aux élèves en difficulté (RASED) et les coordonnateurs (en éducation prioritaire uniquement).

Qu'est-ce qu'une circonscription?

La circonscription est un territoire administratif de l'Éducation nationale qui représente le niveau d'encadrement le plus proche des personnels du 1er degré. Elle regroupe plusieurs écoles maternelles, élémentaires et primaires (dénommées aussi polyvalentes). Chaque circonscription est pilotée par un inspecteur. Il gère les personnels qui ont été affectés au préalable par le rectorat. Les bureaux de la circonscription sont généralement sis dans une des écoles de ce territoire.

• **Pour les enseignants titulaires**, votre arrêté d'affectation stipule votre circonscription de rattachement.

• **Pour les enseignants stagiaires**, c'est à la circonscription que vous ferez signer à la rentrée auprès de l'IEN votre procès-verbal d'installation (PVI), document attestant de votre prise de fonction qui vous aura été envoyé par courrier en août.

• **Pour les étudiants en Licence, M1, M2**, l'INSPÉ vous affecte dans des écoles pour effectuer vos stages encadrés par une convention.

Qui sont les membres de l'équipe de circonscription et quel est leur rôle?

L'inspecteur de l'Éducation nationale chargé d'une circonscription du premier degré (IEN)

Il est placé sous l'autorité du DASEN (directeur académique des services de l'Éducation nationale). Il est chargé de mettre en œuvre au sein de sa circonscription les politiques éducatives décidées au niveau national et départemental. Il en évalue les effets sur le terrain. Il est le responsable administratif et pédagogique de la circonscription dont il a la charge. Il est le supérieur hiérarchique direct des enseignants de la circonscription. Toute correspondance administrative doit transiter par lui.

EN PRATIQUE

À quels moments verrai-je l'inspecteur de ma circonscription ?

À la rentrée scolaire, il visite toutes les écoles pour faire connaissance avec les équipes. Courant septembre, il organise une rencontre avec tous les PES et enseignants néotitulaires pour leur souhaiter la bienvenue, présenter l'équipe de circonscription, expliciter le déroulé de leur année (formation, visites, interlocuteurs...), expliciter les attentes institutionnelles.
En cours d'année, il participe à certains conseils des maitres, conseils de cycles et conseils d'école selon les sujets abordés. Tout au long de l'année, il se rend dans les écoles pour évaluer les enseignants lors du rendez-vous de carrière.
Pour les stagiaires en difficulté uniquement, il observe une séance en classe pour émettre un avis sur leur titularisation.
Il anime la formation continue des enseignants de la circonscription.
Il intervient en cas de difficultés majeures avec un élève, une famille, un enseignant.
À votre demande, vous pouvez le solliciter par écrit pour un rendez-vous en stipulant l'objet de l'entretien.

Le secrétaire

Il assiste l'inspecteur pour les tâches administratives.

Les conseillers pédagogiques de circonscription (CPC) généralistes ou EPS

Ils sont professeurs des écoles maitres formateurs mais n'ont pas de charge de classe. Ils ont principalement **une mission d'ordre pédagogique**. Ils accompagnent les enseignants débutants lors de visites obligatoires en classe. Ils participent activement aux actions de formations de la circonscription (AFC) inscrites dans les 108 heures. Ils interviennent aussi à la demande de l'IEN, du directeur ou des PE sur la définition et la mise en œuvre de projets pédagogiques.
Ils ne sont pas vos supérieurs hiérarchiques mais vos interlocuteurs privilégiés pour toutes les questions pédagogiques.

EN PRATIQUE

Quand faire appel à un conseiller pédagogique?

Si vous vous posez des questions pédagogiques : quelle démarche didactique mettre en œuvre, comment aider cet élève en difficulté, quel manuel choisir, comment préparer une séquence d'apprentissage, comment gérer la classe... le conseiller pédagogique peut vous apporter des réponses. Il peut venir observer une séance, vous proposer des ressources, vous accompagner dans la mise en œuvre, vous indiquer des parcours d'autoformation, vous mettre en lien avec des enseignants partageant des pratiques semblables, parfois vous proposer d'observer un enseignant expérimenté.
Les PES s'adressent prioritairement à leur tuteur PEMF ou tuteur INSPÉ.

Les conseillers départementaux (CPD) en ASH, EPS, arts visuels, éducation musicale, langues étrangères

Ils ont une mission spécifique sur le périmètre départemental et sont placés sous la responsabilité d'un IEN. Ils travaillent en collaboration avec plusieurs équipes de circonscription sur **la définition et la mise en œuvre de projets spécifiques**. Vous pouvez les consulter, par exemple, sur la création d'une chorale dans une école, sur les méthodes d'apprentissage d'une langue étrangère...

L'enseignant référent aux usages du numérique (ERUN)

Il accompagne les enseignants et directeurs d'école à **l'intégration des outils numériques** aux pratiques pédagogiques. Il participe aux actions de formation. Vous pouvez le solliciter pour tous projets intégrant le numérique (ENT, tablettes, logiciels éducatifs...)

Le RASED

Il intervient pour **les élèves en difficulté** (voir **partie 5** « Le RASED ») selon les modalités définies par l'IEN.

Les enseignants référents (voir **partie 6** « L'École inclusive »)

Le coordonnateur

Il exerce uniquement en éducation prioritaire pour **répondre aux besoins spécifiques des élèves** scolarisés de ces territoires et **s'adapter à leurs difficultés.** Il contribue à l'ambition de réduire les inégalités sociales et de favoriser la réussite de tous les élèves en visant une réduction des écarts de réussite entre l'éducation prioritaire et hors éducation prioritaire dans la maitrise des compétences en mathématiques et en français. C'est un enseignant du 1er ou 2nd degré qui inscrit ses actions dans le référentiel de compétences de l'éducation prioritaire, anime des formations, coordonne et évalue les projets du réseau, peut prendre en charge certains élèves pour des dispositifs ponctuels, participe aux conseils de cycle et aide à la mise en œuvre de projets partenariaux. Vous le rencontrerez uniquement si vous enseignez en éducation prioritaire.

Le tuteur PEMF et le tuteur INSPÉ

Chaque PES est suivi par un binôme, un tuteur PEMF et un tuteur INSPÉ.

Votre tuteur PEMF, qui peut faire partie de la même circonscription, est **un professeur des écoles maitre formateur**. Il enseigne depuis plusieurs années et a validé une certification pour accompagner des enseignants entrant dans le métier. Il enseigne généralement dans le même cycle que vous pour faciliter vos temps d'observation dans sa classe.

Il viendra visiter votre classe plusieurs fois dans l'année pour observer votre pratique et vous conseiller. Il prévient toujours, quelques jours avant, de sa venue. Sa visite s'organise en plusieurs temps : il vous observe en train d'enseigner pendant 1 h 30 à 3 h 00 environ pour voir la pertinence de votre acte d'enseignement pour faire apprendre tous vos élèves (le déroulé de votre séance, votre posture, votre langage, vos interactions avec les élèves, les traces de la séance...).

En maternelle, il vient généralement dès l'accueil des enfants le matin pour observer vos rapports avec les parents. Ce temps d'observation est suivi immédiatement d'un temps d'échanges pour vous aider à analyser votre pratique, vous donner des conseils didactiques et pédagogiques, vous proposer des ressources. Il porte une attention particulière à vos outils professionnels. À l'issue de sa visite, il rédige un compte rendu de visite qu'il vous transmet ainsi qu'à l'IEN de votre circonscription et à votre tuteur INSPÉ.

Votre tuteur INSPÉ enseigne à l'INSPÉ. C'est **un enseignant du 1er ou 2nd degré**, parfois titulaire d'un doctorat; il visite votre classe deux fois dans l'année. Sa visite se déroule de manière semblable à celle de votre tuteur PEMF. À l'issue de sa visite, il rédige un compte rendu qu'il vous transmet ainsi qu'au responsable de l'Unité d'Enseignement (UE) de l'INSPÉ et à votre tuteur PEMF.

Vos tuteurs INSPÉ et PEMF ont avant tout **un rôle de formateur**. N'hésitez pas à leur poser des questions. Ils pourront vous conseiller des ressources, des démarches, des manuels...

EN PRATIQUE

Que se passe-t-il si je suis en difficulté?

Vos tuteurs ont à cœur que vous réussissiez votre année. S'ils constatent que votre titularisation pourrait être compromise, ils proposeront un accompagnement supplémentaire. Ce dernier consiste dans l'observation de PEMF qui enseignent dans le même niveau de classe que vous, des visites-conseils supplémentaires avec d'autres tuteurs (PEMF ou CPC) pour apporter des conseils différents, des aides à la conception d'outils professionnels... Les aides sont variées et ciblées pour répondre à vos difficultés.

5. LE RÉSEAU D'AIDES SPÉCIALISÉES AUX ÉLÈVES EN DIFFICULTÉ (RASED)

• **À savoir :** Ce dispositif de l'Éducation nationale piloté par l'inspecteur est composé de professeurs des écoles spécialisés (aide à dominante pédagogique ou éducative) et de psychologues scolaires. Ils agissent en prévention ou en remédiation pour certains élèves de la PS au CM2 en apportant des aides spécifiques face aux difficultés d'apprentissage et d'adaptation aux exigences scolaires. Ils interviennent en classe ou en petits groupes sur le temps scolaire. Ils sont membres à part entière de l'équipe enseignante des écoles où ils exercent.

Ces professeurs des écoles spécialisés aident à **analyser les situations des élèves en grande difficulté et à construire des réponses adaptées.** Leurs actions s'inscrivent dans un projet global d'aide et dans la complémentarité des aides apportées initialement par les enseignants pour que chaque élève atteigne la maitrise du socle commun de connaissances, de compétences et de culture (texte de référence : circulaire n° 2014-107 du 18 août 2014 sur le fonctionnement des réseaux d'aides spécialisées aux élèves en difficulté (Rased) et missions des personnels qui y exercent).
Un RASED existe dans chaque circonscription.

Quels élèves sont concernés par le RASED ?

« *Dès l'école maternelle, certains élèves attirent l'attention des enseignants car leurs attitudes, leurs réponses aux consignes et leur adaptation à la vie collective révèlent des difficultés susceptibles de nuire à leur avenir scolaire. À l'école élémentaire, les élèves ne parviennent pas à répondre aux attendus des programmes.* »[4].
Apprendre est un processus complexe. La difficulté est inhérente au processus d'apprentissage. Vous prendrez progressivement en compte cette difficulté dans les activités proposées quotidiennement. Par exemple : vous organisez des groupes de besoins autour de l'apprentissage d'une compétence ; vous travaillez le vocabulaire en amont d'une étude de textes avec les élèves allophones.

Mais cette aide, même de qualité, n'est pas toujours suffisante pour certains élèves et nécessite d'être prise en charge par des enseignants spécialisés. **Il vous appartient de repérer ces élèves en difficulté afin qu'ils bénéficient de l'aide nécessaire pour développer leurs potentialités d'apprentissage.** Les difficultés sont de natures variées et à prendre en charge de manière précoce.

---

4 Ministère Éducation nationale, mars 2021, https://www.education.gouv.fr/les-reseaux-d-aides-specialisees-aux-eleves-en-difficulte-rased-11312

En maternelle vous serez particulièrement vigilant sur les difficultés d'adaptation à la vie collective (l'élève entre-t-il en relation avec ses pairs, avec les adultes et de quelle manière ?) et au niveau du langage (capacité à communiquer et qualité du lexique, de la syntaxe, de la prononciation) qui peuvent nuire à l'avenir scolaire.
L'aide est une affaire d'équipe que vous ne pouvez régler seul. N'hésitez pas à en parler à vos collègues.

Comment repérer les élèves en difficulté ?
Vous collectez des informations sur le niveau de vos élèves en les évaluant pendant plusieurs jours et ce dès la rentrée. Vous rassemblez les résultats dans une grille d'observation pour avoir un aperçu rapide des élèves en réussite et en difficulté. Cet outil vous permettra de voir progressivement les élèves à accompagner.

Repérer
Observez les élèves apprendre (mise au travail, autonomie, organisation, attention, mémorisation…) et agir hors de la classe (récréation, EPS, gestes de la vie quotidienne…)
Relevez les erreurs commises lors des évaluations de début d'année scolaire, des évaluations nationales, des passations de consignes.
Lisez les commentaires des livrets de l'année précédente.
Demandez l'avis de vos collègues sur les élèves que vous avez repérés.
Testez individuellement certains élèves pour affiner votre observation.

Analyser
Les difficultés sont-elles comportementales (respect du cadre scolaire, manque de confiance, refus…) et / ou pédagogiques (manque d'acquis, de procédures, de compétences langagières…) ? Les deux sont souvent liées.
Demandez conseil si besoin à un collègue, un CPC, un membre du RASED pour apporter une première réponse en classe en termes de pédagogie différenciée.

Agir
Listez en septembre les élèves en difficulté.
Participez au diagnostic lors du conseil de cycle dédié pour définir l'aide personnalisée à apporter en classe et en équipe : différenciation, groupes de besoins, décloisonnements, activités pédagogiques complémentaires.
Appuyez-vous sur votre grille d'observations.
Informez au fur et à mesure les parents des aides apportées et sollicitez son appui pour la mise en place d'un PPRE.
Participez à la mise en cohérence des aides apportées (avec ou sans intervention du RASED).
Portez une attention à l'évolution de l'élève.

Quand faire appel au RASED?

Lorsque les aides personnalisées apportées en classe et par l'équipe de cycle s'avèrent insuffisantes, vous pouvez solliciter l'intervention du RASED en remplissant une « fiche de demande d'aide » pour mettre en place une aide spécialisée. Elle sera discutée en conseil de cycle en présence du RASED et inscrite dans le cadre d'un programme personnalisé de réussite éducative (PPRE). Les élèves en grande difficulté ont généralement déjà été repérés les années précédentes par le RASED.

Les parents peuvent également demander eux-mêmes l'intervention du RASED.

EN PRATIQUE

Que faire si mes élèves ne peuvent recevoir une aide spécialisée faute de personnel disponible?

En général, le psychologue viendra observer les élèves que vous aurez identifiés et évaluer la nature des difficultés pour vous aider. Demandez aussi des conseils aux enseignants spécialisés et à vos collègues plus expérimentés.

Au quotidien, en classe, proposez des outils / supports pédagogiques adaptés aux difficultés de l'élève. Par exemple, en maternelle, donner la suite des lettres de l'alphabet pour travailler la remise en ordre des lettres; en élémentaire, donner les tables de multiplication pour travailler la procédure opératoire de la multiplication. Ces outils permettent de travailler la même compétence simultanément avec tous vos élèves en apportant les connaissances de base utiles mais pas encore mémorisées.

Vous pouvez également organiser un travail en tutorat entre élèves.

N'oubliez pas d'intégrer ces élèves aux APC (Aides Pédagogiques Complémentaires, voir **partie 1-A** « Obligation des 108 heures »).

Si les difficultés persistent, vous rédigerez un PPRE (Programme Personnalisé de Réussite Éducative), voir **partie 4-D**, Rédiger un PPRE et exemple p. 213.

Quels intervenants solliciter?

L'aide spécialisée à dominante pédagogique : le maitre E

Il agit sur **les apprentissages** en utilisant une pédagogie et des médiations appropriées pour lever les obstacles cognitifs rencontrés. Il intervient dans la classe en co-intervention ou hors la classe en proposant une aide spécialisée à des petits groupes d'élèves ayant une difficulté commune.

L'aide spécialisée à dominante rééducative : le maître G

Il intervient hors la classe en individuel ou en petit groupe, avec l'accord obligatoire des parents qui sont associés au projet sur des thématiques tels que l'inhibition, la mésestime de soi, le rapport à la règle, le rapport à autrui... Ces aides concernent les élèves pour lesquels il faut faire évoluer **le rapport aux exigences de l'école**, instaurer ou restaurer **l'investissement dans les activités scolaires.**

Le psychologue scolaire

Il recherche des solutions adaptées au sein de l'école ou à l'extérieur à partir de l'analyse de la situation particulière d'un enfant, en liaison étroite avec la famille et les enseignants. Il agit avec les enfants (observation en classe, entretien et tests) ; les enseignants (écoute, réflexion commune, suggestion...) ; les parents (entretien, conseils sur un suivi ou une orientation). Il donne son avis sur les maintiens, passages anticipés, PPRE. Il fait le lien entre l'école et les partenaires extérieurs de soin.

Toutes les demandes d'aide sont-elles satisfaites ?

Le RASED reçoit de nombreuses demandes d'aide émanant des différentes écoles de la circonscription. L'inspecteur fixe en concertation, pour chaque année scolaire, les modalités et les priorités d'intervention du réseau d'aide en s'appuyant sur les caractéristiques géographiques et sociales de la circonscription. Chaque membre du RASED circonscrit ainsi son action en priorité sur les secteurs définis par l'IEN à partir des résultats aux évaluations nationales, des catégories socioprofessionnelles (CSP) des familles, du profil de l'école (éducation prioritaire, ruralité), des moyens matériels et humains. Ces secteurs ne sont toutefois pas figés et chaque membre du RASED est susceptible d'intervenir sur l'ensemble des écoles de la circonscription si le besoin s'en fait sentir.

6. L'ÉCOLE INCLUSIVE

• **À savoir :** La loi du 11 février 2005 pour l'égalité des droits et des chances, la participation et la citoyenneté des personnes handicapées conforte le principe du droit à l'accès au service public de l'éducation pour tous les enfants. L'école inclusive vise à assurer une scolarisation de qualité, en priorisant toujours l'inclusion dans une classe ordinaire en prenant en compte les singularités et besoins éducatifs particuliers de tous les élèves (enfants porteurs de handicap, malades et à besoins spécifiques).

Cette prise en compte de la diversité des élèves est stipulée dans le référentiel de compétences.

Quelles sont les étapes pour accompagner l'élève en difficulté dans une classe ordinaire ?

Si vous constatez à plusieurs reprises qu'un élève est en difficulté pour entrer dans les apprentissages, vous allez procéder par étapes.

1. Commencez par mettre en place une **différenciation pédagogique dans la classe**.
Vous demandez un **entretien avec les parents** pour évoquer les difficultés rencontrées ; vous proposez aussi la **participation aux activités complémentaires** (APC), souvent organisées par domaine et cycle ; vous conseillez un **stage de remise à niveau** « vacances apprenantes » lors des prochaines vacances.
Pour les élèves relevant déjà d'un Plan d'Accompagnement Pédagogique (PAP), plan validé par le médecin scolaire, vous mettez en place les aménagements et adaptations pédagogiques.

2. Les difficultés persistent malgré la mise en place des dispositifs précédents.
Vous mettez en place un **Programme Personnalisé de Réussite Éducative** (PPRE) avec l'équipe pédagogique, avec ou sans demande d'aide du RASED (voir **4-D**, Rédiger un PPRE). Les parents doivent obligatoirement être informés et donner leur accord. La complémentarité et la cohérence des aides sont indispensables et font l'objet d'une réflexion collective entre les professionnels et les parents (voir **exemple de PPRE en annexe**, p. 213).

3. Les difficultés perdurent encore.
Le **recours à la MDPH** (Maison Départementale des Personnes Handicapées) est nécessaire. Le directeur contacte l'enseignant référent de votre secteur, organise **une équipe éducative** qui réunira différents acteurs (vous ; directeur ; parents ; enseignant référent ; psychologue, assistant social et médecin scolaire selon les difficultés rencontrées ; directeur du périscolaire...). L'enseignant référent propose aux parents d'effectuer une démarche auprès de la MDPH et complète le **GEVASCO** (guide d'évaluation scolaire). La MDPH procède à un diagnostic posé par un professionnel de santé et peut notifier une reconnaissance de handicap et décider de compensations financières, matérielles ou humaines. La MDPH élabore un **Projet Personnalisé de Scolarisation (PPS)** qui donne les lignes directrices du projet de l'élève et des adaptations. Il sera mis en œuvre par l'équipe de Suivi de Scolarisation (ESS) réunie et animée par l'enseignant référent et révisée au moins une fois par an.

4. En élémentaire, et au regard du handicap pour entrer dans les apprentissages, certains élèves peuvent partager leur emploi du temps entre une classe ordinaire et une **unité localisée pour l'inclusion scolaire (ULIS)**. Ces unités, en général 2 ou 3 par circonscription, dans lesquelles on accède sur décision d'orientation de la commission des droits et de l'autonomie des personnes handicapées (CDAPH), accueillent les élèves qui requièrent plus d'aménagements et d'adaptations pédagogiques et un enseignement adapté. Si vous avez des élèves relevant de ce dispositif, ils sont affectés dans votre classe et apparaissent donc sur votre liste. Selon le PPS, l'élève recevra certains enseignements dans votre classe, d'autres dans l'ULIS.

EN PRATIQUE

Je participe à une équipe éducative. Que dois-je préparer ?

Il est indispensable de préparer consciencieusement votre équipe éducative. Les éléments que vous présenterez le jour de la réunion éclaireront la situation et aideront aux décisions relatives à la scolarisation de l'élève. Faites-vous aider par le directeur pour sélectionner ces éléments. Vous apporterez des éléments factuels (si possible chiffrés) sur l'élève : sa **relation à lui-même** (par exemple : confiance en soi, autonomie, méthodologie, régulation des émotions...), sa **relation aux pairs** (par exemple, sur les deux dernières semaines, combien de fois l'élève est-il entré en conflit avec un pair ?), sa **relation aux adultes**, ses **apprentissages** (quels acquis, quels progrès, quelles difficultés ?). Vous pouvez vous appuyer sur des travaux de l'élève que vous joindrez au dossier.
Il existe dans certaines circonscriptions un document type à remplir.

Conseils pour travailler avec un AESH (Accompagnant des Élèves en Situation de Handicap)

Dans le cadre d'un PPS, un élève peut obtenir un certain nombre d'heures hebdomadaires d'accompagnement à l'école, par un adulte qualifié : un AESH. Celui-ci peut être amené à effectuer **quatre types d'activités** :

- **des interventions dans la classe** définies en concertation avec vous. L'objectif est de donner à l'élève une aide efficace et ponctuelle. Prenez le temps de dire à l'AESH ce que vous attendez de lui par rapport aux besoins de l'enfant que vous avez identifiés : répéter les consignes, expliciter l'activité, surligner les mots-clés, manipuler davantage, rappeler les étapes de réalisation, savoir utiliser les traces mémoire... Faites des bilans régulièrement ensemble pour affiner l'aide apportée. Rappelez-vous que l'objectif est de conduire progressivement à l'autonomie de l'élève, donc ne plus nécessiter d'AESH. En cas d'AESH partagés entre plusieurs enfants, il est important que l'AESH soit présent sur les matières pour lesquelles l'élève est en réelles difficultés. Par exemple, si l'aide est nécessaire en lecture, l'AESH doit être présent sur les activités s'y référant. Sa présence lors de l'activité natation n'est donc pas nécessaire comme c'est parfois le cas. Soyez donc vigilant, en cas d'AESH partagé entre plusieurs élèves, à harmoniser les emplois du temps au bénéfice des apprentissages de vos élèves en situation de handicap ;
- **des participations aux sorties** de classe occasionnelles ou régulières. Sa présence permettra que l'enfant ne soit pas exclu et puisse participer en toute sécurité. Pour l'activité natation, la présence de l'AESH doit être notifiée dans le PPS pour que sa présence soit effective ;

• **l'accomplissement de gestes de soin** qui ne requièrent pas une qualification médicale ou paramédicale;

• **une collaboration au suivi des projets personnalisés** (réunion d'élaboration ou de régulation du projet). L'AESH participera aux différentes réunions. Préparez la réunion avec lui pour que vous exposiez les réussites, les progrès et les difficultés. Ces réunions sont parfois mal vécues par les parents qui ont un peu le sentiment de se retrouver face à un tribunal. Montrez votre collaboration PE-AESH, le chemin parcouru par l'élève, votre empathie pour réduire la tension qui pourrait naitre. Apportez des éléments positifs : des progrès, des domaines dans lequel l'élève réussit. C'est important pour les parents et l'équipe d'entendre des réussites pour s'en inspirer et montrer que des progrès sont possibles.

EN PRATIQUE

L'AESH est absent. L'élève est-il accueilli à l'école?

L'élève est accueilli à l'école avec ou sans AESH. La présence de l'AESH n'est pas une condition de scolarisation à moins qu'une disposition différente n'ait été prévue dans le PPS. Vous ne pouvez décider seul de refuser un élève ou d'imposer un temps partiel. Demandez à votre directeur de signaler l'absence de l'AESH au coordinateur du PIAL (Pole inclusif d'accompagnement localisé). Votre AESH pourrait être éventuellement remplacé par un de ses collègues dont l'élève est absent.

Quel est le rôle de l'enseignant référent?

Il est l'interlocuteur privilégié de l'enfant et de sa famille, mais aussi de tous les acteurs engagés dans le PPS. Il organise les équipes de suivi de la scolarité (ESS), instruit le dossier auprès des experts et établit les conclusions. Il assure la continuité du parcours de l'élève.
Il gère beaucoup de dossiers, il n'est donc pas votre interlocuteur privilégié en dehors des réunions, à la différence du professeur ressources qui peut vous conseiller selon les difficultés que vous rencontrez.

C

SE DÉFINIR **COMME ENSEIGNANT**

Vous entrez dans un nouveau métier, un métier dont vous avez déjà une représentation, issue de votre passé d'élève, de vos stages, de vos rencontres avec des professionnels de l'enseignement, de vos éventuelles expériences de parent. Vous allez progressivement construire votre identité professionnelle, une identité façonnée à partir de votre histoire, de votre tempérament, de vos valeurs, de vos convictions… Cette identité nourrira votre posture professionnelle. L'une et l'autre évolueront au cours de vos années d'expérience, de votre réflexion professionnelle, des projets et collaborations avec des collègues, des formations et de la lecture d'ouvrages inspirants.

1. MES VALEURS, CE QUE J'AIMERAIS CONSTRUIRE AVEC MES ÉLÈVES

• À savoir : Le professeur des écoles est présent sur l'ensemble du temps scolaire auprès de ses élèves. Son rôle est primordial, tant pour faire construire des connaissances et compétences, pour aider chacun à progresser que pour amener le groupe à fonctionner dans un climat serein. La vie en collectivité s'apprend et se construit sur un certain nombre de valeurs : les valeurs de la République, dans lesquelles s'inscrivent vos propres valeurs, celles qui vous définissent et qui vont définir votre identité professionnelle.

Pourquoi est-ce important de réfléchir à ses valeurs ?
Définir avec clarté vos valeurs et vos principes va vous permettre de définir quel enseignant vous voulez être :

- **Que voulez-vous faire vivre dans votre classe ?**
- **Quel comportement attendez-vous de vos élèves entre eux, avec l'adulte ? Quelles attitudes n'acceptez-vous pas ?**
- **Qu'est-ce qui est important pour vous dans la relation enseignant-élèves, dans la relation parents-enseignant, dans la relation avec vos collègues ?**

Vos valeurs sont la source de vos attendus, de vos exigences et doivent guider vos gestes professionnels. Il n'y a pas un modèle unique mais plusieurs. Leur point commun est de croire profondément dans l'éducabilité de tous les élèves, d'avoir de l'estime, de l'ambition et des attentes pour chacun d'entre eux. Avoir de l'ambition, c'est être exigeant sur la qualité des productions, leur montrer qu'ils peuvent réussir seul. Vous ne pouvez réclamer de vos élèves des connaissances, des compétences ou des attitudes que vous n'enseignez pas. Par exemple, vous vous rendez compte que certains élèves de votre classe de CE1 ne maitrisent pas l'écriture cursive. Certes, cet enseignement revient majoritairement aux PE de GS et CP comme inscrit dans les programmes, l'élève devrait donc la maitriser en entrant au CE1. Pour autant, vous devez impérativement poursuivre cet enseignement initié dans les classes précédentes. Le constater et l'imputer à un défaut d'entrainement de vos collègues précédents n'est pas suffisant et responsable. L'élève a pu être absent, cumuler du retard par faute d'enseignant, de manque de prise en charge... **Il vous revient de combler ces lacunes.** Vos élèves ont besoin, pour appréhender avec pertinence vos attentes et pour se sentir en sécurité, de vous cerner en tant qu'enseignant. Ce positionnement réfléchi et explicité vous permettra d'afficher une cohérence apaisante et positive qui participera à la construction d'un climat de classe serein.

Le jour de la rentrée, présentez-vous à votre groupe classe et explicitez ces éléments de votre personnalité. Attention toutefois à ne pas noyer vos élèves sous un flot d'éléments ! La clé de la communication, c'est votre attitude : pensez à sourire, à regarder vos élèves, à mettre de la gaieté dans votre voix, tout en affirmant vos propos avec fermeté. Une attitude ancrée et sûre rassure les élèves. Elle leur permet de repérer le chemin qui s'ouvre à eux à l'aube de cette nouvelle année.

Vous pouvez également chercher de petites phrases, des proverbes, qui font particulièrement sens pour vous et qui expriment des valeurs que vous souhaitez voir vivre dans votre classe. Imprimez-les et affichez-les tout autour du tableau : cela sera la base d'une première discussion, dès le jour de la rentrée.

2. LA POSTURE PROFESSIONNELLE : AGIR EN TANT QU'ENSEIGNANT

• **À savoir :** La posture adoptée par l'enseignant face à sa classe a une grande influence sur le fonctionnement du groupe et sur l'apprentissage des élèves. Cette attitude professionnelle découle de choix éducatifs, pédagogiques et didactiques. L'enseignant, par sa posture, garantit un cadre de travail exigeant, cohérent et propice aux progrès de chacun, respectant l'individu tout en amenant les élèves à être des apprenants investis et des citoyens en devenir capables de vivre ensemble.

Quels éléments de posture sont nécessaires dès la rentrée ?
La posture de l'enseignant se traduit par la maitrise de gestes professionnels que vous construirez tout au long de l'année scolaire et même de votre carrière. Toutefois, certains grands principes doivent guider votre posture dès le jour de la rentrée.

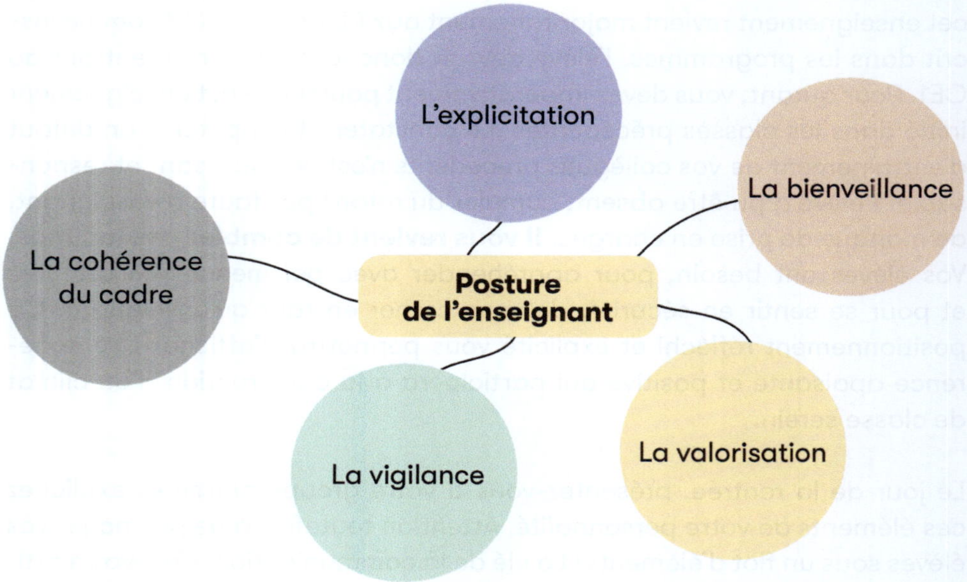

• **l'explicitation :** il est nécessaire d'expliciter clairement vos attentes afin que les élèves les comprennent. Des choses qui vous paraissent évidentes, comme ne pas mentir au maitre par exemple, ou avoir le regard tourné vers le maitre quand il parle, ne le sont pas forcément pour tous les élèves. En début d'année, les élèves doivent comprendre votre fonctionnement et vos exigences : vous devez porter une attention particulière à la bonne compréhension des consignes, à l'utilisation adéquate du matériel, à la position d'écoute des élèves... Tout doit être explicité pour être compris au mieux.

• **la bienveillance :** appliquée au contexte scolaire, la notion de bienveillance renvoie à une disposition de l'enseignant à être attentif au bien-être de chaque élève. Cela ne signifie ni être gentil quoi qu'il arrive, ni être copain avec ses élèves, mais agir en adulte référant respectant l'élève, avec patience, sans excès ni autoritarisme, et toujours en cherchant à comprendre son raisonnement, son comportement. Être dans le dialogue, expliciter en quoi un élève ne respecte pas une règle, lui dire ce que vous attendez de lui en termes de progrès, et non pas le punir sans explication sous l'effet de l'exaspération ; rester dans une attitude réflexive face à un élève qui n'accède pas à une compétence, en le rassurant et en lui exprimant votre confiance, en cherchant une autre entrée pour l'amener à comprendre, et non le pointer du doigt devant les autres et reporter cet échec sur lui. La bienveillance est la base sur laquelle les élèves vont pouvoir s'appuyer pour oser se tromper, chercher, recommencer, pour réussir.

• **la valorisation de l'élève :** tous les élèves sont différents, dans leur tempérament comme dans leur accès aux connaissances et compétences scolaires. Votre classe sera nécessairement un groupe hétérogène, qu'il faudra unir autour d'un objectif commun : le progrès de tous. Pour se sentir bien dans le groupe, il est nécessaire que chacun soit reconnu pour ses talents, quels qu'ils soient. L'enseignant, en valorisant chacun, en reconnaissant les différences et en les valorisant comme des atouts pour le groupe, met en confiance les élèves et leur apporte le bien-être et la reconnaissance nécessaires à la mobilisation de leurs capacités cognitives. Vous devez prononcer quotidiennement un mot d'encouragement à chaque élève. Cet encouragement peut concerner la vie de la classe (« *Merci d'avoir effacé le tableau* »), son attitude (« *Je vois que tu es prêt pour te ranger, bravo !* »), ses apprentissages « *Comment as-tu réussi ? Explique-nous.* »). L'encouragement développe la confiance en soi.

• **la vigilance :** vous devez être attentif aux relations qui vont rapidement s'établir entre les élèves. Soyez un observateur du groupe, guettez les échanges de paroles, les regards, les gestes. Vous pourrez ainsi rapidement comprendre la dynamique qui commence à se créer. Vous pourrez aider certains à régler les tensions qui naissent entre eux en utilisant la parole. Vous pourrez également veiller à la bonne intégration de tous les élèves dans le groupe et agir rapidement si un élève est mis à l'écart, en le valorisant afin d'inciter les autres à aller à sa rencontre.

• **la cohérence du cadre :** les règles établies avec les élèves se doivent d'être cohérentes et comprises par ceux-ci. Par exemple, la règle « travailler à l'écrit dans le silence » trouve son essence dans le besoin du groupe à travailler dans des conditions permettant concentration et réflexion, et non dans le besoin de tranquillité de l'enseignant, comme on l'entend parfois dans la bouche de certains élèves ! Chaque règle trouve sa justification dans la sécurité physique et psychologique des élèves et dans la mise en place d'un climat de travail propice aux progrès de chacun. Une fois mises en place, les règles ne se discutent plus : il n'y a pas de négociation possible, pas de « *oui, mais...* » acceptable. Vous devez être rigoureux sur leur respect et mettre en place, si nécessaire, des sanctions mesurées, identiques pour tous les élèves. L'équité et l'objectivité doivent guider votre action.

3. LES RÈGLES INDISPENSABLES POUR LE FONCTIONNEMENT DU GROUPE

• **À savoir :** Un groupe ne peut fonctionner sans un ensemble de règles qui régissent la vie du groupe en régulant les comportements individuels. L'enseignant doit garantir la sécurité physique et psychologique des élèves. Les règles mises en place, construites et réfléchies avec les élèves, et leur application rigoureuse et juste, garantissent cette sécurité.

Quelles sont les règles indispensables ?

Afin de garantir la sécurité physique des élèves, vous devez :

• interdire aux élèves de sortir de classe sans votre autorisation ;

• ne jamais laisser un élève se déplacer seul dans l'école ;
• imposer le déplacement en groupe classe pour tous les déplacements : vous devez toujours avoir l'ensemble des élèves sous les yeux ;
• imposer le calme lors des déplacements : un peu de chahut lors d'une descente d'escaliers peut provoquer un sérieux accident ;
• interdire et sanctionner immédiatement tout geste de violence.

Afin de garantir la sécurité psychologique des élèves, vous devez :
• interdire et sanctionner toute moquerie, quelle qu'en soit l'origine (difficultés d'apprentissage, lenteur, différence physique, raciale, handicap...) ;
• interdire et sanctionner immédiatement toute violence verbale (insultes) ;
• garantir un cadre d'expression respectueux et équitable pour tous en veillant au respect des règles de prise de parole et en accordant votre attention à tous les élèves.

EN PRATIQUE

C'est quoi l'autonome de solidarité ?

Il repose sur les professeurs des écoles une responsabilité importante : assurer la sécurité physique et psychologique de sa classe, ce n'est pas rien. Même avec une vigilance de tous les instants, un accident peut arriver et les parents peuvent vous mettre en cause. Il peut arriver également qu'un parent s'en prenne à vous ; les agressions sont malheureusement une réalité du terrain dont il faut tenir compte. Les autonomes de solidarité sont des associations qui agissent pour protéger les personnels de l'éducation. Elles vous garantissent une aide juridique menée par des professionnels spécialisés dans les incidents en milieu scolaire. Pour bénéficier de cette aide, vous devez vous inscrire et payer la cotisation annuelle. Nous vous encourageons à le faire dès la pré-rentrée !

02

PRÉPARER LA RENTRÉE

A PRÉPARER LES OUTILS DE L'ENSEIGNANT

Être professeur des écoles demande de grandes capacités d'organisation, de planification et de réflexion. Assurer la sécurité du groupe classe en étant vigilant à chacun de ses élèves, organiser les apprentissages sur la semaine, la période, l'année en suivant les recommandations officielles et planifier chaque journée d'enseignement, s'approprier les règles de l'école et veiller à leur respect, gérer l'hétérogénéité du groupe classe : autant de missions qui, en début de carrière, mettent l'enseignant en surcharge cognitive.
Cette impression d'être débordés, tous les professeurs des écoles l'ont ressentie au cours de leurs premières classes. Peu à peu, vous allez acquérir les gestes professionnels ; des automatismes se mettront en place et vous gagnerez en efficacité.
Pour entrer dans le métier avec la plus grande sérénité possible, un certain nombre de documents sont nécessaires. Chacun, par sa fonction, contribue à l'organisation, à la réflexion et au positionnement de l'enseignant.

1. LES DOCUMENTS ADMINISTRATIFS

NOTRE CONSEIL

En cas d'enseignement à distance, comme pendant le Covid, il est impératif que vous ayez les adresses emails des parents de vos élèves. Dès que vous avez votre liste d'élèves, enregistrez toutes les adresses emails. Dans la semaine de la rentrée, envoyez un email de contact à tous les parents en demandant un retour pour confirmer la validité de l'adresse utilisée. Pointez les retours, relancez si besoin, et contactez par téléphone les parents restés silencieux pour vérifier avec eux l'adresse utilisée. Si l'école dispose d'un espace numérique de travail (ENT), l'utilisation des adresses emails n'est pas nécessaire. Il faudra toutefois vérifier que chaque parent a bien ses données d'accès à l'ENT.

En tant que professeur des écoles, vous avez la responsabilité totale de votre groupe d'élèves sur le temps scolaire. Une grande rigueur dans le suivi des documents administratifs est indispensable pour pouvoir assurer la sécurité de vos élèves.

La liste des élèves

• **À savoir :** Ce document regroupe l'identité de vos élèves et les informations utiles pour contacter les familles. Édité par le directeur à partir de la base élèves de l'académie, vous devez toujours avoir ce document à portée de main pour communiquer rapidement avec les familles.

Le registre d'appel ou cahier d'appel

• À savoir : Le cahier d'appel est un document officiel obligatoire pour tous les enseignants. Il doit toujours être sur le bureau de l'enseignant. C'est un outil essentiel au suivi de l'assiduité des élèves qui a une valeur juridique.

À quoi ce document sert-il?

Le registre d'appel permet :

• de noter le nombre d'élèves présents en classe à chaque demi-journée et d'identifier les absents;

• de suivre la fréquentation scolaire de chaque élève;

• de constituer une base statistique sur la présence scolaire à l'échelle de l'école.

La tenue rigoureuse du registre d'appel est obligatoire : en cas de conflit entre des parents (différend sur le mode de garde ou suspicion de négligence, voire de maltraitance), le cahier d'appel peut être saisi par le procureur de la République et présenté comme pièce à conviction. Il doit être complété **avec un stylo-bille non effaçable**.

Le registre d'appel est systématiquement signé par l'inspecteur en cas de visite dans la classe. Il est également regardé avec attention par les tuteurs PEMF et INSPÉ lors des visites formatives. En fin d'année scolaire, le registre d'appel est archivé par le directeur.

NOTRE CONSEIL

• En cas d'évacuation des locaux (alerte incendie ou autre), vous devez prendre avec vous le registre d'appel. Il vous permettra de justifier auprès des secours du nombre d'élèves dans votre rang. Il doit donc toujours être accessible, ne le mettez pas sous une pile de cahiers!

• Collez une enveloppe format A5 sur la troisième de couverture de votre registre d'appel. Vous pourrez ainsi y glisser tous les justificatifs d'absence de vos élèves.

Comment l'utiliser?

Avant le jour de la rentrée, **avec un stylo non effaçable** :

• complétez avec précision la couverture du registre d'appel;

• inscrivez sur la première double page, par ordre alphabétique, les noms et prénoms des élèves, leur date de naissance, leur adresse et les numéros de téléphone des responsables légaux;

• inscrivez, sur la double page suivante, le mois et l'année, et recopiez à nouveau la liste des élèves par ordre alphabétique. Vous devrez recopier la liste de vos élèves au début de chaque nouveau mois.

EN PRATIQUE

J'ai une classe avec plusieurs niveaux. Comment dois-je inscrire mes élèves ?

Inscrivez vos élèves par ordre alphabétique, sans mélanger les niveaux, afin que les différents groupes soient bien identifiables.

Au début de chaque demi-journée de classe :

• notez les élèves absents dans le registre d'appel. Le codage utilisé est mentionné au début du document : une absence le matin est mentionnée par un trait horizontal, une absence l'après-midi par un trait vertical. Une croix signifie donc que l'élève a été absent une journée complète ;
• en bas de colonne, notez le nombre d'élèves présents ;
• dès que vous en avez connaissance, notez les motifs des absences dans la colonne réservée à cet effet.
• si un élève est en retard, vous pouvez noter « R » et écrire son heure d'arrivée en classe. En cas de retard récurrent, le directeur alertera les parents sur l'importance de la ponctualité à l'école.
• si un de vos élèves quitte l'école en cours d'année, à la date de son départ, écrivez « radié », puis barrez proprement les cases suivantes de la ligne de l'élève pour le mois en cours. Le mois suivant, n'oubliez pas de supprimer cet élève quand vous écrirez votre liste de classe.

À la fin du mois :

• comptez les absences et complétez le tableau récapitulatif se trouvant à la fin du registre d'appel. Attention : une demi-journée d'absence représente 1 absence, une journée complète d'absence représente donc 2 absences ;

• calculez les pourcentages d'absence et de présence du mois et notez-les sur le registre d'appel ;
• transmettez le registre d'appel au directeur qui signera la page du mois et préviendra l'inspection dès qu'un élève a eu 4 absences non justifiées dans le mois.

POUR COMPLÉTER LE TABLEAU RÉCAPITULATIF	
Nombre de présences du mois	= Nombre de **demi-journées** de classe dans le mois
Nombre de présences total	= Nombre de présences du mois x nombre d'élèves
Nombre d'absences	À vous de compter chaque demi-journée d'absence du mois
Nombre de présences effectives	= Nombre de présences total – nombre d'absences
Pourcentage d'absence	= Nombre d'absences x 100 / nombre de présences total
Pourcentage de présence	= Nombre de présences effectives x 100 / nombre de présences total Ou (plus simple) = 100 - pourcentage d'absence

Comment gérer les absences ?

Selon le Code de l'éducation, toute absence d'un élève doit être justifiée par ses responsables légaux qui doivent en faire connaitre les motifs au directeur de l'école. La présentation d'un mot écrit et signé par un des parents est donc obligatoire au retour de l'enfant. Elle est suffisante pour justifier de l'absence de leur enfant : vous n'avez donc pas à exiger un certificat médical, sauf en cas de retour après une maladie contagieuse.

Les motifs légitimes d'absence selon l'article L.131-8 du Code de l'éducation sont : maladie de l'enfant, maladie transmissible ou contagieuse d'un membre de la famille, réunion solennelle de famille, empêchement résultant de la difficulté accidentelle des moyens de communications, absence temporaire des personnes responsables lorsque les enfants les suivent. En dehors de ces motifs, même si les parents ont écrit un mot dans le cahier de liaison, l'absence n'est pas justifiée.

Si un de vos élèves est régulièrement absent sans motif légitime, rappelez le cadre légal à ses parents. Si les absences se poursuivent, faites remonter l'information au directeur qui alertera l'IEN.

EN PRATIQUE

Un élève est absent et ses parents ne m'ont pas prévenu. Que dois-je faire ?

À l'école maternelle, les élèves étant accompagnés par un adulte, vous n'avez pas d'inquiétude à avoir. À l'école élémentaire, certains élèves venant seuls à l'école, il est impératif de vous assurer rapidement que l'enfant n'a pas eu un souci sur le chemin de l'école et qu'il est bien avec l'un de ses parents. Sur le temps de la récréation, téléphonez aux parents et profitez-en pour leur rappeler qu'en cas d'absence, ils se doivent de prévenir l'école au plus vite.

La liste des élèves inscrits au temps périscolaire

• À savoir : La liste des élèves inscrits au temps périscolaire mentionne, pour chaque élève, les jours où il est inscrit aux différents temps d'encadrement proposés. Cette liste n'est pas fixe pour l'année : il faut la tenir à jour en fonction des modifications apportées par les parents à l'emploi du temps de leur enfant, dans la limite des modalités de changement autorisées dans le règlement de l'école.

Qu'est-ce que le temps périscolaire ?
Le temps périscolaire est constitué des heures qui précèdent et suivent la classe durant lesquelles un encadrement est proposé aux élèves. Il s'agit :
• de la période d'accueil du matin avant la classe ;
• du temps méridien : de la fin de la matinée de classe au retour en classe l'après-midi, comprenant le temps de restauration ;
• de la période d'accueil du soir immédiatement après la classe (études surveillées, accompagnement à la scolarité, accueils de loisirs, activités culturelles ou sportives, garderie).

Enseignants et animateurs sont responsables des élèves et doivent s'assurer, à chaque transition, que l'élève se rend bien là où il est attendu.

À quoi cette liste sert-elle ?
La liste des élèves inscrits au temps périscolaire est un outil quotidien du professeur des écoles. En début d'année et tant que vous ne connaitrez pas parfaitement les rythmes de vos élèves, vous devez l'avoir avec vous pour vous assurer qu'un élève qui mange à la cantine ne sorte pas de l'école ou qu'un élève attendu par ses parents n'aille pas à l'étude.

Si un élève qui était présent le matin est absent en début d'après-midi, vérifiez immédiatement où il était pendant le temps méridien ; contactez les responsables de l'enfant sur cette période (animateurs ou parents) afin de vous assurer que l'élève est bien pris en charge.

La liste des projets d'accueil individualisé (PAI)

• **À savoir :** La liste des projets d'accueil individualisé (PAI) mentionne les noms des élèves de l'école ayant un trouble de la santé ainsi que leur pathologie, si celle-ci nécessite, en cas de crise, l'intervention d'un adulte. Ce document vous sera transmis par votre directeur.

Qu'est-ce qu'un PAI ?

Le PAI est un document écrit qui précise les adaptations à apporter à la vie de l'élève atteint de **troubles de la santé** (pathologie chronique comme l'asthme par exemple, allergie, intolérance alimentaire...) et définit les soins à apporter en cas de crise. Il concerne aussi bien le temps scolaire que le temps périscolaire si l'enfant y participe.

Le PAI est généralement élaboré à la demande de la famille. Il est établi en concertation avec le médecin de famille et le médecin scolaire. Il est signé par les différents partenaires (parents, médecins, directeur) et communiqué aux enseignants et aux animateurs.

Si les soins nécessitent la maitrise de gestes particuliers (injection pour bloquer les allergies par exemple), le médecin scolaire met en place un temps de formation à destination des adultes de l'école.

À quoi cette liste sert-elle ?

Grâce à cette liste, vous serez capable d'identifier les élèves concernés et d'agir rapidement auprès de l'un d'eux en lui apportant les soins et traitements appropriés, même s'il ne fait pas partie de votre classe (si une crise survient pendant un temps de récréation par exemple).

La liste des plans d'accueil personnalisé (PAP)

• **À savoir :** La liste des plans d'accueil personnalisé (PAP) mentionne les noms des élèves de votre classe pour lesquels un aménagement et des adaptations de nature pédagogique ont été décidés en raison de leurs difficultés scolaires durables.

Qu'est-ce qu'un PAP ?

Le plan d'accueil personnalisé (PAP) est **un dispositif d'accompagnement pédagogique** qui s'adresse aux élèves qui connaissent des difficultés scolaires durables ayant pour origine un ou plusieurs troubles des apprentissages. Des dispositifs sont mis en place afin qu'ils puissent poursuivre leur parcours scolaire dans les meilleures conditions. Par exemple : l'agrandissement des supports écrits ou la mise à disposition d'un ordinateur portable. (voir **partie 1-B** « L'école inclusive »)

À quoi cette liste sert-elle ?

La mise en œuvre du PAP est assurée par les enseignants au sein de la classe. Il est donc indispensable d'avoir en tête les noms des élèves de votre classe concernés et de prendre le temps de lire le document PAP afin de prendre connaissance des aménagements et adaptations mises en place les années précédentes pour permettre à l'élève de suivre au mieux les apprentissages.

La pyramide des âges

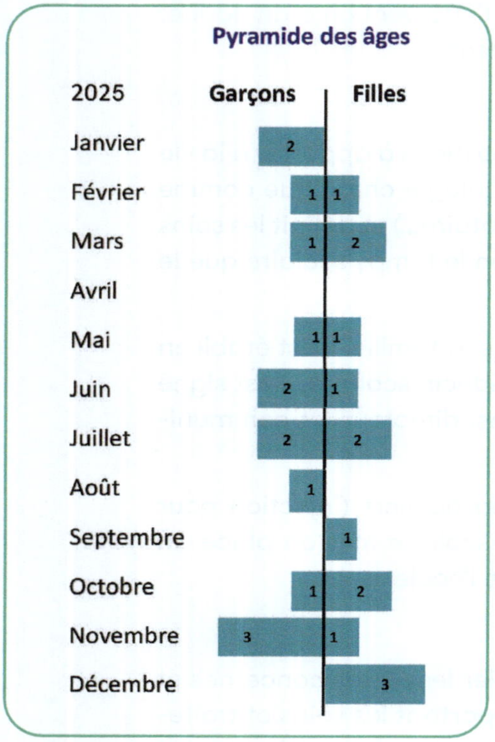

• À savoir : La pyramide des âges est une représentation de votre groupe classe en fonction du genre et des mois de naissance. Elle permet d'évaluer rapidement le groupe en termes de répartition filles / garçons et de sa répartition sur l'année. Ce document statistique sera consulté par l'IEN, les conseillers pédagogiques et vos tuteurs quand ils viendront dans votre classe.

Comment la réaliser ?

Pour commencer, comptez le nombre de filles et de garçons qui sont nés dans chaque mois de l'année.

La pyramide des âges peut prendre différentes formes. En voici un exemple (schéma ci-contre). Il existe de très nombreux sites qui proposent des outils « clé en main » pour réaliser la pyramide des âges de votre classe. N'hésitez pas à vous en servir !

Le règlement intérieur

• À savoir : Le règlement intérieur d'une école définit l'ensemble des règles et des principes de vie dans l'école. Il fixe les droits et les devoirs de chacun des membres de la communauté éducative : élèves, parents, enseignants, personnels, partenaires et intervenants extérieurs. Il est en même temps normatif, éducatif et informatif.

Qui l'élabore ?

Le règlement intérieur est élaboré par le directeur d'école, conformément au règlement type départemental. Il est examiné et peut être modifié chaque année au cours du premier conseil d'école, où il est soumis au vote.

Comment l'utiliser ?

En premier lieu, il est indispensable de prendre connaissance du règlement intérieur de l'école dans laquelle vous arrivez. Vous y trouverez de nombreuses informations (horaires, principes du vivre ensemble, modalités de communication entre l'équipe pédagogique et les parents, règles d'hygiène et de sécurité, usage ou interdiction de certains objets personnels…). Les devoirs des parents y sont mentionnés (obligation d'assiduité, procédure que les parents doivent suivre en cas d'absence de leur enfant, respect des enseignants…) ainsi que ceux des enseignants (protection de l'enfant et de sa dignité, information des parents sur les acquis et le comportement de leur enfant…).

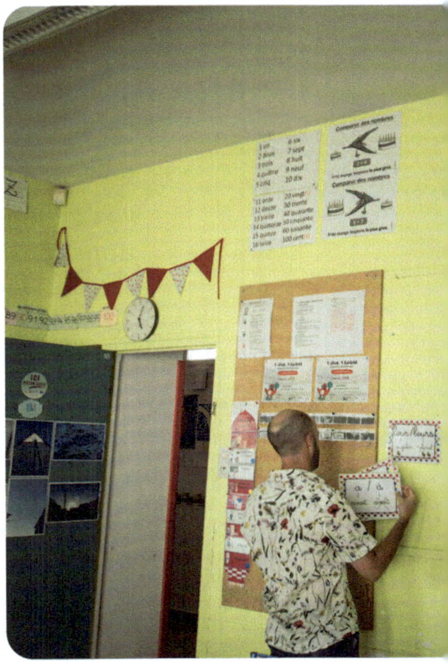

En classe, travailler sur le règlement de l'école dans le cadre de l'Enseignement Moral et Civique, en choisissant les articles les plus parlants pour les élèves, est important. Une version simplifiée dans sa terminologie, ou même sous forme d'illustrations, peut être construite avec l'équipe pédagogique.

Au quotidien, le règlement de l'école est le texte de référence pour poser les sanctions quand un élève a un comportement inapproprié, ou pour rappeler le fonctionnement de l'école aux parents quand ils n'en respectent pas les règles. N'hésitez pas à y faire référence dans vos communications.

Le tableau de service de surveillance des temps d'accueil, de sortie, de récréation

• À savoir : À l'école primaire, la surveillance des temps d'accueil du matin et du début d'après-midi, des récréations et des temps de sorties fait partie des missions du professeur des écoles. Quand la présence de l'ensemble des enseignants n'est pas nécessaire pour assurer la surveillance des entrées, des sorties et des récréations, un tableau de service est mis en place, généralement lors de la pré-rentrée.

En quoi ce tableau engage-t-il la responsabilité des enseignants ?
Dès lors que votre nom est mentionné sur ce tableau, vous êtes responsable de l'ensemble des élèves pendant ce temps de détente. Vous devez par conséquent être dans la cour en premier, et en repartir en dernier ! Ce tableau doit être affiché dans votre classe afin que votre remplaçant puisse être informé en cas d'absence.

Si vous n'êtes pas de service mais qu'aucun adulte n'est dans la cour alors qu'il est l'heure de la récréation, vous devez rester avec eux. Vous êtes responsables de vos élèves tant que les collègues de service ne sont pas dans la cour. Un élève ne doit jamais rester sans surveillance, il n'est donc pas question de laisser vos élèves sans adulte dans la cour. En cas d'accident, vous seriez considéré comme responsable.

Si vous allez en sortie avec vos élèves un jour où vous êtes de service de surveillance, vous devez organiser un échange de service avec l'un de vos collègues. Pensez à en informer le directeur afin que votre responsabilité ne soit pas engagée si votre collègue oubliait de vous remplacer.

En cas d'arrêt maladie, n'étant plus en situation professionnelle, ce sont vos collègues qui doivent s'organiser pour pallier les difficultés organisationnelles liées à votre absence. Il n'est pas question d'échange de service. À votre retour, vous n'avez donc pas à les remplacer lors de leurs services.

EN PRATIQUE

Un de mes tuteurs vient m'observer en classe toute la matinée et je suis de service de récréation et d'accueil le matin. Que dois-je faire?

Lors d'une visite formative, les temps d'échange en dehors de la présence des élèves sont importants. Faites un échange de service avec un collègue. Vous aurez ainsi plus de temps pour discuter avec votre tuteur autour de la construction et de la mise en œuvre de votre enseignement. Vous aurez aussi un peu de temps pour vous ressourcer entre les deux parties de la matinée.

Le plan d'évacuation de l'école

• **À savoir :** Le plan d'évacuation de l'école est un document papier montrant les itinéraires d'évacuation sur la structure du bâtiment. Ce plan doit obligatoirement être affiché dans toutes les salles de l'école.

À quoi ce document sert-il?

En cas d'urgence ou de catastrophe, vous devez être capable d'évacuer les locaux, avec l'ensemble de vos élèves, le plus rapidement possible. Des itinéraires ont été réfléchis afin d'éviter que des groupes ne se croisent ou que les escaliers ne s'embouteillent. Le respect de ces itinéraires est primordial pour assurer la sécurité de tous.
Familiarisez-vous avec les voies d'évacuation prévues dès la pré-rentrée en lisant attentivement le plan d'évacuation et en demandant à vos collègues confirmation de ce que vous avez compris. Informez-en rapidement vos élèves afin qu'ils sachent où aller et qu'ils puissent réagir avec efficacité et sérénité.

EN PRATIQUE

Il n'y a pas de plan d'évacuation affiché dans ma classe. Que dois-je faire ?

Informez le directeur de l'absence de ce document et demandez-lui en un exemplaire. Avant de l'afficher, plastifiez-le pour lui donner une plus grande durabilité.

2. LES DOCUMENTS PÉDAGOGIQUES

Le réflexe des jeunes enseignants est bien souvent de chercher des ressources pédagogiques sur Internet. De nombreux professeurs des écoles mutualisent volontiers leurs documents de travail et les ressources y sont nombreuses. Si certains sites sont de qualité, nous attirons toutefois votre vigilance :
- beaucoup de documents en ligne sont anciens et ne sont plus en conformité avec les contenus des programmes en vigueur ;
- le contenu de certains documents est approximatif, voire erroné ;
- de nombreux documents présentent des incohérences dans la progressivité des apprentissages qui témoignent d'un manque de connaissances didactiques ;
- la langue écrite dans certains documents est parfois mal maitrisée : fautes d'orthographe nombreuses, syntaxe déplorable.

Méfiez-vous également de l'accumulation : il y a tant de ressources en ligne qu'il est facile de se retrouver noyé ! Lire 10 documents différents, en extraire les éléments qui vous semblent les plus pertinents et construire votre propre document est un travail long et fastidieux...

Pour gagner en efficacité et en qualité, si vous utilisez Internet, nous vous conseillons d'utiliser en priorité les ressources officielles (ressources nationales (Eduscol), sites académiques, sites de circonscription) ainsi que les sites des éditeurs : tous les contenus que vous y trouverez sont créés par des IEN, des conseillers pédagogiques, des PEMF ou des PE chevronnés, vous pourrez les utiliser en toute confiance en vérifiant leur date de publication. Pensez également à utiliser les livres du maitre : ce sont des ressources de qualité pour construire vos séquences d'apprentissage.

Le projet d'école

- **À savoir :** Le projet d'école est un document élaboré par l'équipe pédagogique. Il définit les orientations et les objectifs prioritaires de votre école et se traduit par un programme d'actions. Le projet d'école est adopté par le conseil d'école pour une durée comprise entre 3 et 5 ans. Il est désormais rédigé à partir des recommandations issues du rapport quinquennal d'évaluation de l'école.

La démarche du projet d'école, qui s'appuie sur le travail de tous les enseignants coordonnés par le directeur, est **constituée de 5 étapes** :

1. Le diagnostic : évaluation et identification des besoins au vu des résultats des évaluations nationales, des points d'alerte identifiés par les enseignants, des indicateurs transmis par le collège, du climat de l'école, des spécificités du public scolaire.

2. La définition des axes du projet.

3. L'élaboration d'un programme d'actions.

4. La mise en œuvre.

5. L'évaluation annuelle suite à la mise en œuvre des différentes actions.

Comment l'utiliser ?

Le projet d'école est un document spécifique à votre établissement. Il est riche en informations sur votre école : public scolaire, difficultés identifiées, axes de travail, actions à mettre en œuvre au cours de l'année, voire pour certaines au quotidien. Il est important que vous en preniez connaissance le plus tôt possible pour mettre en œuvre les actions attendues. Vous montrerez ainsi pleinement à vos collègues votre volonté de vous intégrer dans l'équipe.

La note de cadrage de rentrée de l'IEN

• À savoir : La note de cadrage est envoyée en début d'année scolaire, avant la rentrée, par l'IEN chargé de la circonscription, dans chaque école. Les directeurs doivent la transmettre à leurs collègues professeurs des écoles. L'IEN y présente les personnes ressources de la circonscription qui pourront intervenir dans les écoles, rappelle le cadre légal, explicite les recommandations nationales et académiques et mentionne ses attendus.

Que contient-elle ?

Vous trouverez par exemple dans cette note :

• un mot d'accueil pour les nouveaux enseignants de la circonscription ;

• la présentation de l'équipe de circonscription (les conseillers pédagogiques de la circonscription (CPC) et l'IEN) ainsi que leurs coordonnées ;

• la présentation de l'équipe d'intervention départementale (conseillers pédagogiques départementaux) ;

• la présentation des personnes ressources (enseignant référent, membres du RASED, médecin scolaire) ;

• le cadre de communication souhaité par l'IEN : modalités de contact avec l'IEN, avec les CPC, circulation des informations ;

• l'organisation de la rentrée : documents administratifs de rentrée à transmettre, agenda de la rentrée ;

• les informations du ministère de l'Éducation nationale : priorités nationales, recommandations, nouveautés pédagogiques ;
• un rappel sur le fonctionnement des écoles : organisation du service, des APC, de la surveillance continue des élèves, relations avec les parents, absentéisme, accident scolaire ;
• un rappel du protocole en cas d'absence d'un enseignant.

Comment l'utiliser ?

Cette lettre de cadrage vous informe des nouveautés et recommandations du ministère et fixe avec précision le cadre de votre année et les attendus de votre supérieur hiérarchique.

Lisez-la avec attention, surlignez les éléments qui vous semblent les plus importants, et archivez-la afin de pouvoir retrouver ces informations, notamment pour vous y référer lors des visites de vos tuteurs et des CPC.

L'emploi du temps

• À savoir : L'emploi du temps est un outil au service de la mise en œuvre des apprentissages. C'est un document obligatoire que l'enseignant doit construire en début d'année et transmettre à l'IEN dans les premiers jours de classe et, avant une visite, à ses formateurs. L'ensemble des domaines d'apprentissage doit y être mentionné avec les intitulés officiels.

Les programmes

À l'école maternelle, les programmes ne définissant pas de quota horaire pour chaque domaine, l'enseignant n'a pas de contrainte horaire disciplinaire pour organiser son emploi du temps ; toutefois, tous les domaines doivent être enseignés quotidiennement.

À l'école élémentaire, les programmes mentionnent le nombre d'heures hebdomadaires associé à chaque domaine d'enseignement : l'emploi du temps construit doit être conforme à ces exigences. Les temps d'activités pédagogiques complémentaires doivent également être mentionnés sur l'emploi du temps (rappel : les APC ont une durée annuelle de 36 h). (Voir **partie 1-A** « Les obligations de l'enseignant : les 108 h »)

CYCLE 2	
Français	10 h
Mathématiques	5 h
Langue vivante	1 h 30
EPS	3 h
Enseignements artistiques	2 h
Questionner le monde / EMC	2 h 30
Total	24 h

CYCLE 3	
Français	8 h
Mathématiques	5 h
Langue vivante	1 h 30
EPS	3 h
Sciences et technologie	2 h
Enseignement artistique	2 h
Histoire et géographie	2 h 30
Total	24 h

EN PRATIQUE

Je n'arrive pas à faire rentrer les durées demandées dans l'emploi du temps de ma classe. Que faire ?

Effectivement, ce n'est mathématiquement pas possible ! En effet, les programmes prévoient une durée d'enseignement hebdomadaire de 24 heures, ce qui correspond à la totalité des heures de présence des élèves en classe. Ils ne tiennent compte ni des déplacements, ni des temps de récréation, ni des temps organisationnels (appels, ramassage de documents administratifs, préparation des cartables). Il n'est donc pas réaliste d'envisager de mettre dans son emploi du temps la totalité des horaires demandés. Comme mentionné dans le BO n° 44 du 26 novembre 2015, « *le temps dévolu aux récréations est à imputer de manière équilibrée dans la semaine sur l'ensemble des domaines d'enseignement* » ; diminuez donc légèrement les durées d'enseignement de chaque domaine.

Comment construire son emploi du temps ?

L'objectif de l'emploi du temps est de planifier les temps d'enseignement pour l'ensemble des domaines et d'améliorer l'efficacité des apprentissages. Il permet de poser le cadre de la journée en définissant clairement la succession des activités pédagogiques et en mentionnant les temps de pause, et d'équilibrer les différents domaines d'apprentissages. Il doit respecter les besoins et les rythmes des élèves tout en favorisant le bon déroulement des activités.

Quelques principes doivent vous guider pour construire votre emploi du temps :

- organiser une alternance entre les domaines d'enseignement ;
- alterner des séances longues et des séances courtes, des activités individuelles et collectives, pour rythmer la journée ;
- positionner les enseignements dits fondamentaux à des moments où les élèves sont plus disponibles ;
- mentionner les temps éducatifs : accueil, sieste en PS et MS, temps calme en GS, récréations.

Vous devrez également tenir compte de contraintes :

- les horaires des récréations dans votre école ;
- la disponibilité des locaux (pour l'EPS et la motricité par exemple). Des emplois du temps d'école sont mis en place lors de la pré-rentrée : osez affirmer et argumenter vos souhaits lors de leur construction ;
- en maternelle, la disponibilité de l'ATSEM.

Si vous avez une classe multiniveaux, vous devez présenter sur un unique document l'emploi du temps de votre classe. Divisez chaque colonne journalière en autant de colonnes que vous avez de niveaux de classe. Présentez sur l'emploi du temps les séances qui mobilisent le groupe classe en entier et celles pour lesquelles les niveaux sont séparés. Notez également sur l'emploi du temps si le groupe est en autonomie, avec l'ATSEM en maternelle ou avec vous afin de vous assurer de l'équilibre de votre présence auprès des différents niveaux.

EN PRATIQUE

Mes collègues veulent monter un projet « chorale » mais ce n'est pas prévu dans mon emploi du temps. Puis-je le modifier même si je l'ai envoyé à mon IEN ?

Un emploi du temps n'est jamais figé. Il peut être modifié ponctuellement par un événement exceptionnel (sortie, conditions météo, fête...) mais il doit également évoluer dans le courant de l'année scolaire, en fonction des projets, des progrès des élèves et de l'évolution de votre réflexion sur la mise en œuvre des apprentissages.

Quels sont les indispensables de l'emploi du temps en maternelle ?

- **Un temps d'accueil** le matin, d'environ 10 min à partir du temps officiel de début de classe. Ce temps d'accueil peut se dérouler en classe ou dans la cour comme en élémentaire. Pendant ce temps d'accueil, faire l'appel, noter les présences aux temps périscolaires (cantine, études surveillées, accompagnement à la scolarité, accueils de loisirs, activités culturelles ou sportives).
- **Un temps de regroupement** en début de matinée et à chaque retour en classe après les récréations pour créer la dynamique du groupe classe.
- **Un temps d'activités ritualisées** le matin et un autre l'après-midi. La durée des activités proposées est courte et liée à la capacité de concentration des élèves : autour de 10 min en PS, 15 min en MS et 20 min en GS.

→ L'horaire fixe des temps d'accueil, de regroupement et d'activités ritualisées installe de la régularité et permet aux élèves d'avoir des repères dans le déroulement de la journée. Leur contenu n'est pas figé ; il évolue en fonction de la progression des apprentissages.

- **Un temps de repos quotidien**, après le déjeuner : sieste en PS, sieste à la demande en MS, temps calme en MS et GS variant de 15 min à 30 min selon l'avancée de l'année et les écoles.

• **Trois temps d'apprentissage** par demi-journée de classe, dont un temps quotidien de motricité (domaine « Agir, s'exprimer, comprendre à travers l'activité physique »).
• **Des modalités d'apprentissage et d'activités variées :** collectif, groupe, binôme, individuel, jeu, oral...
• Une récréation au milieu de chaque demi-journée. Soyez vigilant à ne pas placer les récréations en fin de demi-journée, elles ne répondraient pas aux besoins des élèves.

Adaptez l'organisation du temps à la gestion des espaces disponibles (salle de jeux, gymnase, BCD...) et du personnel présent (ATSEM, AESH, disponibilité de l'enseignant des PS pendant la sieste).
Alternez les organisations pédagogiques pour équilibrer votre présence auprès de chaque groupe.

EN PRATIQUE

Quelle doit être la durée de chaque séance ?

La durée des séances varie selon la capacité de concentration des élèves, capacité qui dépend de l'âge des élèves mais également du groupe classe. Pour vous donner un repère, en cycle 2, on privilégiera des séances de 30 à 45 min.
En cycle 3, une séance pourra s'étendre jusqu'à 1 h, voire 1 h 15 si vous variez les modalités de fonctionnement du groupe (travail de recherche en groupes, mise en commun, construction de la trace écrite collective, application individuelle).
Il n'y a pas de durée idéale déterminée : la durée idéale d'une séance, c'est de terminer avant que le groupe ne décroche ! Fixez votre emploi du temps en respectant les horaires préconisés pour chaque domaine et en alternant des séances courtes et des séances plus longues : lors de la mise en œuvre, vous adapterez vos séances en fonction du comportement du groupe classe.

Quels sont les indispensables de l'emploi du temps en élémentaire ?
• **Un temps d'accueil** le matin pour faire l'appel, noter les présences aux temps périscolaires (cantine, études surveillées, accompagnement à la scolarité, accueils de loisirs, activités culturelles ou sportives).
• **Une alternance de domaines d'enseignement** avec des séances entre 30 min et 1 h 15 maximum (en cycle 3) pour une journée dynamique.
• **Une séance de français et de mathématiques** chaque jour ; une séance spécifique de lecture chaque jour.
• **Du calcul mental** chaque jour à chaque niveau (priorités nationales).
• **Des petits temps dédiés à la ritualisation des apprentissages :** conjuguer chaque jour un verbe, dicter une phrase, décomposer un nombre...

• **Deux ou trois séances d'EPS** hebdomadaires.
• **Un temps pour écrire les devoirs :** attention, ce temps n'est pas un moment d'apprentissage du geste graphique. En CM1 et CM2, les devoirs peuvent être écrits le vendredi pour toute la semaine suivante ; cela permet aux élèves d'apprendre à s'organiser, de les amener à s'avancer dans leur travail en vue du collège.
• **Un temps organisationnel** en fin de journée pour préparer correctement le cartable : 10 min en cycle 2, 5 min en cycle 3.

Les progressions de cycle

• **À savoir :** Les progressions de cycle sont des documents internes à chaque école qui définissent, pour chaque domaine d'enseignement, une répartition des compétences et des connaissances dans chacune des années du cycle. Elles établissent un itinéraire et des étapes pour l'acquisition de compétences et de notions en tenant compte des passages obligés. Elles sont construites lors des conseils de cycle et révisées à chaque début d'année. Au cycle 3, les conseils école-collège permettent d'élaborer ces progressions en lien avec les professeurs de 6e.

EN PRATIQUE

Programmation, progression, je ne comprends pas la différence !

Ces termes ne sont pas utilisés de la même manière selon les académies et les formateurs. Certains parlent de programmation à l'échelle du cycle, d'autres de progression. Dans le premier degré, les textes officiels ne définissent pas avec précision ces termes, mais parlent de progressivité des apprentissages. Pour vous aider à différencier ces termes :

→ la progression induit une réflexion sur l'enchainement des connaissances et compétences travaillées afin de garantir une cohérence didactique. C'est la construction des savoirs qui est au cœur de la progression. La progression se réfléchit au sein du cycle, mais aussi sur une année, et même pour construire une séquence d'apprentissage. Il est important de connaitre la progression d'une compétence ou connaissance car elle est souvent initiée dans la ou les classes précédentes et tous les élèves ne l'ont pas encore acquise ;

→ la programmation est l'organisation dans le temps, la répartition sur les différentes périodes de l'année.

L'important est de savoir que derrière ces termes se cachent les notions de réflexions didactiques et de planification des apprentissages.

Comment les utiliser?

Les progressions de cycle sont des documents importants car elles vont vous permettre non seulement de prendre connaissance du contenu des apprentissages de votre année en termes de compétences et de connaissances à travailler et à faire acquérir à vos élèves, mais également de savoir ce qui a été travaillé l'année précédente et les attendus nécessaires à la réussite de vos élèves pour l'année suivante.

Si, dans votre école, l'équipe pédagogique n'a pas élaboré de progression de cycle, vous trouverez sur Eduscol les repères annuels de progression et les attendus pour chaque niveau du cycle 2 et du cycle 3, en mathématiques, français et EMC élaborés par le ministère.

Pour les autres domaines d'apprentissage, s'il y a une autre classe de votre niveau dans l'école, vous pouvez demander de l'aide au collègue en charge de la classe. Il vous donnera les repères dont vous avez besoin. Sinon, tournez-vous vers les sites académiques ou de circonscriptions : les documents seront nécessairement conformes aux programmes et cohérents dans leur construction didactique.

En cycle 3, pour l'histoire et la géographie, les progressions de cycle sont clairement définies dans les programmes.

Les programmations de classe

• **À savoir :** Les programmations de classe établissent l'organisation des apprentissages sur l'année scolaire. L'enseignant de la classe, après avoir pris connaissance des contenus, en termes de connaissances et de compétences, qu'il doit amener ses élèves à construire, réfléchit à l'organisation de ces contenus par période : cohérence didactique et projection temporelle sont nécessaires pour limiter au maximum les obstacles pour les élèves et prévoir le temps nécessaire à la construction des apprentissages.

Comment les construire?

Les programmations de classe sont des documents personnels. L'enseignant se projette sur l'année scolaire et détermine le programme d'enseignement de chaque période, dans tous les domaines. Les programmations sont ensuite retravaillées lors des conseils de cycle afin de s'assurer de la cohérence de la progressivité entre les années. Chaque enseignant construit ses propres programmations, en respectant les contenus définis dans la progression de cycle : c'est la première expression de la liberté pédagogique. Pour cela, une réflexion approfondie sur la construction des apprentissages est nécessaire. La chronologie des compétences à travailler apparait en se posant la question : « Quels sont les pré-requis nécessaires? ». Il s'agit d'un travail long, auquel il faut s'atteler dès que vous connaissez votre niveau de classe.

En voici un exemple :
Pour travailler la compétence « identifier une phrase complexe », quelles compétences vos élèves doivent-ils maitriser ?

- Ils doivent savoir ce qu'est une phrase.
- Ils doivent être capables d'identifier un verbe conjugué.
  → Pour identifier un verbe conjugué, les élèves doivent avoir travaillé la notion de verbe et d'infinitif.

Si l'organisation des notions peut parfois sembler évidente, elle est complexe car elle s'appuie sur la complémentarité des savoirs. Projetons-nous en calcul par exemple. Vous avez décidé de travailler l'addition (le sens de l'opération et le calcul mental, puis le calcul posé). Quelle notion de calcul choisirez-vous de placer à la suite ? La soustraction, comme opération réciproque de l'addition, ou la multiplication, comme expression de l'addition itérée ? Les deux possibilités sont recevables d'un point de vue de la progressivité des apprentissages : vous avez la liberté pédagogique de choisir la programmation qui vous semble la plus pertinente.
Reportez vous à la progression du manuel qui a été construite par des enseignants expérimentés dans une cohérence didactique d'ensemble.

EN PRATIQUE

J'ai appris mon niveau de classe une semaine avant la rentrée. Je ne vais jamais pouvoir construire mes programmations pour l'année dans tous les domaines avant la rentrée ! Que dois-je faire ?

Quand on commence dans un niveau de classe, il ne faut pas essayer de tout construire. Ce travail de réflexion sur la cohérence des apprentissages nécessite de l'expérience. Récupérez deux ou trois programmations de classe sur des sites de circonscription, d'académie ou d'éditeur, en vérifiant qu'elles se réfèrent aux programmes en vigueur, et comparez-les afin d'en observer et d'en comprendre les différences de démarche. Rédigez votre propre document en reprenant l'organisation qui vous semble la plus cohérente, celle qui vous convient le mieux.

Si vous avez dans votre classe des manuels récents et de qualité (vérifiez que tous les points des programmes y sont bien présents), vous pouvez également utiliser les programmations proposées.

Il est impératif que, le jour de la rentrée, vos programmations sur les périodes 1 et 2 au moins, dans tous les domaines d'apprentissage, soient construites.

Comment les utiliser ?

Les programmations de classes sont les documents les plus importants pour assurer avec cohérence l'application des programmes. Une fois vos documents construits, vous allez vous y référer régulièrement pour organiser vos journées de classe : quelle notion travailler, pour aller vers quel objectif, tout sera clairement défini !

Bien souvent, en fin de période 1, les professeurs des écoles s'inquiètent d'être en retard sur leurs programmations. Si cela vous arrive, ne soyez pas inquiet ! En période 1, construire le groupe classe est primordial. Vous avez probablement passé du temps à réguler des conflits, à discuter avec vos élèves des règles de vie, à expliciter les consignes de travail, à mettre en place des rituels. Les élèves, après de longues vacances, peinent à retrouver leur rythme de travail. Si vous avez réparti de manière équitable le nombre de notions à travailler dans chaque période, il est tout à fait normal que vous n'ayez pas pu aller au bout de votre programmation. Reportez sur la période 2 ce qui n'a pas été fait en période 1. Vous verrez que, le rythme de travail des élèves augmentant et votre capacité à gérer le groupe progressant, vous arriverez en période 5 à avoir travaillé les compétences et notions programmées.

Le cahier journal

• À savoir : Le cahier journal est l'outil de préparation de la classe le plus opérationnel. C'est à la fois un outil d'anticipation des notions travaillées, un outil auquel l'enseignant se réfère en classe et une mémoire des contenus des séances mises en œuvre et de l'analyse de leur déroulement.

Comment le construire ?

Le cahier journal peut aussi bien être écrit manuellement sur un cahier que rédigé avec l'outil informatique ou élaboré avec un logiciel spécifique. Le format numérique permet de gagner en efficacité : copier-coller des compétences travaillées, conservation du cadre déterminé dans l'emploi du temps.

Le cahier journal est construit quotidiennement, en amont de la journée de classe. **En aucun cas il ne se complète a posteriori** : c'est un document qui témoigne de la réflexion de l'enseignant pour planifier et construire les apprentissages, ce n'est pas un compte rendu de fin de journée. Le cahier journal doit rester en classe afin qu'en cas d'absence, un remplaçant puisse savoir aisément ce que travaillent les élèves.

Le cahier journal doit contenir :

• les horaires de début et de fin des différentes séances de la journée ;

NOTRE CONSEIL

En maternelle, les noms de domaines sont très longs. Choisissez des sigles, acronymes ou initiales pour les noter, et pensez bien à expliciter au début de votre cahier journal le sens de chacun afin que vos tuteurs, votre IEN et les enseignants remplaçants les comprennent.
Ex : mobiliser le langage dans toutes ses dimensions, l'écrit = MLD écrit

• les noms des domaines d'apprentissage notés avec précision, dans le respect de la terminologie utilisée dans les programmes ;
• les compétences et connaissances travaillées, telles que définies dans les programmes ;
• le déroulement de chaque séance : si une fiche de préparation a été rédigée, notez simplement « voir séquence… séance… » ; sinon, mentionnez dans le détail le déroulement de la séance (différentes étapes, consignes précises, tâches effectuées par les élèves, modalités d'organisation du groupe, modalités de différenciation envisagées, matériel) ;
• un espace bilan pour noter vos observations : séance non terminée, voir non faite ; obstacles rencontrés ; éléments à prendre en compte pour la séance suivante ; élèves en difficulté identifiés.

Comment l'utiliser ?

Le cahier journal est votre meilleur soutien dans votre quotidien d'enseignant :

• **avant l'arrivée des élèves**, il vous permet de vous projeter dans la journée à venir et de vérifier que tout le matériel nécessaire à la mise en œuvre de vos séances est prêt ;
• **au cours de la journée**, il soulage votre charge cognitive en vous indiquant ce que vous avez prévu et vous aide à maintenir le rythme des apprentissages que vous avez envisagés ;
• **à la fin de chaque séance**, grâce à son espace « bilan », il vous permet de garder une trace du déroulement de votre séance et de mieux envisager la séance suivante sur la même compétence.

Ce document doit toujours être à portée de main afin que vous puissiez l'utiliser dès que nécessaire.

EN PRATIQUE

Lors d'une visite d'un CPC ou d'un de mes tuteurs, vont-ils regarder mon cahier journal du jour ?

Si vous êtes visité, non seulement le CPC ou votre tuteur va regarder le cahier journal du jour, mais il va également consulter l'ensemble de votre cahier journal rédigé depuis le début de l'année. Cela lui permettra de voir comment vous articulez vos journées, vos semaines, vos périodes, et comment vous amenez vos élèves à construire, avec progressivité, les apprentissages.
Ce document doit être rédigé avec régularité : il témoigne de votre investissement réflexif dans la construction des apprentissages.

Mon outil de suivi du comportement

• À savoir : La vie du groupe est régie par un certain nombre de règles. Le respect de ces règles contribue à garantir la sécurité des élèves ainsi que des conditions propices au travail et aux progrès de chacun, au bien-être et au respect de tous. Il est nécessaire que les élèves apprennent à respecter ce cadre de vie collective, qui inclut leurs droits et leurs devoirs d'élèves, d'où découle la prise de conscience des interdits.

Pour illustrer ce propos :
Les élèves ont **le droit** de travailler dans le calme afin de réussir à se concentrer et de pouvoir réfléchir sans être dérangés.
• Ce droit implique **un interdit** : il est interdit de chahuter en classe et de déranger les autres par son comportement.
• Il souligne **un devoir** pour l'élève : l'élève est à l'école pour apprendre, il se doit de faire des efforts pour se concentrer, réfléchir et être dans une attitude de travail.
• Il souligne **un devoir** pour l'enseignant : il doit garantir aux élèves des conditions de travail propices aux apprentissages en agissant sur tout ce qui risquerait d'entraver ce droit.

Une fois les règles de vie élaborées avec les élèves (voir **partie 3-D** « Mettre en œuvre les premières situations d'apprentissage »), un outil de suivi du comportement en cas de non-respect des règles doit être mis en place. Il permet aussi bien de valoriser les élèves dont le comportement répond aux attendus que de pointer du doigt les difficultés de certains afin de les amener à faire des efforts pour progresser. Présenté par l'enseignant, cet outil n'est pas discutable par les élèves. Il doit être utilisé avec rigueur, continuité et mesure, dans une démarche éducative.

Cet outil est un élément important de la communication avec les parents. Il est transmis pour être signé ; les parents sont ainsi informés du comportement de leur enfant et peuvent, en cohérence avec l'enseignant, engager une discussion avec leur enfant, voire mettre en place des sanctions dans le cadre familial. La cohérence éducative est ainsi assurée.

Comment construire son outil de suivi du comportement ?

Vous trouverez de nombreux exemples adaptés à votre niveau de classe sur Internet. Mettez en place un système simple pour que la gestion en soit aisée : il faut tenir dans la durée !

En maternelle :

Le repérage dans le temps étant difficile pour les élèves de maternelle, l'évaluation doit se faire sur une période courte ; un point peut être fait à chaque fin de journée par exemple. L'utilisation d'un code de couleur permettra à l'élève de mieux comprendre l'évaluation faite (vert, jaune, orange). L'usage de gommette, que l'élève collera lui-même sur son document, est toujours apprécié ! L'important est de faire verbaliser aux élèves qui n'ont pas eu de vert, ou, s'ils n'en sont pas capables, de leur expliquer, les raisons pour lesquelles vous n'êtes pas satisfait de leur comportement et les progrès que vous attendez d'eux.

Pour les élèves qui sont régulièrement dans l'orange, il est nécessaire d'aller chercher la raison du dysfonctionnement : besoin d'attirer l'attention, manque de confiance, difficulté à communiquer avec ses camarades, absence de cadre à la maison qui rend asphyxiant le cadre de l'école... Pour amener l'élève à modifier son comportement, il faut discuter avec lui, expliciter vos attentes, lui dire votre confiance en sa capacité à progresser, et définir un objectif simple, sous forme de contrat, qui sera évalué de manière quotidienne ou hebdomadaire et qui permettra de valoriser ses progrès.

En cycle 2 :
Les règles de comportement évoluent entre l'école maternelle et l'école élémentaire. Il est normal que certains élèves aient du mal à s'adapter aux nouvelles attentes en matière de comportement. Pour certains, le maintien d'une évaluation quotidienne peut être nécessaire. Pour les autres, une évaluation en milieu de semaine et en fin de semaine, voire seulement en fin de semaine, peut suffire. Météo de la réussite, fusée du comportement, pacte du comportement, ceintures de comportement, les propositions sont nombreuses sur les sites des collègues ! En cycle 2, si un élève a baissé sur l'échelle du comportement mais fait des efforts ensuite, vous pouvez prévoir de le faire remonter : cette valorisation de ses efforts l'aidera à progresser.

En cycle 3 :
L'enfant est pleinement élève et les règles de vie en milieu scolaire sont connues. Si un élève de cycle 3 en frappe un autre, s'il répond à un adulte, s'il ne fait pas le travail demandé, il désobéit ouvertement. Ces écarts de comportement doivent être identifiés et sanctionnés. Là encore, de nombreux dispositifs sont utilisables. La mise en place d'un permis à points par exemple, offrant 10 points à chaque élève en début de semaine et associant par un codage chaque perte de point à une règle

NOTRE CONSEIL

Pour permettre à vos élèves de progresser dans leur comportement, le meilleur moyen est la valorisation des attitudes positives. Les élèves d'école primaire sont très attachés à obtenir la reconnaissance de leur enseignant. Si vous remerciez un élève qui ramasse spontanément des papiers par terre et va les jeter à la poubelle, les autres le feront à leur tour. Si vous félicitez un groupe d'élèves car ils ont écouté vos consignes et ont déjà sorti le matériel pour travailler, les rêveurs et bavards feront des efforts pour être plus attentifs lors des consignes suivantes. Peu à peu, les attitudes positives vont se répandre dans le groupe, et votre outil de suivi du comportement sera de moins en moins utile, sauf pour les quelques élèves perturbateurs.

identifiée, permettra d'amener l'élève à prendre conscience de ses difficultés de comportement, mais aussi à identifier les règles qu'il transgresse de manière récurrente afin qu'il fasse des efforts. Le codage permettra également aux parents de savoir pour quelles raisons leur enfant a perdu des points. En cycle 3, si on perd un point, on ne peut pas le regagner en étant gentil : les règles sont connues, à chacun de les respecter. Cependant, à chaque début de semaine, chaque élève retrouve ses 10 points : une chance de progresser en faisant mieux que la semaine précédente !

LE PERMIS À POINTS

Le principe :

L'élève commence la semaine avec **10 points.** En cas de non-respect d'une des règles de la classe, **il perd des points.** À la fin de la semaine, le nombre de points restants est inscrit dans le cahier de liaison ainsi que les règles qui n'ont pas été respectées (notées grâce à un code). **Les parents doivent signer la fiche chaque week-end.**

LES RÈGLES

	Code	Nombre de points enlevés
Matériel oublié	O	1
Retard (à partir de 2 dans la semaine)	R	1
Manque de soin dans le travail écrit	S	1
Bavardage	B	1
Chahut en classe ou dans les couloirs	C	1
Absence de travail	T	1
Désobéissance	D	1
Langage grossier, insultes	I	2
Geste violent	V	2
Manque de respect envers un adulte	A	2

Les premiers affichages didactiques

• **À savoir :** On appelle affichage didactique tout affichage pouvant aider l'élève dans la construction de ses connaissances et de ses compétences, en autonomie. L'affichage didactique est un outil au service des apprentissages, utilisable par l'élève selon ses besoins : rappel de notions travaillées, explicitation de démarches méthodologiques, traces des démarches proposées par les élèves, il agit comme outil de réactivation de la mémoire et de la compréhension. Il doit être simple, clair, structuré et visible par tous.

Quels affichages mettre en place au début de l'année?

Avant même de réfléchir aux affichages à mettre en place, commencez par en enlever! Beaucoup de classes ont leurs murs couverts d'affichages défraichis : un affichage didactique doit être propre, en bon état, lisible de loin et en lien avec les apprentissages en cours de la classe. Commencer une année de CP avec l'ensemble des sons qui seront travaillés pendant l'année accrochés sur les murs n'a aucun sens : les élèves ne se référeront pas à ces affichages qu'ils verront comme des décorations! On voit parfois sur les murs des classes des tableaux de conjugaison présentant des temps qui ne seront même pas travaillés pendant l'année et qui sont illisibles pour les élèves. Enlevez tout ça! Une nouvelle année commence : les élèves et vous-même construirez ensemble les affichages didactiques, au fil des connaissances qui seront construites pendant l'année. Plus les élèves seront actifs lors de leur élaboration, plus ils les utiliseront comme outils d'apprentissage. L'utilisation des affichages par l'élève témoigne d'une réelle autonomie : cela montre qu'il a identifié ses lacunes et sait où chercher de l'aide. Il est important d'entrainer les élèves à utiliser les affichages; sans entraînement, ils ne sont que des décorations dans la classe.

EN PRATIQUE

J'ai très peu de place pour accrocher de manière visible les affichages didactiques sur les murs de ma classe. Comment faire?

Les affichages didactiques peuvent être affichés sur les murs, mais également accrochés à des cintres suspendus à un portant ou rangés sur une étagère ou dans un carton à dessins : l'important est qu'ils restent accessibles aux élèves. Une fois décrochés du mur pour laisser la place à d'autres affichages, les élèves pourront se déplacer pour chercher l'affichage dont ils ont besoin.

MÉMENTO

Quelques affichages didactiques sont toutefois à prévoir avant la rentrée. Ces outils agiront sur les élèves comme des repères scolaires et serviront de supports pour les premiers apprentissages.

En maternelle :

- un calendrier du mois de septembre : en ligne pour les MS, en tableau pour les GS ;
- des étiquettes mobiles et facilement manipulables par les élèves avec les jours de la semaine en majuscules scriptes, puis minuscules scriptes en milieu de GS ; un espace prévu pour accrocher celle du jour et construire la date ;
- des étiquettes avec les mois en GS ;
- une bande numérique accessible pour pouvoir compter en mettant le doigt dessus ;
- un alphabet en majuscules scriptes en MS, associant majuscules et minuscules scriptes en GS. Ces alphabets évolueront en cours d'année : apparition des minuscules scriptes en fin de MS et des lettres cursives en milieu de GS ;
- des étiquettes avec les prénoms des élèves, avec en plus leurs photos en PS et MS, et un endroit défini pour poser les étiquettes des élèves présents à leur entrée en classe (affiche représentant l'école par exemple, plateau...) ;
- des photos des différents espaces scolaires (salle de motricité, cantine, cour de récréation, classe, toilettes, préau...) pour représenter le déroulement de la journée et aider les élèves à se repérer dans le temps ;
- la photo des enseignants, de l'ATSEM, du directeur, du gardien de l'école, avec leurs prénoms écrits en dessous.

En élémentaire :

- un calendrier du mois de septembre en cycle 2 ;
- un alphabet associant majuscule scriptes, minuscules scriptes et minuscules cursives en CP et CE1 ;
- un alphabet associant minuscules cursives et majuscules cursives en CE2, CM1 et CM2 ;
- une bande numérique ;
- un espace prévu pour noter, à la main ou avec des étiquettes, l'emploi du temps de la journée ;
- une affiche reprenant les consignes de présentation à l'écrit : sauts de ligne, couleur pour souligner etc. ;
- une ou deux affiches « phrases valeurs » qui pourront être discutées dès la rentrée.

NOTRE CONSEIL

Voici quelques exemples de phrases valeurs à accrocher autour du tableau :

- À chaque erreur, je progresse !
- Tous différents pour rendre la vie plus intéressante !
- Le bonheur appartient à celui qui en donne aux autres.
- On peut faire très sérieusement ce qui nous amuse, comme on peut faire avec bonne humeur ce qui nous ennuie. (Georges Bernanos)
- Partager ne me fait rien perdre mais me donne beaucoup.
- Il n'y a qu'en cherchant qu'on peut trouver.
- Quand on se plante, on pousse !
- La solidarité nous rend plus forts.
- Ensemble, on va plus loin.

MÉMENTO

Les documents obligatoires à afficher en classe dès la rentrée :

- L'emploi du temps hebdomadaire
- Les consignes d'évacuation en cas d'urgence
- Le tableau des services de surveillance
- À l'école élémentaire : la Déclaration des Droits de l'Homme et du Citoyen

Les documents qui doivent être consultables en cas de visite d'un de vos tuteurs, d'un CPC ou de votre IEN :

- La liste des élèves
- Le registre d'appel
- La pyramide des âges
- La liste des PAI
- Les progressions par domaines d'apprentissage et par période
- Le cahier journal
- Le LSU (livret scolaire unique) de chacun de vos élèves
- Le règlement intérieur
- Le projet d'école

B ORGANISER **L'ESPACE**

Que vous soyez en milieu urbain ou rural, dans une grande ou une petite école, voire en classe unique, l'école est un élément central de la commune. Les bâtiments sont d'architectures très diverses : d'une école à l'autre, les locaux disponibles et les agencements sont très différents.

1. LA DÉCOUVERTE DE L'ÉCOLE

• À savoir : Découvrir son école, c'est découvrir le bâtiment « école » mais c'est aussi découvrir les locaux mis à disposition par la mairie, situés dans le périmètre de l'école ou parfois à l'extérieur (préau, gymnase, terrain de sport, salle multimédia, salle polyvalente, bibliothèque, cantine...).

Pourquoi est-ce important de connaitre tous les locaux avant la rentrée ?

Dès le jour de la rentrée, vous devrez gérer les déplacements de votre groupe classe dans les différents espaces de l'école, en assurant parfaitement leur sécurité. Il est indispensable de vous familiariser avec les espaces, avec leurs accès, notamment avec les sens de circulation si l'équipe en a mis en place pour éviter le croisement des groupes, et avec les itinéraires pour vous rendre dans les lieux extérieurs à l'école avec vos élèves. Prenez le temps de vous promener dans l'école et demandez au directeur ou à un collègue de vous faire visiter les lieux ; vous aurez ainsi la possibilité de poser toutes vos questions sur l'utilisation des locaux.

> **NOTRE CONSEIL**
>
> En utilisant les consignes d'évacuation affichées dans votre classe, suivez l'itinéraire mentionné afin de vous familiariser avec. Une alerte peut avoir lieu dès le premier jour de classe !

2. L'AMÉNAGEMENT DE LA CLASSE

• À savoir : La classe doit être un espace organisé, rangé et permettant une circulation aisée. L'organisation de l'espace de la classe impacte le comportement des élèves mais aussi la pédagogie mise en œuvre. Cette organisation doit être réfléchie et doit répondre à un certain nombre d'impératifs.

Quels sont les impératifs ?

• **La sécurité des élèves :** tous les élèves doivent toujours être visibles par l'enseignant. En maternelle, les élèves doivent aussi pouvoir voir les adultes pour être rassurés.

• **La fonctionnalité :** les élèves comme l'enseignant doivent y trouver des conditions matérielles de travail confortables.

• **L'adéquation avec le fonctionnement du groupe,** et notamment l'adaptabilité aux situations d'apprentissages mises en œuvre.

Si l'installation de la classe doit être pensée en début d'année, elle ne doit pas être pour autant figée. L'organisation de l'espace est une véritable variable pédagogique, notamment pour mettre en place une différenciation efficace, rendre les élèves autonomes, favoriser les échanges entre élèves et créer des espaces selon les domaines d'apprentissage. Selon l'intention de l'enseignant, l'espace de la classe peut être modifié afin de rendre efficients les dispositifs mis en œuvre.

À quoi doit-on penser pour aménager sa classe ?

Quand on arrive dans une école, trois situations peuvent se présenter :

• Votre classe est presque vide, personne n'ayant pensé à prévoir du matériel pour vos élèves ;

• Votre classe est encombrée, en général par du vieux matériel ;

• Votre classe est déjà installée et fonctionnelle.

Dans le premier cas, demandez à votre directeur de vous aider à trouver le matériel nécessaire à votre installation ; vous devez être correctement équipé pour la rentrée afin que vos élèves se sentent attendus et accueillis. Entre le matériel disponible dans les autres classes, la réserve de matériel de l'école et les commandes passées en urgence auprès de la mairie, vous arriverez à installer votre espace.

Dans le deuxième cas, n'hésitez pas à faire du tri. S'il y a une cave ou une réserve dans l'école, mettez-y tout ce qui ne vous est pas utile. S'il n'y en a pas, prévenez vos collègues que vous allez sortir de la classe des meubles et du matériel et que, le jour de la pré-rentrée, ce qui restera dans le couloir sera jeté. Ainsi, chacun pourra récupérer ce qui lui plaît.

Dans le troisième cas, savourez votre chance : vous arrivez dans une école avec une équipe formidable !

EN PRATIQUE

Je ne sais pas où mettre mon bureau…

Le bureau de l'enseignant reste un meuble symbolique de la salle de classe. Pourtant, quand on écoute les enseignants du premier degré, ils n'y sont jamais assis ! Le bureau leur sert pour poser des documents mais n'est pas un lieu de travail. L'enseignant circule dans la classe et, quand il doit corriger des cahiers, privilégie généralement un espace plus grand que son bureau pour installer les cahiers et fichiers des élèves (table de travail de groupe par exemple).
Le bureau de l'enseignant n'est plus un meuble important dans la classe : il peut aisément être collé contre un mur, au fond de la classe ou sur un côté, voire supprimé de l'espace de classe, tant que l'enseignant conserve un espace de rangement organisé pour ses documents. Si vous manquez de place dans votre classe, n'hésitez pas à mettre ce meuble encombrant à l'écart !

En maternelle :
Une classe de maternelle doit comporter :
• un coin regroupement assez grand pour que tous les élèves puissent s'assoir confortablement, en pouvant voir les affichages didactiques utilisés quotidiennement ;
• des coins jeux : jeux d'imitation (coin poupée, dinette, épicerie, médecin, accessoires de déguisement, petits personnages et marionnettes…), garage et voitures, puzzles, jeux de construction…, jeux de transvasement (bac à eau, à semoule, à marrons…), jeux à règles à varier et renouveler. Vérifiez que les objets soient toujours en bon état et rangés. Un espace bien ordonné permet à l'élève de se repérer et de ranger plus facilement ;
• un coin bibliothèque, avec quelques sièges ou coussins pour s'installer ;
• un coin peinture, un coin graphisme ;
• des tables et des chaises pour travailler en groupe. Il n'est pas nécessaire d'avoir autant de places que d'élèves ; si vous organisez des ateliers, un groupe pourra être dans le coin regroupement ou dans un des coins jeux ;
• des étagères de rangement avec du petit matériel accessible aux élèves pour développer leur autonomie : crayons, feutres, feuilles, ciseaux, pots de colle, gomme… ;
• des étagères de rangement avec des jeux accessibles aux élèves : les jeux utilisés sur les périodes précédentes en langage et en mathématiques, découverts ensemble et utilisables en autonomie ;
• des étagères en hauteur ou fermées pour ranger tout ce que les élèves ne doivent pas utiliser ;
• des casiers, individuels si possible, par groupe sinon, pour que les élèves y déposent leur travail quand ils ont terminé, y rangent leur cahier de vie et leur cahier de dessin ;

• un circuit d'accueil par lequel les élèves devront passer chaque matin pour dire bonjour à l'enseignant et à l'ATSEM, chercher leur étiquette prénom et la déposer dans l'espace prévu pour marquer leur présence en classe.

Quelques idées supplémentaires :
• un espace numérique ;
• un coin écoute, avec des casques reliés à des MP3 sur lesquels vous aurez enregistré des histoires, des musiques diverses... ;
• un coin téléphone avec deux téléphones à fil : les élèves utiliseront les touches pour faire des numéros et développeront leur langage en imitant une discussion téléphonique ;
• un coin nature avec des plantations dont il faudra s'occuper ;
• un coin pour retrouver son calme intérieur et se ressourcer. Il sera aménagé avec des coloriages, quelques livres, quelques objets pour s'apaiser.

En élémentaire :
Une classe d'école élémentaire doit comporter :
• au moins autant de tables et de chaises que d'élèves inscrits ;
• si possible un espace de travail de groupe pour 6-8 élèves ;
• un coin bibliothèque, avec quelques sièges ou coussins pour s'installer ;
• une étagère avec du petit matériel à disposition, pour dépanner les élèves ayant oublié leur trousse ou égaré leurs affaires : stylos, crayons à papier, ciseaux, gommes, crayons de couleur, feutres, règle, équerre... ;
• une étagère avec des jeux en autonomie quand le travail est terminé : dominos, jeux de cartes, tangram, mikados, pochoirs pour dessiner, labyrinthes, perles...

Quelques idées supplémentaires :
• un espace numérique ;
• un coin « puzzle de classe » avec un grand puzzle à réaliser tous ensemble ;
• un coin exposition où chacun pourra tour à tour amener un trésor à faire découvrir à ses camarades. L'occasion de faire un petit exposé oral devant le groupe ;
• un coin nature avec des plantations dont il faudra s'occuper ;
• un espace thématique, dont le thème changera régulièrement en fonction de ce qui est travaillé en classe en histoire, en sciences... ;
• des casiers « travail en autonomie » dans lesquels vous disposerez diverses fiches que les élèves pourront prendre quand leur travail sera terminé.

NOTRE CONSEIL

• Ne surchargez pas vos différents espaces : s'il y a trop d'objets, vos élèves n'arriveront pas à profiter des jeux et des livres. Organisez des espaces bien rangés et cachez ce qui est en trop : vous changerez en cours d'année les jeux et les livres en fonction des projets, ce qui ravivera l'intérêt des élèves.

• Choisissez quelques albums et objets en lien avec une thématique et présentez-les ensemble dans un espace bien défini : vos élèves seront attirés par cette petite exposition temporaire et se plongeront volontiers dans ces livres !

Comment installer les tables des élèves à l'école élémentaire ?

L'organisation des tables des élèves est une vraie problématique pour l'enseignant et questionne souvent. L'organisation en lignes est souvent associée à un enseignement frontal, transmissif, jugé moins efficace, et celle en îlot à un enseignement favorisant le travail de groupe des élèves, plus réflexif. Pourtant, on voit beaucoup de classes disposées en îlots dans lesquelles l'enseignant met en œuvre un enseignement exclusivement transmissif ! La disposition des tables ne conditionne pas le type d'enseignement : c'est l'enseignant qui en est le seul instigateur. L'important est de **ne pas se laisser enfermer dans une disposition.**

Du point de vue de la gestion du groupe, qui est souvent un point fragile en début de carrière, l'organisation en îlots est plus difficile à gérer, les bavardages étant plus aisés et les stratégies de copie dans le travail écrit facilitées, ce qui rend difficile le repérage des élèves en difficulté. Mais il est certain que cette organisation facilite la mise en groupe pour permettre aux élèves de réfléchir et de débattre. Il ne faut toutefois pas hésiter à déplacer des élèves selon la séance mise en œuvre : groupes homogènes, groupes hétérogènes, tout dépend de **l'intention pédagogique** !

L'organisation en lignes a l'avantage de mettre les élèves dans des conditions plus propices à l'écoute et de leur permettre à tous de voir aisément le tableau. Mais l'enseignant doit veiller à mettre en œuvre des situations de travail réflexives où les élèves se questionnent et réfléchissent ensemble. La mise en groupe n'est pas compliquée : il suffit de demander à deux élèves de retourner leurs chaises pour constituer un groupe avec la table de derrière.

L'organisation en U donne l'impression de ne plus être en enseignement transmissif mais ne favorise pas particulièrement le travail de groupe. Et elle a l'inconvénient de prendre beaucoup de place !

Vous l'aurez compris : il n'y a pas de disposition idéale ! La bonne disposition est celle dans laquelle vos élèves sont au travail, sont attentifs et construisent les apprentissages en se questionnant, en échangeant et en argumentant. Tout dépend de votre groupe classe et de votre expérience. Une disposition mixte est tout à fait envisageable, avec des tables face au tableau et des îlots. **L'important est de moduler l'organisation de votre classe en fonction de vos séances et de votre intention pédagogique et de ne pas vous laisser enfermer dans une disposition de classe.** N'hésitez pas à changer la disposition des tables en cours d'année, au retour des vacances par exemple.

PRÉPARER **LE MATÉRIEL**

C

Maintenant que vos documents professionnels sont à jour et que l'espace de votre classe est organisé, vous allez pouvoir vous consacrer à l'organisation matérielle autour des élèves : prendre connaissance du matériel à votre disposition, préparer les supports d'apprentissage, prévoir tout le matériel utile à un accueil serein des élèves, ainsi qu'organiser votre communication vers les parents d'élèves. Une organisation matérielle rigoureuse vous permettra d'être pleinement disponible pour les élèves et leurs parents le jour de la rentrée.

1. L'INVENTAIRE DU MATÉRIEL DISPONIBLE

• À savoir : Faire l'inventaire du matériel de sa classe est indispensable dans un premier temps pour vous assurer d'avoir le minimum indispensable pour que vos élèves puissent travailler et que vous puissiez enseigner dans de bonnes conditions.

D'où vient le matériel présent dans les écoles?
La municipalité a la charge des écoles primaires : elle assure le financement et l'entretien des locaux, du mobilier et des fournitures scolaires. Dans chaque commune, un budget est voté par le conseil municipal; en général, un budget ameublement est fixé par école et un budget par élève est alloué pour l'achat des fournitures scolaires.

Les commandes se font le plus souvent pendant le 2e trimestre de l'année scolaire pour assurer la livraison avant la rentrée scolaire suivante.

Quel matériel est nécessaire pour le bon fonctionnement d'une classe?

En maternelle :
• ameublement : tables de groupes, chaises, bancs pour le coin regroupement, matériel en bon état dans les coins jeux, tableau, banquette pour le coin bibliothèque, étagères à hauteur d'enfant, portemanteaux en nombre suffisant;
• fournitures : aimants, feuilles pour plastifier, papier affiche blanc et de couleur, feuilles de couleurs différentes, papier varié (couleur, grammage, texture), éventuellement cahiers, petit matériel en quantité (crayons, gommes, crayons de couleur, crayons à papier, feutres, peintures variées, pinceaux, pots, paires de ciseaux, colle, marqueurs...) **À l'école maternelle, l'école fournit l'ensemble du matériel à destination des élèves**;
• jeux pédagogiques : collectifs, de groupe et individuels; matériel de manipulation;

• matériel audiovisuel : tableau numérique, ordinateurs, vidéoprojecteur, écran, tablettes, logiciels ;
• ressources pédagogiques : guides du maître, logiciels ;
• albums de littérature et livres documentaires, ressources pour la musique et les comptines.

En élémentaire :
• ameublement : au moins autant de tables et de chaises que d'élèves, si possible une table de travail de groupe, tableau, bibliothèque, autant de casiers que d'élèves, portemanteaux en nombre suffisant ;
• fournitures : cahiers en nombre suffisant, feuilles lignées Seyes, feuilles blanches et de couleur, éventuellement classeurs, aimants, feuilles pour plastifier, papier affiche blanc et de couleur, petit matériel en quelques exemplaires (crayons, gommes, crayons de couleur, feutre, peinture, pinceaux, pots, ciseaux, colle, marqueurs, règles, équerres, compas...). **À l'école élémentaire, les élèves arrivent généralement en classe avec leur trousse complète, des feutres et des crayons de couleur** ;
• matériel audiovisuel : tableau numérique, ordinateurs, vidéoprojecteur, écran, tablettes, logiciels ;
• ressources pédagogiques : manuels pour les élèves en nombre suffisant (au moins un pour deux), matériel de manipulation, éventuellement fichiers pour les élèves (en CP et CE1) et guides du maitre, logiciels.

Dans un second temps, poursuivre cet inventaire vous permettra de connaître le matériel qui est à votre disposition pour la construction de vos séances : jeux, matériel de manipulation, matériel de travail en autonomie, séries de livres. Dès que vous avez un peu de temps, videz les placards et les étagères ; le plus souvent, vous y trouverez des ressources utiles pour la mise en œuvre des apprentissages.

2. LA PRÉPARATION DES SUPPORTS D'APPRENTISSAGE DES ÉLÈVES

• **À savoir :** On appelle « supports d'apprentissage des élèves » les cahiers, classeurs, fichiers et manuels qui accompagneront les élèves tout au long de l'année scolaire. Préparer ces supports avant la rentrée est indispensable pour une entrée rapide et efficace dans les apprentissages : par l'appropriation rapide de ce matériel individuel, identique pour tous, les élèves s'inscrivent dans le groupe classe et dans le cadre scolaire.

Comment organiser les supports d'apprentissage pour ses élèves ?
Les cahiers et classeurs
Chaque enseignant est libre d'organiser les supports d'apprentissage de ses élèves comme il le souhaite. Certains principes doivent toutefois guider votre réflexion :

• en maternelle, la manipulation et le jeu sont au cœur des apprentissages. Il n'est donc pas utile de multiplier les cahiers et les fiches d'activité ;
• les plus jeunes élèves ont du mal à se repérer dans leur matériel ; il faut donc limiter le nombre de cahiers dans les petites classes ;
• les classeurs sont difficiles à utiliser, tant dans leur manipulation que dans l'organisation des documents qu'ils contiennent. Leur utilisation est déconseillée avant le cycle 3 ;

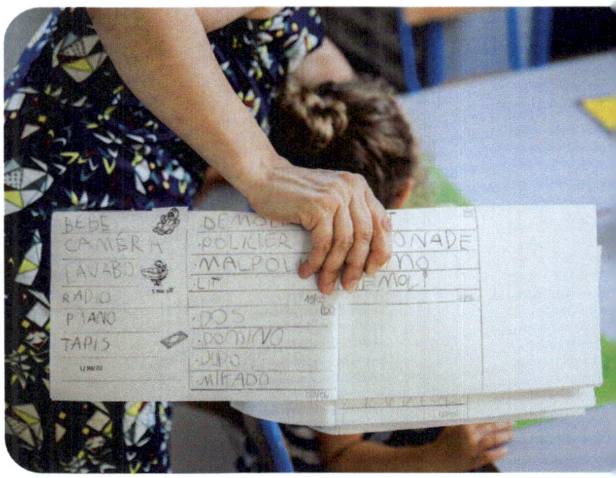

• les cahiers doivent être adaptés au niveau de maitrise de l'écriture des élèves : interlignes et formats doivent être adaptés, en particulier pour le cahier d'écriture en cycle 2 :
  – pour le premier cahier d'écriture, en milieu d'année de GS : un format A5 horizontal double ligne 5 mm, puis 3 mm quand l'élève gagne en aisance dans la maitrise des gestes d'écriture ;
  – en CP, un format A5 vertical Seyès 5 mm ou 3 mm, selon la maitrise des gestes d'écriture de l'élève ; en fin d'année, si l'élève est prêt, passer au Seyès 2 mm ;
  – en CE1, un format A5 vertical Seyès 3 mm ou 2 mm, selon le niveau de maitrise des gestes d'écriture de l'élève ;
  – à partir du CE2 : tous les cahiers, quels que soient leurs formats, sont en Seyès 2 mm.

Quelques exemples d'organisation
Ces organisations ne sont que des exemples et ne sont en rien exemplaires ! Chaque enseignant choisit les supports dont il a besoin pour les apprentissages.

En maternelle :
• un cahier de vie individuel (grand format) pour garder trace de la vie de la classe à travers des productions, des photographies témoignant des événements vécus par le groupe, des découvertes faites ensemble et des apprentissages. Ce cahier permet de construire un lien avec les familles. Un journal de vie collectif peut également être mis en place ; dans ce cas, il circulera de famille en famille ;
• un cahier de chansons et comptines qui pourrait être utilisé tout au long du cycle 1 pour les garder en mémoire ;
• un cahier de mots, sous forme d'imagier, pour garder une trace des mots découverts

NOTRE CONSEIL

• En maternelle, notez vous-mêmes les prénoms sur les cahiers, en majuscules scriptes. Ceux qui seront capables de le recopier le feront avec plaisir !

• Prévoyez de réaliser avec les élèves une activité artistique pour décorer les couvertures et/ou les pages de garde des cahiers, qui seront ainsi personnalisées.

en classe, en les groupant par champs lexicaux et / ou par albums travaillés ; ce cahier sera régulièrement emporté à la maison afin de faire participer les parents à la mobilisation de ce vocabulaire ;
• à partir du milieu de la GS, un cahier d'écriture ;
• un cahier de liaison / une pochette de liaison, selon l'organisation de l'école, pour communiquer avec les parents ;
• un carnet de suivi des apprentissages, propre à chaque école, qui consigne au fil de l'année les progrès accomplis dans tous les domaines d'apprentissage et met en valeur les progrès de l'enfant.

NOTRE CONSEIL

• En cycle 2, préparez de jolies pages de présentation avec des illustrations significatives à coller sur les pages de garde des cahiers. Les élèves prendront plaisir à les colorier une fois leur prénom écrit avec soin.

• En CE2, prenez le temps de faire écrire à vos élèves, pour 2 ou 3 cahiers, une présentation soignée sur la page de garde : ce sera l'occasion de retrouver les gestes d'écriture et de travailler l'écoute des consignes et le repérage dans la page dès la rentrée.

En cycle 2 :

• en CP, un cahier petit format pour noter les devoirs ; en CE1 et CE2, un cahier de texte ;
• un cahier outils petit format pour les sons et les leçons ;
• un cahier du jour petit format dans lequel seront réalisés les exercices d'entraînement de mathématiques et de français ;
• un cahier d'essai, ou cahier de brouillon, petit format ;
• un cahier de « Questionner le monde » format A4 ;
• un lutin pour les lectures suivies ;
• un cahier de poésies et chants, petit format ;
• un cahier de liaison petit format / une pochette de liaison, selon l'organisation de l'école, pour communiquer avec les parents.

NOTRE CONSEIL

En cycle 3, prenez le temps de faire écrire à vos élèves une présentation soignée sur la page de garde de chaque cahier, au fil des distributions : ce sera l'occasion de retrouver les gestes d'écriture et de travailler l'écoute des consignes et le repérage dans la page.

En cycle 3 :

• un agenda ;
• un petit cahier de leçons de français ;
• un petit cahier de leçons de mathématiques ;
• un cahier de poésies et chants format A4 ;
• un cahier du jour format A4 dans lequel seront réalisés les exercices d'entraînement de mathématiques et de français ;
• un cahier d'essai, ou cahier de brouillon ;
• un cahier de lecture, pour le travail de lecture compréhension mais aussi pour garder trace des œuvres lues pendant l'année ;

• un grand classeur français/maths avec 6 intercalaires : lecture, étude de la langue, rédaction, nombres et calcul, grandeurs et mesures, géométrie ; les élèves y rangeront les fiches format A4 pour éviter les collages peu soignés dans les cahiers ;
• un grand classeur pour les autres domaines d'enseignement avec 6 intercalaires : histoire, géographie, histoire des arts, sciences et technologie, EMC, divers ;
• éventuellement un petit cahier pour les devoirs à la maison, selon les habitudes de l'école ;
• un cahier de liaison/une pochette de liaison, selon l'organisation de l'école, pour communiquer avec les parents.

Les manuels et fichiers

La liberté de choix de l'enseignant pour les manuels et les fichiers est souvent limitée. Le prix des manuels étant très élevé, leur renouvellement est peu fréquent. Nouvellement nommé dans une école, vous devrez utiliser les manuels disponibles dans votre classe, même si vous ne les trouvez pas exceptionnels !

De la même manière, si des fichiers sont utilisés, il est fort probable qu'ils aient été commandés à la fin de l'année scolaire précédente : vous n'aurez pas la possibilité de modifier les choix faits par vos collègues. Cependant, s'ils ne vous conviennent pas, vous restez libre de ne pas les utiliser. Vérifiez toutefois que vous pourrez faire des photocopies et qu'ils ne relèvent pas d'un choix des enseignants du cycle ou de l'école pour travailler la continuité pédagogique ; dans ce cas, il faudra vous en saisir.

NOTRE CONSEIL

Dès le CE2 et en cycle 3, les élèves doivent acquérir fluidité, rapidité et aisance dans l'écriture. Dans cette optique, il est souhaitable d'amener les élèves à écrire de plus en plus et, pour cela, de limiter, voire d'éviter totalement, l'utilisation des fichiers.

Quels que soient les manuels et fichiers disponibles, **procurez-vous le livre du maître** (souvent téléchargeable sur le site de l'éditeur) et utilisez-le. Les manuels ont été écrits par des enseignants expérimentés ; la progression des séances et des activités répond à une logique et une progression qu'un œil novice n'est pas toujours à même de déceler.

S'il n'y a aucun manuel dans votre classe et que vous avez vraiment besoin d'un manuel de français par exemple, vous pouvez vous tourner vers le directeur. Il vous dira si des achats sont envisageables avec le budget de la municipalité, et pourra éventuellement vous orienter pour faire une demande exceptionnelle à la mairie. Mais cela peut prendre du temps… En attendant, vous devrez faire sans !

EN PRATIQUE

Les manuels dans ma classe datent de 1989, alors que ceux de la classe de ma collègue de même niveau sont récents. Que dois-je faire ?

Dans une même école, les élèves d'un même niveau doivent avoir accès aux mêmes manuels. Vous pouvez demander l'achat d'une série de manuels pour vos élèves, au moins un pour deux. Si le budget n'est pas disponible, demandez à votre collègue quels jours vous pouvez lui emprunter les manuels : il est tout à fait courant de partager le matériel disponible entre deux classes, voire plus, dans les écoles.

3. L'ORGANISATION DE L'ACCUEIL DES ÉLÈVES

• **À savoir :** La rentrée est un moment stressant pour l'enseignant, et en particulier pour le jeune enseignant qui doit prendre en compte une avalanche de nouvelles informations en peu de temps. Plus vous aurez réfléchi à l'organisation de votre classe et préparé les supports d'apprentissage, plus vous serez serein et disponible pour accueillir vos élèves et leurs parents. Une préparation détaillée en amont réduira votre charge mentale et vous permettra d'être plus réactif à tous les imprévus découlant de la présence des élèves.

Que préparer pour accueillir les élèves ?

En maternelle :

• les étiquettes portemanteaux : en majuscules scriptes, avec la photo de l'élève en PS, avec un petit dessin en MS, afin d'en faciliter l'identification. Les étiquettes portemanteaux doivent être mises en place avant la rentrée ; elles seront plus tard agrémentées d'une production plastique de l'élève ;
• les étiquettes prénoms plastifiées, en majuscules scriptes : chaque élève, en entrant en classe, prend son étiquette et va la placer à l'endroit défini par l'enseignant. Ainsi, chaque matin, l'appel est rapidement fait et les absents sont aisément identifiés. Prévoir au dos des étiquettes de quoi les accrocher sur le support prévu (velcro autocollant, aimant autocollant...). En début de PS, ajoutez la photographie de l'élève puis supprimez-la au fur et à mesure que l'élève reconnait son prénom. L'objectif est d'aider l'élève à prélever des indices sur les lettres pour commencer à entrer dans l'écrit ;
• une affiche « école », un plateau, un petit train des présents, ou tout autre dispositif, pour placer les étiquettes prénoms des élèves présents ;
• pour les élèves de PS : des étiquettes prénoms à accrocher sur leur vêtement afin de pouvoir identifier chaque élève le premier jour, certains ne répondant pas à leur prénom ;

• les premiers affichages didactiques (voir **partie 2-A** « Les documents/outils pédagogiques »);
• les activités en autonomie que vous mettrez en place dans la classe pour accueillir les élèves. Ces activités donneront envie aux élèves d'entrer et vous permettront de réguler l'arrivée échelonnée des parents et des élèves : une fois accueillis, parents et élèves partiront à la découverte des activités proposées.

En élémentaire :
• en CP, voire en CE1, les étiquettes portemanteaux en minuscules scriptes;
• les premiers affichages didactiques (voir **partie 2-A** « Les documents/outils pédagogiques »);
• les cahiers, classeurs, manuels, fichiers en nombre suffisant, prêts à être distribués progressivement;
• des chevalets avec les prénoms des élèves posés sur les tables.

EN PRATIQUE

Je ne sais pas comment placer mes élèves le premier jour...

– Laisser les élèves s'installer comme ils le veulent, afin de leur donner la possibilité de se mettre à côté de leurs copains, n'est pas une bonne idée : les choix des élèves sont rarement propices à la concentration, et, pour celui qui a peu d'amis, se retrouver isolé, voir rejeté, dès le premier jour est une rude épreuve.

– Alterner garçon et fille est une méthode très courante de placement, justifiée par le fait que les filles, « sages », vont apaiser les garçons, « plus agités ». Ce placement, qui met le genre au cœur de l'organisation de la classe, introduit des stéréotypes contre lesquels nous nous devons de lutter.

– Placer les élèves perturbateurs, signalés par les collègues les ayant eus l'année précédente, au premier ou au dernier rang, c'est leur signifier dès le jour de la rentrée que leur statut d'élève difficile est ancré et que l'enseignant ne leur accorde pas la possibilité d'en sortir.

Une nouvelle année commence, chacun doit avoir la possibilité de se transformer, de se dépasser, d'être lui-même, en mieux! Pour le premier jour, placez simplement les chevalets dans l'ordre alphabétique, et expliquez votre choix aux élèves : votre volonté de les découvrir sans a priori et la confiance que vous placez en leur capacité à être « plus grand » fera naître les prémisses d'un climat de classe propice aux progrès de tous.

4. LES OUTILS DE COMMUNICATION AVEC LES FAMILLES (SUPPORTS, CONTENUS)

• À savoir : Parents et enseignants forment une équipe au service du développement de l'enfant. Les parents confient leur enfant à l'enseignant pour les aider à le faire grandir, dans son attitude comme dans ses connaissances. Cette responsabilité partagée implique une communication entre les différents acteurs : pour informer, pour garantir la sécurité, pour inviter à discuter.

Quels outils de communication utiliser avec les familles ?

Dans certaines familles, l'organisation familiale est telle qu'il est rare de voir les parents le matin ou à la sortie de l'école. Il est donc indispensable de mettre en place un outil de communication avec les familles, tant pour échanger les informations administratives et organisationnelles que pour garantir le suivi de l'enfant. Dans toutes les écoles, un outil matériel est mis en place : cahier de liaison, pochette de liaison, lutin de liaison... Suivez l'organisation de l'école !

Dans certaines écoles, un espace numérique de travail (ENT) est utilisé. Si c'est le cas de votre école, demandez à votre directeur, ou au collègue qui gère l'ENT, de vous transmettre vos codes de première connexion. L'ENT est un outil très simple de communication avec les parents et les élèves : tous les élèves de votre groupe classe sont rattachés à votre classe ; vous pouvez, en un clic, envoyer un email à tous vos élèves, ou à tous vos parents d'élèves. Ceux-ci sont alertés dans leur messagerie personnelle qu'un email les attend sur l'ENT.

Si vous n'avez pas d'ENT dans votre école, vous pouvez communiquer avec vos parents d'élèves par email, mais uniquement en utilisant votre adresse académique, qui est totalement sécurisée. Toute utilisation d'adresse autre est interdite et peut vous exposer à des difficultés que l'institution ne couvrirait pas en cas de préjudice. Assurez-vous auprès de l'ERUN (enseignant référent aux usages numériques) de votre circonscription que les supports numériques que vous utilisez pour communiquer répondent bien au RGPD (règlement général sur la protection des données).

EN PRATIQUE

Puis-je utiliser mon téléphone portable pour communiquer avec les parents d'élèves ?

Rien ne vous l'interdit. Par exemple, de nombreux enseignants communiquent par SMS pour donner les informations aux parents accompagnateurs pour une sortie. Toutefois, méfiez-vous : une fois transmis, votre numéro risque de circuler très vite ! Ne vous laissez pas envahir par les parents d'élèves et n'hésitez pas, si l'un d'entre eux se permet des appels ou des SMS abusifs, à ne pas répondre et à lui rappeler, par le biais du cahier de liaison, que votre téléphone n'est pas un outil professionnel. Heureusement, la plupart des parents sont très respectueux de l'espace privé !

Que préparer pour le jour de la rentrée ?

L'accueil des parents est extrêmement important dans les petites classes. Le premier élément de communication vers eux, alors que vous serez occupé à accueillir d'autres élèves et parents, réside dans l'affichage des noms et des photos des enseignants et, en maternelle, de ceux de l'ATSEM. Préparez une jolie affiche pour présenter tous les adultes de la classe, les parents feront ainsi, déjà, un peu connaissance avec vous.

Préparez également un mot de présentation du / des enseignants et, en maternelle, de l'ATSEM, mot que vous collerez ou ferez coller, pour les plus grands, dans le cahier de liaison. Si plusieurs enseignants se partagent le temps de classe, mentionnez dans le mot l'organisation mise en place.

Le jour de la rentrée, de nombreux documents administratifs sont transmis aux parents. Prévoyez des pochettes ou des enveloppes **nominatives** et glissez dedans un exemplaire de chaque document, en demandant bien le retour de ceux-ci dans la pochette / l'enveloppe : cela vous en facilitera le pointage. En maternelle, profitez de la présence des parents le jour de la rentrée pour leur remettre en main propre les documents.

Chers parents,

C'est avec beaucoup de plaisir que nous avons accueilli aujourd'hui votre enfant dans la classe de CM1. Cette année, votre enfant aura deux enseignants :

- M X, le lundi
- Mme Y, les autres jours de la semaine

Vous avez entre les mains le cahier de liaison de votre enfant : chaque mot écrit ou collé dans ce cahier devra impérativement être signé par l'un des parents (ex : 3 mots = 3 signatures).

Votre enfant a reçu une pochette contenant les documents administratifs. Merci de les remplir au plus vite et de nous les retourner, dans la pochette.

Les fournitures demandées devront toutes être amenées au plus tard vendredi 4 septembre.

Dans l'attente de vous rencontrer lors de la prochaine réunion de parents, nous vous souhaitons à tous une bonne nouvelle année scolaire !

Respectueusement.

M X et Mme Y

ASSISTER À LA RÉUNION **DE PRÉ-RENTRÉE**

D

• **À savoir :** La réunion de pré-rentrée est le premier conseil des maîtres de l'année. Elle a lieu le jour de la pré-rentrée prévu par le ministère de l'Éducation nationale. L'ensemble des enseignants se doit d'y être présent. La réunion est menée par le directeur de l'école qui en établit l'ordre du jour. **Les informations qui y sont données sont importantes : prévoyez de quoi écrire afin de pouvoir prendre des notes.**

1. UNE PREMIÈRE RENCONTRE

Après cette longue période de vacances, les enseignants déjà présents dans l'école se retrouvent, le plus souvent avec plaisir, et découvrent les nouveaux collègues. Pour les nouveaux arrivants, ces retrouvailles peuvent être intimidantes. N'hésitez pas à aller vers les autres, avec le sourire, et à vous présenter. En général, un café / croissant est partagé avant le début de la réunion. Les collègues qui le souhaitent amènent des viennoiseries et gâteaux pour ce moment de partage : un bon moyen de montrer votre plaisir d'être là à vos nouveaux collègues !

La réunion s'ouvre par la présentation des membres de l'équipe pédagogique : c'est le moment d'identifier les collègues du même niveau que le vôtre ainsi que ceux de votre cycle.

NOTRE CONSEIL

D'une durée conséquente (entre 2 h 30 et 3 h 30, selon la taille de l'école et les imprévus de la rentrée), cette réunion occupe une grande partie de la journée de pré-rentrée. Ne comptez donc pas sur cette journée pour préparer l'espace de votre classe et les supports d'apprentissage !

2. L'ORGANISATION DE L'ÉCOLE

• **La structure de l'école :** le directeur présente la structure de l'école et les effectifs de chaque classe. Il présente les nouveaux élèves. Il présente les élèves ayant un PAI, un PAP (voir **partie 2-A** « Les documents administratifs ») ou un PPS (voir **partie 1-B** « L'école inclusive »). Il distribue aux enseignants les formulaires administratifs à donner aux élèves le jour de la rentrée.

• **Le fonctionnement de l'école :** le directeur rappelle les horaires d'entrée et de sortie des élèves ainsi que les horaires de récréation. Si des récréations en décalé sont mises en place dans votre école, notez avec précision les horaires qui concernent votre niveau de classe.

Il explicite également les circuits à suivre lors des déplacements avec les élèves, ainsi que l'endroit où les élèves de chaque classe doivent se ranger en fin de récréation et, pour les élèves d'école élémentaire, le matin.

Il rappelle les procédures pour sonner la fin de la récréation, pour les passages aux toilettes, pour le soin des blessés, pour les appels concernant la cantine, le périscolaire, l'étude...

• **Les plannings :** l'école est un lieu de partage entre professionnels : partage de responsabilités et partage de locaux. Pour assurer la sécurité des élèves, comme pour assurer de bonnes conditions de mise en œuvre des apprentissages, une organisation rigoureuse est nécessaire. Lors de la réunion de pré-rentrée, de nombreux plannings sont établis en concertation avec les collègues :

– planning des services de surveillance des temps d'accueil et de sortie (en élémentaire) et des temps de récréation ;
– plannings d'utilisation des espaces partagés : salle de motricité, gymnase, cour de récréation pour la motricité ou l'EPS, salle informatique, BCD, salle polyvalente... ;
– planning pour la natation pour les classes concernées (variables selon les académies).

3. LA TRANSMISSION DES CONSIGNES VENANT DE LA HIÉRARCHIE : IEN, ACADÉMIE ET MINISTÈRE

Avant la réunion de pré-rentrée, l'IEN réunit les directeurs d'école de sa circonscription afin de leur transmettre les directives venant du ministère et de l'académie et de leur donner les éléments de cadrage de l'année pour la circonscription (voir **partie 2-A** « Les documents / outils pédagogiques »). Le directeur a pour mission de transmettre ces informations à ses collègues professeurs des écoles. La lettre de cadrage de l'IEN est donnée à chacun et les axes majeurs sont développés par le directeur.

4. LA PRÉSENTATION DES PERSONNES RESSOURCES

Le directeur présente les personnes ressources qui seront amenées à intervenir auprès des élèves si vous en faites la demande (voir **partie 1-B** « Travailler en équipe ») : membres du RASED, équipe de circonscription, conseillers pédagogiques départementaux, ERUN, assistante sociale, médecin scolaire... et il transmet leurs coordonnées. Il rappelle les procédures à suivre pour mobiliser ces personnes ressources.

5. LA PRÉSENTATION DU PROJET D'ÉCOLE POUR LES NOUVEAUX COLLÈGUES ET LE POINT ÉTAPE

Les axes du projet d'école en cours sont rappelés afin que chacun en soit informé. Un bilan des actions menées l'année précédente est fait et l'équipe est amenée à se prononcer sur la pertinence de leur arrêt ou de leur prolongement pour l'année scolaire à venir. De nouvelles actions sont envisagées : chacun propose et argumente sa proposition. En général, à moins que l'équipe ne soit unanimement enthousiaste, les actions proposées sont mises à la réflexion et rediscutées lors d'un conseil des maîtres courant septembre.

6. LES PROJETS DE L'ÉCOLE

Les enseignants sont sollicités pour exposer les projets qu'ils ont pour leur classe, pour celles du cycle ou pour l'école. Les projets concernant un cycle ou l'école entière sont discutés avec les collègues concernés. Chacun donne son avis et exprime son souhait, ou non, de participer aux projets présentés. Il n'y a aucune obligation à présenter un projet lors de la réunion de pré-rentrée : les projets naissent bien souvent au cœur du vécu de la classe. Ce sont souvent les projets qui concernent plusieurs classes qui sont présentés lors de la réunion de pré-rentrée : profitez du dynamisme et de l'expérience de vos collègues pour vous lancer avec eux !

EN PRATIQUE

Mes collègues de cycle 2 souhaitent tous participer à un projet de rencontre sportive autour de jeux collectifs, mais moi, cela m'intéresse peu. Suis-je obligé d'y participer ?

Vous n'êtes pas obligé d'y participer. Toutefois, se mettre à l'écart d'un projet de cycle n'est pas une bonne idée : vos élèves ne vivront pas cette expérience commune qui construit le climat d'école et ils risquent de ressentir une forme d'exclusion ; les parents de vos élèves comprendront difficilement que leurs enfants ne bénéficient pas de ce projet ; vous allez vous mettre à l'écart de vos collègues qui vont, par l'élaboration de ce projet, construire une relation forte de laquelle vous serez exclu. Prenez sur vous et suivez vos collègues expérimentés. Ce projet sera probablement très formateur !

7. LA PROTECTION DES ÉLÈVES ET DES PERSONNELS

Le directeur fait un point sur les différentes procédures en cas d'incident :
- **alerte incendie :** il informe du type de sonnerie utilisé, explicite les parcours à suivre pour sortir du bâtiment et le lieu de regroupement de chaque classe ;
- **alerte confinement :** dans le cadre du PPMS (plan particulier de mise en sécurité face aux risques majeurs), le directeur informe l'équipe du type de danger auquel l'école peut être confrontée du fait de sa situation

géographique ; il informe du type de sonnerie utilisé et explicite la procédure à mettre en œuvre par les enseignants, en rappelant les rôles de chacun fixés dans le cadre du PPMS. Il sollicite les nouveaux collègues si besoin ;
• **alerte intrusion :** dans le cadre du PPMS « attentat-intrusion », le directeur rappelle la procédure à mettre en œuvre pour confiner les élèves et informe du type de sonnerie utilisé.

03

VIVRE LES PREMIERS JOURS DE CLASSE

A ACCUEILLIR CHAQUE ÉLÈVE **ET SA FAMILLE**

Les premiers jours de classe sont un moment important auquel il faut consacrer une attention particulière : vous devez immédiatement vous positionner comme enseignant, professionnel et compétent. Votre capacité à accueillir enfants et parents, dès le premier jour, permettra d'apaiser les craintes et contribuera au bien-être de vos élèves.

1. L'ACCUEIL EN MATERNELLE

• **À savoir :** En maternelle, toutes les rentrées après les grandes vacances, et particulièrement la première rentrée en TPS ou PS, peuvent être vécues par l'enfant comme douloureuses car elles induisent la mise à distance des parents. L'enfant d'âge maternel, du fait de sa faible autonomie, est encore dépendant de ses référents parentaux, qui lui garantissent une sécurité physique et affective. Voir l'adulte référent s'éloigner et devoir s'en remettre à un nouvel adulte, inconnu, c'est vivre une situation d'insécurité qui peut mener à un débordement d'émotions.

Comment organiser l'accueil les premiers jours de classe ?

Pour les enfants comme pour les parents, la rentrée peut être source d'inquiétude. L'accueil de tous est donc primordial. Le maitre mot de l'enseignant pour l'accueil lors des premiers jours de classe est **la disponibilité**. Organisez avec soin le matériel nécessaire (Voir **partie 2-C** « Préparer le matériel des élèves / Organiser l'accueil des élèves ») afin d'être serein et disponible.

Positionnez-vous debout à l'intérieur de votre classe, à l'entrée, pour accueillir chacun. Votre attitude est primordiale pour rassurer enfants et parents qui, par leur premier regard, vont déjà prendre des indices sur vous : hygiène et tenue vestimentaire soignées, regard confiant et sourire accueillant. Dès que parents et enfants entrent dans l'école, vous devez entrer dans votre rôle d'enseignant. Vous représentez l'institution : ayez une attitude posée, inspirant la confiance, même si, intérieurement, vous êtes en situation de stress !

NOTRE CONSEIL

De nombreuses écoles maternelles mettent en place une rentrée échelonnée, surtout en PS. La rentrée peut alors s'étaler sur 2 ou 3 jours pour faciliter l'adaptation des élèves. Les élèves peuvent être accueillis par petits groupes sur des demi-journées. L'organisation est décidée en juin pour que parents et enseignants s'organisent. Pensez à demander comment est organisée la rentrée pour les élèves de votre classe.

Accueillez chacun individuellement, avec politesse et gaieté. Présentez-vous et demandez son nom à chaque enfant. Adressez-vous à l'enfant, pour lui donner l'occasion de vous parler une première fois et pour attirer son regard. **Essayez de faire un petit compliment à chacun :** « *Ho, tu as mis ton tee-shirt Spiderman ! Il est très beau !* », « *Tu as vraiment une très jolie barrette. Tu l'as choisie exprès pour la rentrée ?* » ou de questionner les élèves sur leurs vacances. Ces petits échanges ouvriront la communication avec l'élève et rassureront les parents sur votre aptitude à communiquer avec les enfants.

De nombreux enfants en PS et MS vont arriver à l'école avec leur doudou. Cet objet transitionnel rassure l'enfant. Prévoyez une caisse à doudous pour collecter ceux des élèves qui auront pris un peu d'assurance et n'en auront plus besoin en cours de journée ou de semaine pour éviter de les retrouver éparpillés dans toute la classe. En PS, la caisse à doudous est utilisée toute l'année. En MS, les doudous peuvent rassurer lors de la période 1.

EN PRATIQUE

Que faire avec les élèves qui pleurent quand leurs parents s'en vont?

Quel que soit le niveau de classe, mais encore plus en petite section, il n'est pas rare que des enfants pleurent le jour de la rentrée, voire pendant plusieurs jours : il vous faudra être patient. La clé pour que les pleurs s'arrêtent est de distraire l'enfant de son chagrin en attirant son attention sur autre chose.
Rassurez-le, gardez-le près de vous ou près de l'ATSEM, et proposez des situations captivantes : une histoire racontée avec des marionnettes, une comptine avec des gestes à réaliser... Votre gaieté, votre sourire et votre dynamisme amèneront l'enfant à entrer en confiance et à s'apaiser.
Si un élève se met à pleurer alors que le groupe est rassemblé, n'arrêtez pas votre situation d'apprentissage. Si l'ATSEM est là, elle le prendra en charge. Sinon, prenez l'enfant auprès de vous pour le rassurer par votre contact et continuez votre séance.

Saluez également les parents : « *Bonjour Madame, bonjour Monsieur* » ; prenez le temps de répondre à leurs questions si elles sont nombreuses pour la première semaine de classe. Si un parent vous monopolise trop longtemps, dites-lui poliment que vous devez également accueillir les autres élèves et que vous prendrez le temps, à un autre moment, de discuter plus longuement avec lui. Vous devez être disponible pour tous. Invitez les

NOTRE CONSEIL

Prévoyez un bloc ou un cahier pour écrire les informations ou demandes particulières des parents. Elles sont souvent nombreuses en maternelle !

parents à entrer dans la classe avec leur enfant, s'ils en ont le temps et le souhait. Ils pourront ainsi découvrir les premières activités proposées.

Le jour de la rentrée, le temps d'accueil est allongé par rapport aux autres jours de classe. Toutefois, il faut que la journée de classe commence. Demandez à vos collègues à quelle heure les parents sont censés sortir de la classe afin d'uniformiser les pratiques. Prévoyez un signal sonore (clochette, tambourin, musique douce…) et annoncez que la journée va commencer et que les parents sont invités à sortir de la classe. Préparez-vous à quelques résistances et à des regards humides chez certains parents, mais soyez ferme, en douceur, toujours avec le sourire. Vos exigences assoient votre positionnement de professionnel.

2. L'ACCUEIL EN ÉLÉMENTAIRE

• **À savoir :** En élémentaire, les élèves ont gagné en indépendance et en autonomie. Ils ont acquis, pour la plupart d'entre eux, une capacité certaine à s'adapter à de nouveaux référents. La rentrée est toutefois stressante, mais la plupart des élèves maitrisent leurs émotions et sont dans le bonheur de retrouver leurs camarades d'école. Votre attention devra se porter vers les nouveaux élèves et leurs parents, qui sont exclus de ces retrouvailles, et vers les élèves de CP qui découvrent un nouvel univers.

Comment organiser l'accueil le premier jour de classe ?

Il existe autant d'organisations d'accueil le jour de la rentrée que de types d'écoles. Selon le nombre de classes, l'organisation des niveaux, les locaux, l'arrivée des élèves avec leurs parents ou en transport collectif, chaque équipe pédagogique adapte cet accueil aux spécificités de son établissement.

Pour les élèves de CP et leurs parents, la rentrée est un vrai cap à passer : nouveaux locaux, nouvelle équipe d'adultes, nouveau rythme et nouvelle organisation de la journée. L'enjeu mis sur les apprentissages en CP, souvent amplifié par le milieu familial, ajoute de la pression sur les élèves. Il est donc très important, tout comme en maternelle, de prévoir un temps d'accueil individualisé pour chacun.

EN PRATIQUE

La rentrée échelonnée à l'école élémentaire, qu'est-ce que c'est ?

Dans certaines écoles, et notamment quand il y a des classes multiniveaux, des rentrées échelonnées sont parfois instaurées. Pour une classe de CP-CE1 par exemple, les élèves de CP peuvent être attendus à 8 h 30 et ceux de CE1 à 9 h 30.
Cet échelonnement des arrivées permet d'accueillir avec plus d'attention les élèves de chaque groupe. Pensez à prévoir, pour le groupe déjà arrivé à l'école, une activité en autonomie pour pouvoir accueillir en étant disponible les élèves du second groupe.

Pour tous les niveaux de classe, la rentrée est le premier contact avec les familles. Votre présentation et votre attitude sont primordiales pour rassurer enfants et parents : hygiène et tenue vestimentaire soignées, regard confiant et sourire accueillant. Vous devez vous positionner comme l'enseignant de la classe, inspirant confiance, montrant de la sérénité, même si, intérieurement, vous êtes en situation de stress.

Allez à la rencontre des élèves et de leurs parents. Présentez-vous, montrez par votre regard votre assurance, soyez souriant pour détendre les inquiets, mais soyez exigeant également sur les marques de politesse. Si un élève ne répond pas à votre bonjour, faites-lui en la remarque afin qu'il vous salue.

De la même manière, si l'accueil s'est fait dans la cour, soyez exigeant sur le rangement des élèves par deux avant de quitter la cour et d'entrer en classe. Ces exigences éducatives renforceront votre positionnement aux yeux des élèves comme aux yeux de leurs parents.

B RASSEMBLER LES INFORMATIONS **ADMINISTRATIVES**

En ces premiers jours de classe, la rigueur avec laquelle vous veillerez à la mise en place du cadre administratif exigé par votre responsabilité contribuera, auprès des parents, à assoir votre positionnement.

1. LES INFORMATIONS INDISPENSABLES DÈS LE JOUR DE LA RENTRÉE

• **À savoir :** À partir du moment où les parents déposent leur enfant à l'école, celui-ci est sous votre totale responsabilité. Vous devez :
• connaitre l'emploi du temps de chaque élève (cantine, temps périscolaire, étude) ;
• connaitre les noms des personnes autorisées à récupérer l'enfant ;
• être en mesure de contacter les responsables légaux en cas de besoin (maladie, accident).
Toutes ces informations sont à recueillir le jour de la rentrée, lors du premier contact avec les parents.

Comment recueillir efficacement ces informations?
Afin de récupérer les informations indispensables à la prise en charge en toute sécurité de vos élèves, préparez un tableau sur la semaine de rentrée pour noter la présence à la cantine et aux activités périscolaires de chacun selon les jours, ainsi que les noms et numéros de téléphone des responsables légaux. En maternelle et parfois même en élémentaire, beaucoup de parents aménagent leur temps de travail la première semaine afin de permettre à leur enfant d'avoir des journées d'école plus légères : l'emploi du temps de la première semaine est donc rarement celui sur l'année.

Par la suite, les parents complèteront les documents administratifs individuels de l'école.

EN PRATIQUE

Des parents ont déposé leur enfant tellement rapidement que je ne les ai pas vus ! L'enfant ne sait pas s'il mange à la cantine. Comment faire ?

Si votre directeur est déchargé, demandez-lui de téléphoner aux parents afin de recueillir les informations urgentes. S'il est chargé de classe, profitez de la récréation pour les contacter rapidement. Si l'enfant vous dit qu'il mange chez lui et qu'il part seul de l'école, quel que soit son âge, ne le laissez pas partir sans avoir eu confirmation de cette information. Demandez aux parents de vous envoyer un email mentionnant l'autorisation de quitter l'école seul : cela vous couvrira, en cas d'incident, en attendant d'avoir les documents officiels complétés.

2. LES DOCUMENTS ADMINISTRATIFS INDIVIDUELS

• À savoir : L'institution scolaire demande à chaque parent de compléter un certain nombre de documents administratifs indispensables. Chaque enseignant est responsable pour les élèves de sa classe de la photocopie de ces documents, de leur distribution aux parents, soit directement soit par le biais des élèves, de leur réception, de leur pointage et des relances à effectuer auprès des parents retardataires.

Quels sont les documents à distribuer ?

La liste peut varier selon les écoles et les municipalités. **De manière générale, vous aurez à donner :**

• la fiche de renseignements,
• la demande d'attestation d'assurance (au minimum responsabilité civile),
• la fiche d'emploi du temps de l'enfant (présence sur le temps méridien, le temps périscolaire, l'étude),
• l'autorisation de droit à l'image,
• la charte informatique,
• la charte de la laïcité,
• le calendrier scolaire annuel et les horaires de l'école,
• un mot de présentation du / des enseignant(s) (voir **partie 2-C** « Préparer le matériel »).

Éventuellement :

• le règlement de l'école (voté lors du 1er conseil d'école), le choix de le distribuer après celui-ci peut être fait,
• le document de présentation de la coopérative scolaire et d'appel de don.

Quelle organisation mettre en place pour transmettre les documents administratifs ?

NOTRE CONSEIL

- Pointez avec précision, au fil de la semaine, les documents qui vous sont retournés. Vérifiez qu'ils sont correctement complétés et signés.

- Relevez dans un tableau les informations de fréquentation de la cantine et des temps périscolaires pour chaque élève, ainsi que les noms des personnes autorisées à récupérer l'enfant. Ce tableau vous sera utile tout au long de l'année.

En maternelle : distribution en mains propres.
Disposez sur un banc des pochettes ou enveloppes nominatives contenant tous les documents administratifs de rentrée. Ainsi, après vous être présenté et avoir accueilli chacun, vous pourrez inviter les parents à récupérer leurs documents.

En élémentaire : transmission via les élèves.
Distribuez à chaque élève une pochette ou enveloppe nominative contenant les documents administratifs de rentrée et faites coller dans les cahiers de liaison ceux qui peuvent l'être.

Qu'est-ce que la coopérative scolaire ?
La coopérative scolaire est une association ayant pour objectif **la mise en œuvre de projets éducatifs à destination de tous les élèves**. Le plus souvent, la coopérative scolaire est affiliée à l'Office Central de la Coopération à l'École (OCCE) mais elle peut également être constituée en association indépendante (loi 1901). La coopérative scolaire est dotée d'un budget propre destiné à financer principalement des projets éducatifs coopératifs ou des actions de solidarité dans le cadre de l'école. Ses ressources proviennent notamment du produit de ses activités événementielles (fête d'école, kermesse, spectacle...) et de dons.
Au cours de l'année, les parents d'élèves sont invités à faire un don à la coopérative scolaire. Cette participation reste facultative et son montant doit être libre. Chaque enseignant peut demander le soutien financier de la coopérative scolaire pour financer un projet mis en œuvre dans sa classe.

NOTRE CONSEIL

Dès le début de l'année, demandez aux collègues prenant en charge la coopérative scolaire de vous en expliquer le fonctionnement. Chaque école a sa propre organisation : distribution de régies d'avance avec mise en place de cahier de compte dans chaque classe, ou remboursement ponctuel des achats sur présentation de facture. Dans tous les cas, pour que vos dépenses à destination de vos élèves soient prises en compte, vous devez présenter **le ticket de caisse ainsi qu'une facture.** Pensez à demander et conserver ces preuves d'achat ; sans elles, vous ne serez pas remboursé.

C

CONSTRUIRE **LE GROUPE**

De manière générale, le besoin d'appartenance de tout être humain est vital quels que soient son âge, sa culture et ses origines sociales. De ce besoin nait la nécessité d'interactions sociales pour exister. À l'école, ce sentiment d'appartenance va avoir un impact fort sur l'engagement de l'élève dans les apprentissages, comme le montrent de nombreuses recherches internationales. Être inscrit sur le registre d'appel ne suffit pas pour « appartenir ». Les activités que vous proposerez le premier jour et tout au long de l'année développeront ce sentiment d'appartenance.

1. FAIRE CONNAISSANCE

• **À savoir :** Le début d'année scolaire est un moment particulier car il donne le ton du reste de l'année sur la nature des relations entre élèves et avec les parents. Nombreux sont les élèves qui ne se sentent pas à l'aise les premiers jours même s'ils ont partagé d'excellents moments l'année précédente. Dès la première journée, votre rôle est de vous attacher à la constitution d'une classe-équipe et du sentiment d'appartenance, pour que chacun s'y sente accueilli, reconnu et membre d'un collectif, développant ainsi un climat de classe serein.

Comment commencer ?

Débutez par un accueil chaleureux individuel de la famille et de l'enfant comme exposé dans la partie 3-A « Accueillir chaque élève et sa famille ». Le premier regroupement va être l'occasion de proposer des activités « brise-glace » pour faciliter la communication entre élèves, les aider à connaitre de nouveaux camarades et à se changer les idées.

Voici quelques activités qui vont rassurer les élèves et les aider à découvrir leurs pairs, que vous soyez en maternelle ou en élémentaire. En maternelle, les élèves seront en cercle assis ou debout selon les activités. En élémentaire, les activités peuvent se dérouler dans la cour, dans le préau, dans la classe à condition d'aménager l'espace pour favoriser une communication frontale entre les élèves. Si les élèves peuvent écrire leur portrait, c'est avant tout à l'oral et dans des échanges verbaux que le groupe va se constituer.

• Se prénommer et citer son animal préféré (plat, couleur, jeu...). Les élèves sont assis en cercle.

• Les élèves sont debout en cercle. L'un d'entre eux se positionne face à un camarade et dit : « *Bonjour je m'appelle..., et toi comment t'appelles-tu ?* » Le deuxième répète la situation et ainsi de suite.

NOTRE CONSEIL

- Participez vous-même aux activités, tout comme l'ATSEM et l'AESH.
- Proposez ces activités dès le premier jour et pendant la première semaine.
- En cas d'arrivée d'un nouvel élève en cours d'année, prévoyez un temps d'accueil pour que chacun se présente. Avant les premières récréations, demandez si un camarade souhaite jouer avec lui, lui présenter des pairs, lui montrer les jeux de la cour…

• Les élèves se déplacent librement dans le préau avec une carte sur laquelle est inscrite une question (par exemple : « *Où habites-tu ? Quel est ton plat préféré ?* »…). Ils échangent en binôme leurs réponses pendant 30 secondes puis changent de partenaire au signal.
• Les élèves se déplacent dans l'espace avec chacun une seule question (« *As-tu un chien ? Quel est ton sport favori ?* ») pour identifier ceux qui partagent les mêmes réponses qu'eux.
• Couper chaque carte d'un jeu en deux et distribuer une moitié de carte à chaque élève. Chaque enfant doit retrouver sa moitié !

EN PRATIQUE

Un de mes élèves reste en retrait. Comment l'aider ?

Ne forcez pas les choses. Certains élèves ont besoin d'un petit temps pour redevenir élève. Votre élève était peut-être encore sur la plage la veille ou est très déçu de ne pas être en classe avec sa bande de copains ! Si ce retrait persiste, dialoguez en relation duelle avec lui lors de la récréation par exemple. Posez-lui des questions sur ses vacances, sur ce qu'il ressent, ce qui l'aiderait. « *Je vois que tu n'es pas heureux. Je comprends, les vacances viennent de se terminer. As-tu des copains dans la classe ?* » Engagez le dialogue pour le rassurer et jouez le médiateur pour qu'il s'intègre au plus vite.

2. PRÉSENTER LES LOCAUX

• **À savoir :** Les élèves vont vivre pendant toute l'année scolaire dans l'école. Découvrir et se familiariser avec les différents espaces développe des compétences du programme et contribue à sécuriser l'élève par une meilleure connaissance de son environnement.

Comment organiser la visite de l'école ?

Il est nécessaire de la planifier en amont avec vos différents collègues et le directeur afin de ne pas se croiser dans les couloirs et de prévenir vos pairs de votre passage furtif sur le seuil de la porte de leur classe. Si votre école comporte de nombreuses classes et locaux, prévoyez la visite en plusieurs temps : par étage, par type d'espace... Ciblez les salles que vous souhaitez visiter : BCD, gymnase, salle numérique, toilettes, bureau du directeur, dortoir, salle de motricité, préau, cantine...

NOTRE CONSEIL

- Faites la visite seul auparavant pour bien connaitre les espaces scolaires de votre école.
- Prenez le temps de dire à vos élèves ce que vous attendez de leur part en termes de comportement lors des déplacements.

EN PRATIQUE

Certains élèves détournent les jeux de la cour de récréation. Que dois-je faire ?

Effectivement, certains élèves n'utilisent pas les jeux comme vous l'auriez souhaité. Avez-vous anticipé et pris un temps pour expliciter les règles d'utilisation de chaque espace ? Les règles peuvent être différentes d'une école à l'autre. Il est nécessaire que vous les connaissiez et consacriez un temps, parfois même plusieurs temps, à les présenter, surtout en début d'année.

Pourquoi visiter les locaux ?

Parce que les élèves vont passer un an minimum dans l'école, ils doivent pouvoir se repérer facilement et développer un premier sens de l'orientation. Quand vous demanderez à un de vos élèves de récupérer un manuel dans la classe d'un collègue, il saura où se diriger.

Ce travail de repérage dans l'espace constitue un excellent travail d'orientation en maternelle et en élémentaire. Par exemple : créer un jeu d'orientation a posteriori avec des photos des différents locaux à identifier, créer un jeu de loto pour nommer les espaces, dessiner un plan de l'école, créer une maquette en lego de la classe, faire la liste des locaux visités, leur utilisation et leurs règles (comment entrer dans le

NOTRE CONSEIL

Faites le tour des différents coins et espaces de la classe avec quelques élèves en prenant soin de nommer et faire nommer le matériel, les jeux et les activités, en maternelle comme en élémentaire. Vous pouvez commencer avec un petit groupe qui organisera ensuite la visite pour leurs pairs. C'est une bonne occasion de verbaliser, de mémoriser le registre du vocabulaire et des actions spécifiques de l'école que tous les élèves ne connaissent pas !

bureau du directeur ?), rédiger un compte rendu de visites... Les activités sont nombreuses. Ce type de projet permet de travailler les compétences du programme en lien avec l'environnement proche et commun de tous les élèves. Vous donnez ainsi réellement du sens aux apprentissages.
Enfin, cette visite va rassurer certains élèves en retrouvant des lieux connus, en voyant des camarades ou des enseignants dans d'autres classes.

3. DÉFINIR LE CADRE « LES 3 R » : RÈGLES, RESPONSABILITÉS, ROUTINES

Le fonctionnement du groupe repose sur une organisation pensée en amont par l'enseignant et co-construite avec les élèves. Pour vivre ensemble, le collectif nécessite des règles qui fixent les modalités d'actions du groupe, des responsabilités qui visent la contribution de chaque élève et des routines d'organisation pour fluidifier les transitions. Ce vivre ensemble fonde les bases d'un cadre exigeant et bienveillant et contribue à développer un climat serein propice aux apprentissages.

Co-construire les règles de vie de la classe

• À savoir : Les règles de vie règlementent l'espace de liberté et d'exercices reconnu aux élèves. Elles existent dans toutes les classes sous des formes variées. Pour être utile, leur mise en place doit être initiée par une démarche de co-construction, un suivi et des réajustements par le groupe. Elle engendre ainsi une vision partagée collectivement dont l'enseignant est le gardien.

Comment définir les règles de vie de la classe ?
Elles sont mises en place dès le premier jour en posant la question aux élèves : « *Quelles sont les règles de vie nécessaires pour que l'année se passe bien ?* ». Vous listez toutes les propositions des élèves, y compris celles identiques ou synonymes. Vous les reformulez de manière positive. « *Ne pas crier* » se transforme en « *Parler doucement* ». Vous triez ensuite toutes les propositions et écrivez les règles retenues par les élèves sur l'affiche finale. Quatre à huit règles suffisent en début d'année. Faites signer l'affiche par les élèves et vous-même en guise d'approbation. Vous venez de co-définir les règles de fonctionnement de votre groupe.

Vous ajouterez d'autres règles dès que le besoin émergera. Vous ferez alors judicieusement remarquer au groupe un dysfonctionnement. Par exemple : « *J'ai remarqué que certains élèves dérangent leurs camarades quand ils travaillent. Ajoutons une règle de fonctionnement.* » Vous suscitez alors la réflexion des élèves pour prendre conscience que le silence facilite la concentration et que l'entraide est possible selon des règles à respecter.

Cette démarche participative et évolutive permet d'accueillir toutes les idées des élèves marquant ainsi la contribution de chacun à la vie de la classe, toutes les propositions comptant à parts égales. Vous serez surpris de constater que les règles énoncées sont celles que vous auriez pu extraire d'Internet. Vous développez ainsi chez vos élèves la formation de la personne et du citoyen. Se sentant acteur, chacun aura à cœur de mieux les respecter. En cas d'arrivée d'un élève en cours d'année, n'oubliez pas de lui mentionner les règles de sa nouvelle classe. Même si elles sont quasi identiques d'une classe à l'autre, leur présentation, leur ordonnancement, leur formulation n'appartiennent qu'à votre groupe et témoignent d'un vécu commun.

Comment faire en maternelle?

Les élèves, même jeunes, ont déjà des représentations des règles de vie, y compris en PS. Même si elles sont peu nombreuses, commencez par 3 en Petite section. Vous les complèterez au fur et à mesure de l'année. L'idée n'est pas de viser l'exhaustivité des règles mais la participation à la vie de la classe. En guise de signature, faites coller leur photo pour ceux qui ne savent pas encore écrire leur prénom. En tant que membre du collectif, vous pouvez aussi ajouter une règle (une seule à la fois) qui vous semble indispensable.

EN PRATIQUE

Que faire si les règles ne sont pas respectées par les élèves?

S'il suffisait de définir des règles pour qu'elles soient respectées, ce serait merveilleux. Posez-vous la question : Est-ce que je fais répéter quotidiennement les règles par les élèves, un élève? Est-ce que je les fais expliciter? Est-ce que j'encourage ceux qui les respectent? (« *Je vois que tu chuchotes, merci* »). Ces encouragements sont beaucoup plus efficaces que de pointer les comportements inappropriés. Prenez l'élève irrespectueux à part pour lui expliquer et vous assurer qu'il donne du sens aux règles. Célébrez quand tous les élèves ont respecté une règle. Vous leur signifiez leur importance et votre attention régulière.

Comment lier cette situation avec les apprentissages fondamentaux?

Si la définition des règles de classe contribue à la formation de l'élève et du citoyen, elle s'appuie sur des compétences fondamentales en langage. Par exemple : **à l'oral**, oser communiquer (vous constaterez que certains élèves ne participeront pas, au mieux répèteront une idée), savoir exprimer une idée (certains élèves en sont incapables), savoir la reformuler (cela nécessite une aide de votre part), utiliser une syntaxe et un lexique, comprendre des phrases synonymes...

À l'écrit : écrire des phrases avec des verbes à l'infinitif, à l'impératif, transformer une phrase à la forme négative en forme affirmative... Vous donnez ainsi réellement du sens aux connaissances apprises.

Distribuer des responsabilités individuelles

• **À savoir :** La responsabilité morale et juridique est au fondement de la société démocratique. Elle se construit progressivement comme finalité de l'éducation dès la maternelle. Dans la classe, prendre une responsabilité initie l'élève à la responsabilité citoyenne. Elle développe le sentiment d'appartenance au groupe en contribuant au bien commun.

Comment procéder ?

Réfléchissez en amont à des tâches qui contribuent à la vie collective. Au besoin, vous pouvez les scinder en mini-tâches pour en avoir suffisamment. Là encore, ce n'est pas l'exhaustivité qui compte mais la contribution de l'élève qui développe son sentiment d'appartenance et d'importance aux yeux de ses camarades (la classe a besoin de moi, je compte pour mes camarades et le maitre). Participer à la vie collective force le respect mutuel. Si je balaie de temps en temps la classe, je vais veiller à en prendre soin. Proposer un déroulé de la tâche et s'y entrainer permettent d'avoir une vision commune et être certain que sa réalisation correspond à vos attentes. Valorisez les élèves qui les réalisent, ce qui vous donne aussi un espace d'encouragement détaché des apprentissages. Enfin, l'attribution d'une responsabilité ne s'octroie pas au mérite. Tous doivent pouvoir contribuer à parts égales.

EN PRATIQUE

Certains élèves se détournent de la tâche.
Comment faire ?

Assurez-vous que la tâche ait un sens pour l'élève et qu'il connaisse son déroulé. Selon la nature de la difficulté, n'hésitez pas à le mettre en binôme. Remerciez et valorisez les responsables afin de motiver les autres élèves à prendre des responsabilités à leur tour. Votre regard positif leur donnera envie de s'investir.

Quelles responsabilités proposer ?

Conduire le rang, préparer du matériel, distribuer les cahiers, tenir la porte... La liste est variée. La responsabilité doit être perçue comme une tâche significative de la classe, organisationnelle ou matérielle, c'est-à-dire qu'elle doit **avoir du sens et contribuer à une amélioration de la**

vie collective. Si cette tâche consiste à surveiller (vérifier que mes camarades ont rangé leurs affaires par exemple), vous contournez l'objectif de la responsabilité collective dans la mesure où chacun est responsable du rangement de ses propres affaires. Un superviseur viendrait rompre l'idée du bien commun.

Quel que soit le cycle, trouvez une douzaine de responsabilités pour que plusieurs élèves participent quotidiennement à la vie de la classe. La responsabilité peut changer d'élève à des fréquences différentes selon leur nature : une journée pour être un chef de rang ou distribuer la collation, une semaine pour tenir la bibliothèque. Certaines s'exercent seul, d'autres en binôme, voire en petits groupes. N'hésitez pas à proposer des mini-tâches, à diviser (par exemple : le ramasseur des cahiers de français, le ramasseur des cahiers de mathématiques...).

Certaines équipes pédagogiques proposent aussi des responsabilités au niveau de l'école : aide à la bibliothèque, préparation de la table à la cantine, rangement de gros matériel dans la cour...

NOTRE CONSEIL

- Accordez-vous avec les élèves sur les modalités de chaque tâche. Ayez au besoin une fiche explicative.
- Proposez-les au fur et à mesure dès les premiers jours de classe.
- Prévoyez un mode d'inscription : volontaire, obligatoire, par ordre alphabétique, tirage au sort... et la fréquence du changement.
- Prévoyez un mode d'affichage visible.
- Prenez le temps de l'apprentissage et assurez-vous que les élèves connaissent bien le déroulé de la tâche pour l'exécuter avec succès.
- N'hésitez pas à en supprimer ou en ajouter en cours d'année.

Mettre en place des routines

• **À savoir :** Les routines organisationnelles permettent de fluidifier les moments de transition entre les activités ou entre les espaces. Elles désignent des tâches ordinaires, quotidiennes et prévisibles de courte durée à tous les niveaux de classe.

Pourquoi les utiliser ?

En premier lieu, elles vous permettent de rendre vos transitions efficaces, d'éviter la désorganisation, voire le chahut, et de gagner du temps. Elles ont des effets positifs chez tous les élèves car elles développent le sentiment de sécurité. La répétition de manière identique offre un cadre sécurisant. Les routines permettent aux élèves d'anticiper, ce qui entraine la mémorisation et le repérage dans le temps. Elles développent l'autonomie par la stabilité de la tâche. Enfin, elles mettent l'élève en capacité de réussir. Cela vous donnera l'occasion de l'encourager.

Les routines, quel que soit le niveau de classe, vous permettront de ne pas perdre votre groupe lors des transitions.

Comment les mettre en place?

Commencez par lister les moments de la journée qui créent de la rupture dans l'organisation : se mettre en rang, se déplacer dans les couloirs, ranger et sortir son matériel, présenter la date sur un cahier, préparer son cartable en fin de journée... Divisez la routine en petites tâches et donnez des points de repère. Faites apprendre et répéter l'enchainement des tâches, au besoin créez un rappel visuel avec des dessins ou pictogrammes.

Par exemple, lors de l'accueil du matin **en maternelle** : 1. J'accroche mon sac au portemanteau, 2. J'enlève mon manteau, 3. Je mets mes chaussons, 4. Je sors mon cahier de liaison, 5. Je rentre dans la classe et je m'assois en silence sur le banc.

En élémentaire : 1. Je pose mon manteau, 2. Je m'assieds correctement et je sors ma trousse et ma règle, 3. Je sors mon cahier de liaison et je vérifie s'il y a un mot dedans.

NOTRE CONSEIL

- Impliquez les élèves dans la définition de la routine afin d'accroitre leur engagement.
- Donnez un objectif à chaque routine.
- Prenez le temps de faire apprendre la routine. La mise en rang n'est pas évidente et elle est très rarement entrainée.
- Anticipez les moments de routine et rappelez en amont les étapes.
- Encouragez sans compter !

EN PRATIQUE

Certains élèves font systématiquement le clown pour se mettre en rang. Que faire?

Anticipez avant de sortir de classe en leur rappelant, de manière ferme et bienveillante, vos attentes, votre confiance et en proposant de l'aide pour bien se comporter. « *Je sais que tu peux réussir. As-tu besoin d'aide ? Souhaites-tu le faire seul ou avec moi ?* »

Certains élèves agissent pour attirer l'attention. Leur proposer votre aide montre votre intérêt à leur égard, les oblige à choisir et à se responsabiliser. Encouragez-les selon la situation. « *Je vois que tu es rangé, que tu as réussi seul.* »

METTRE EN ŒUVRE LES PREMIÈRES SITUATIONS **D'APPRENTISSAGE**

D

En ce début d'année, vos objectifs sont de poser le cadre de fonctionnement de la classe, de construire le groupe pour que vos élèves puissent apprendre dans un climat de classe agréable et d'installer vos élèves pour qu'ils s'approprient le matériel nécessaire pour les apprentissages. Vous devez également partir à la découverte de chacun afin d'évaluer leurs connaissances et leurs compétences. Les premières situations d'apprentissage que nous vous proposons répondent à ces objectifs.

1. CHANSONS ET COMPTINES

• **À savoir :** Le chant est une activité musicale facile à mettre en place dès la rentrée dont les bienfaits sont multiples tant sur le plan artistique, pédagogique que social. Il soutient la connaissance du schéma corporel, la coordination et facilite la concentration, la mémorisation et la prononciation. L'élève en retire bien-être, satisfaction et fierté. Chanter ensemble est une activité partagée par le groupe qui contribue à le fédérer. La musique est un langage universel qui permet de bâtir des ponts entre les personnes et surmonter les difficultés langagières.

Comment apprendre une comptine ou un chant ?

Cette première situation pose en partie le cadre d'apprentissage des activités musicales que vous développerez tout au long de l'année, que vous soyez en maternelle ou en élémentaire.

• Commencez par rassembler l'attention de votre groupe et annoncez ce que vous allez faire. « *Nous allons chanter. Nous commencerons dès que vous ferez silence.* »

• Faites quelques activités préparatoires : frapper dans les mains, tapoter les cuisses, claquer la langue, frotter ses mains, détendre son visage en faisant des grimaces... Quelques rituels pour entrer dans l'activité musicale et amener les élèves à développer leur capacité d'attention.

• Procédez ensuite à un échauffement vocal. Par exemple : faire répéter en écho ce que vous prononcez : phonèmes, onomatopées, vocalises, phrases courtes...

• Pour apprendre le chant : expliquez le sens et le vocabulaire puis découpez-le en phrases musicales.

• Chantez plusieurs fois seul en totalité avant de faire chanter vos élèves. Il est impossible de mémoriser un chant en une seule écoute !
• Puis chantez phrase par phrase, les élèves répétant en écho. Ensuite, on accumule ce qui a été mémorisé.
• Donnez l'habitude à vos élèves de suivre vos mains qui donnent des informations : démarrer, se taire, baisser la voix, ralentir...

EN PRATIQUE

**Je n'ai pas de compétences musicales.
Dois-je faire chanter mes élèves ?**

Cette activité fait partie intégrante du programme. Vous devez donc l'enseigner. Pour compenser votre inquiétude, vous pouvez vous appuyer sur un enregistrement vocal.
Le bénéfice que vous et vos élèves en retirerez sur le climat de classe mérite que vous dépassiez votre appréhension liée à vos compétences fragiles dans ce domaine.

NOTRE CONSEIL

- Dans certaines écoles, le cahier de musique est utilisé sur un cycle complet, ce qui permet de garder trace, de créer une référence commune et de travailler en profondeur la mémorisation. Demandez à vos collègues comment fonctionne votre école lors de la pré-rentrée.
- Profitez de cette activité pour repérer certains profils d'élèves : ceux qui prononcent mal, qui sont muets, qui ne se concentrent pas, qui perturbent, qui ont des difficultés de mémorisation... Cela vous permettra ensuite d'enrichir votre grille d'observation des réussites et difficultés de vos élèves.

Quels comptines ou chants choisir en début d'année ?
Demandez aux élèves les comptines ou chants appris l'année précédente pour commencer par une situation connue du plus grand nombre.

Puis choisissez un chant facile à mémoriser en une ou deux séances pour la plupart de vos élèves ; en général sur le thème de la rentrée ou la fin des vacances. L'objectif est de chanter ensemble en ce début d'année. Vous choisirez ultérieurement des chansons plus longues et complexes. Pour mener l'apprentissage d'un chant par vos élèves, il est évidemment indispensable que vous le maitrisiez.

Pour faciliter la mémorisation, il est nécessaire de beaucoup répéter. Variez les groupes sollicités : les filles / les garçons, le banc de droite / de gauche, un groupe d'élèves / un élève seul...

2. LES ACTIVITÉS PHYSIQUES

• À savoir : Le corps est une entité physique et mentale motivée par le besoin naturel de mouvements : courir, sauter, jouer, grimper… Si ce besoin n'est pas satisfait au quotidien en raison du mode de vie et du manque de propositions programmées dans l'emploi du temps, il génère chez l'enfant des comportements inappropriés : stress, fatigue, colère. L'activité motrice est un enjeu de Santé publique. Les activités proposées répondront à ce besoin et contribueront à développer le registre des compétences motrices du programme, le plaisir de l'activité motrice et un comportement responsable vis-à-vis de son corps.

À quels rythmes proposer des activités physiques ?

En maternelle, vous devez prévoir un créneau quotidien de 30 minutes minimum effectives. Alternez des séances dans le préau et en extérieur (cour, parc, forêt, stade…) dès que c'est possible pour éprouver d'autres sensations, d'autres repères. Variez les aptitudes motrices : athlétiques, gymniques, orientation, expression, opposition…

En élémentaire, les activités physiques sont le 3e volume horaire d'enseignement avec 3 heures hebdomadaires. Chaque séquence proposée comporte impérativement plusieurs séances (minimum une dizaine) pour que l'élève ait suffisamment de temps de découverte et d'entrainement pour progresser.

Par quelles activités commencer en début d'année ?

En maternelle, vous pouvez proposer un jeu d'orientation pour découvrir la cour.

En élémentaire, vous pouvez proposer un jeu pré-collectif. Cela participera à la construction de votre groupe classe. Demander conseils à vos collègues sur les jeux déjà connus des élèves.

Comment s'organiser ?

Recensez d'abord le matériel disponible : cerceaux, balles, foulards, cordes, cycles, tapis…

Procurez-vous l'emploi du temps des espaces de motricité et d'EPS pour construire votre emploi du temps. Ne placez pas systématiquement les séances en fin de journée. Le risque serait que l'activité disparaisse au profit des fondamentaux pour terminer le travail non achevé. Vos élèves ont pourtant besoin de mouvement et de ces séances hebdomadaires. L'EPS ne doit pas être la variable d'ajustement. En maternelle, un jour est souvent dédié à la mise en place d'un parcours de motricité qui sert à toutes les classes.

Comment enseigner les activités physiques en classe multiniveaux ?

Deux possibilités : vous pouvez regrouper les élèves du même niveau, voire deux niveaux d'un même cycle de votre école en vous arrangeant avec vos collègues. Dans ce cas, vous recomposez un groupe avec des

stades de développement semblables. Si vous devez gérer de grandes différences de niveau (par exemple CP et CM1), vous devez différencier vos exercices en jouant sur plusieurs variables selon les situations :
• le temps (exemple : pour travailler la course d'endurance, les CP courent 1 minute ; les CM1 4 minutes) ;
• l'espace (exemple : varier la distance de la cible pour travailler les lancers ;
• les objets (exemple : varier la taille de la balle pour travailler les sports pré-collectifs) ;
• les règles : simplifier ou ajouter des règles selon l'âge des élèves ;
• les pairs partenaires ou adversaires : jouer sur le nombre ;
• les modalités : prévoir des ateliers de difficultés graduelles ;
• les critères de réussite.

Quelles sont les étapes d'une situation d'apprentissage ?
Votre séance comportera trois phases :

• l'entrée dans l'activité avec un échauffement : cette phase contribue à mieux connaitre son corps et ses grandes fonctions, à le respecter. Vous choisirez les exercices d'échauffement selon les sollicitations corporelles dans le reste de la séance ;

• les situations d'apprentissage : elles vont développer des compétences motrices du programme. Vous veillerez en priorité à la sécurité des élèves (matériel de protection, engins en bon état, possibilité de voir les élèves en action) ; à les adapter au niveau de développement des élèves ; à les différencier pour chaque élève afin qu'il travaille à son niveau de performance physique ; à permettre plusieurs essais par élève ;

• le retour au calme : il permet de faire le bilan en verbalisant les expériences motrices vécues et les difficultés rencontrées pour mieux connaitre son corps. Enfin, il permet d'apaiser les grandes fonctions du corps avant le retour en classe.

EN PRATIQUE

Je ne me sens pas à l'aise en EPS.
Sur quels appuis puis-je compter ?

Commencez par des séances dans des spécialités sportives que vous appréciez et maitrisez. Vous pouvez décider que les 3 heures hebdomadaires sont sur une même spécialité pendant le premier mois ou sur trois différentes. Vous trouverez sur Eduscol de nombreux documents d'accompagnement en motricité et EPS, du cycle 1 au cycle 3. Ces ressources vous permettront de proposer des situations d'apprentissage pertinentes et progressives et de vous lancer pleinement dans ce domaine d'enseignement primordial dans le développement de l'enfant.

3. LA PREMIÈRE PRODUCTION PLASTIQUE

• **À savoir :** Faire réaliser une première production plastique dès les premiers jours de classe a plusieurs intérêts : permettre aux élèves moins scolaires de se révéler par d'autres talents; vivre un moment de travail plus détendu, mais calme, pendant lequel les élèves pourront discuter entre voisins et faire connaissance; vous permettre d'observer vos élèves et de passer auprès de chacun pour échanger quelques mots; pouvoir accrocher rapidement les productions dans la classe ou dans le couloir afin que les élèves s'approprient les lieux; en maternelle, donner une première production à voir aux parents quand ils viendront chercher leur enfant à l'école.

Quelle production plastique peut-on réaliser rapidement?

La première production plastique va permettre d'installer le groupe dans l'espace de la classe. Il faut que sa réalisation ne nécessite pas trop de temps : l'important est qu'elle soit rapidement affichée. Vous pouvez par exemple :

• faire réaliser des étiquettes pour identifier les portemanteaux, que vous plastifierez avant de les accrocher afin qu'elles ne s'abiment pas au cours de l'année;

• faire réaliser une peinture libre;

• réaliser une production collective avec les empreintes de mains de chacun des élèves, dans une couleur qu'ils auront choisie. Une fois sèche, chacun viendra écrire son prénom au feutre;

• proposer à chaque élève de se dessiner, après avoir décrit à l'oral les différentes parties du corps et avoir construit une représentation du bonhomme;

• faire dessiner le maitre/la maitresse (et l'ATSEM si vous êtes en maternelle), après une observation méticuleuse et un travail de description à l'oral;

• faire dessiner à chacun de grandes fleurs qui, une fois découpées, seront assemblées sur une affiche pour former un bouquet de fleurs qui sera accroché devant la classe. Une première réalisation collective!

• imprimer des coloriages de papillons, fleurs, mandalas... les faire colorier et découper, puis les plastifier et les accrocher partout dans la classe et dans le couloir;

NOTRE CONSEIL

• Ne montrez pas de modèle (une œuvre ou une création que vous produiriez devant les élèves) pour laisser place à l'imagination créative. Donnez des consignes (dessine un bonhomme) et des critères de réussite (pense à dessiner les bras, les 5 doigts...)

• Profitez de ce moment de production pour commencer à évaluer, de manière diagnostique, vos élèves. Par une observation attentive, vous identifierez rapidement ceux qui ont des difficultés à suivre les consignes, ceux qui tiennent mal leur outil scripteur, ceux qui ont du mal à faire l'effort nécessaire pour aller au bout de leur travail. En passant échanger quelques mots avec chacun, vous pourrez évaluer des compétences en maitrise du langage oral : oser répondre en regardant son interlocuteur, parler en articulant correctement, faire des phrases syntaxiquement justes, répondre à une question en restant dans le propos, décrire son travail et expliquer son intention.

• faire choisir au groupe une phrase d'accueil (par exemple : « Bienvenue dans la classe de CM1A ! ») comportant au moins autant de lettres / signes que d'élèves. Imprimez sur des feuilles A4 les lettres de la phrase choisie par les élèves : mettre deux lettres par feuille (format paysage, police Comic sans MS ou Calibri en sélectionnant « majuscule » et « contour » (aller dans « effets de texte » ou « typographie », sélectionner ligne en noir et remplissage en blanc), taille 400) puis couper la feuille en deux pour séparer les lettres. Faites colorier et décorer une lettre à chacun, puis repliez le haut de chaque feuille et accrochez-les, dans l'ordre, sur une ficelle. Vous obtiendrez une jolie banderole d'accueil, un travail collectif dont le groupe pourra être fier, et que les parents apprécieront lors de la réunion de rentrée !

4. LA PRÉSENTATION DES SUPPORTS D'APPRENTISSAGE DES ÉLÈVES

• À savoir : Une nouvelle année commence, avec une nouvelle organisation à laquelle les élèves vont devoir s'adapter. Quel que soit le niveau de classe, **le mot d'ordre de la rentrée est « prendre le temps »**. Les cahiers, fichiers, classeurs : tout support est nouveau et doit être présenté, aussi bien dans son rôle que dans son utilisation. Pendant toute la première période, vous devrez rappeler et faire répéter aux élèves le nom des supports d'apprentissage afin que chacun parvienne à mémoriser et se repérer dans cette nouvelle organisation.

Comment organiser la présentation des supports d'apprentissage ?

En maternelle : Les supports d'apprentissage sont peu nombreux (voir **partie 2-C** « Préparer le matériel des élèves »). L'appropriation de ces supports se fera progressivement, et commencera par la réalisation d'une couverture personnalisée grâce à un travail plastique ou graphique et par l'écriture du prénom ou le collage d'une photo de l'élève. Vous trouverez de nombreuses idées sur Internet.

En cycle 2 : Présentez les différents cahiers, lutins, fichiers et manuels progressivement, au fil des situations d'apprentissage. Prenez le temps de les faire décrire aux élèves et explicitez-en l'utilisation. Ne réduisez pas votre explication à « C'est un cahier dans lequel nous ferons les exercices de mathématiques et de français » : ces termes n'ont pas de sens pour les élèves. Détaillez le type d'activité et explicitez ce qu'elles mobilisent (les lettres et les mots, les chiffres et les nombres, les formes géométriques…).

Vous pouvez prévoir des représentations imagées des différents cahiers et fichiers, que vous plastifierez, et que vous pourrez accrocher sur le tableau à chaque utilisation. Ce support visuel aidera les élèves à identifier le support utilisé.

Préparez pour certains cahiers des premières de couvertures illustrées : une fois leur prénom proprement écrit, les élèves prendront plaisir à les colorier pour les personnaliser. Pour un ou deux cahiers, faites écrire aux élèves la première de couverture : nom, prénom, classe, année scolaire, titre.

Soyez très précis sur le repérage dans la page et passez dans les rangs pour vérifier que chacun se trouve bien au bon endroit pour écrire. Aidez vos élèves à compter les lignes, à compter les carreaux : faites un exemple sur un tableau ligné. Si vous n'en avez pas mais que vous avez un vidéo-projecteur, projetez un modèle de page lignée sur une affiche blanche et montrez l'exemple sur l'affiche. Quand vous écrivez, **prenez le temps de bien former vos lettres et verbalisez votre geste d'écriture**. Vous pouvez prévoir des modèles d'écriture cursive individuels plastifiés à distribuer aux élèves.

NOTRE CONSEIL

Utilisez les représentations imagées des supports en fin de journée, au moment de faire le cartable. Ainsi, en associant le langage oral et les supports visuels, vos élèves repèreront mieux ce qu'ils doivent ranger dans leur cartable.

N'oubliez pas de faire écrire les prénoms sur les fichiers et lutins, dès la première utilisation.

En cycle 3 : Présentez les différents cahiers, classeurs, lutins et manuels progressivement, au fil des situations d'apprentissage. Explicitez-en l'utilisation et demandez aux élèves d'essayer de décrire le type d'écrit qui pourra s'y trouver. Cette réflexion permettra à chacun de remobiliser ses connaissances sur les différents domaines d'apprentissage et de catégoriser les notions qui y sont associées.

Vous pouvez faire réaliser à chacun une carte mémento individuelle sur laquelle tous les supports d'apprentissage seront répertoriés (ex : cahier de leçons de français → petit cahier vert). Cette carte aidera les élèves et les parents à se repérer dans les supports. Une fois décorée par l'élève, vous la plastifierez pour qu'elle ne s'abime pas.

Faites écrire par les élèves les premières de couverture des cahiers, cela leur permettra de retrouver progressivement les automatismes scolaires d'écriture cursive et de repérage dans l'espace. Soyez précis sur les consignes : repérage dans la page, nombre de lignes / de carreaux sautés, qualité de l'écriture et de la copie, présence des majuscules. Passez dans les rangs et attirez l'attention des élèves, de manière bienveillante, s'ils font des erreurs ou manquent d'application. Votre exigence immédiate les poussera à faire des efforts et à s'appliquer dans leur travail. Éventuellement, reprenez les gestes d'écriture : **le travail de l'écriture doit se poursuivre au cycle 3, certains élèves ont un geste graphique encore fragile**.

NOTRE CONSEIL

Pour les classeurs, l'écriture sur les intercalaires est souvent compliquée. Vous pouvez prévoir une feuille format A4 à mettre devant les intercalaires, sur laquelle les différentes catégories seront écrites. Chacun coloriera la catégorie de la couleur de l'intercalaire correspondante.

Invitez les élèves à décorer la première de couverture du cahier de poésies-chants, aux crayons de couleur pour éviter que les dessins ne traversent la feuille.

N'oubliez pas de faire écrire les prénoms sur les classeurs et lutins dès la première utilisation.

5. LES PREMIÈRES ÉVALUATIONS DIAGNOSTIQUES

• **À savoir :** On appelle évaluations diagnostiques les évaluations à faire passer aux élèves **en amont des séquences d'apprentissage**. Ces évaluations permettent à l'enseignant de savoir où se situent ses élèves en termes de maitrise des connaissances et des compétences et de planifier sa séquence en tenant compte des premiers éléments de différenciation nécessaires aux progrès de tous. Elles dessinent une carte des besoins des élèves, une représentation utile à la mise en œuvre d'un enseignement efficace.

En quoi consistent les évaluations diagnostiques de début d'année ?

Les évaluations diagnostiques ne doivent pas être une accumulation de fiches d'exercices à réaliser au cours de la première semaine. Les élèves, éloignés de l'école depuis deux mois, ont perdu leurs automatismes. Rythme de travail, aisance d'écriture, autonomie dans l'écrit, capacité d'écoute : il faut leur laisser le temps de retrouver les compétences acquises l'année précédente.

Beaucoup de compétences peuvent être évaluées à l'oral ou avec l'ardoise.

Les compétences choisies doivent porter sur les fondamentaux. Choisissez celles qui sont utiles à l'entrée dans vos premières séquences d'apprentissage, planifiées dans vos programmations périodiques (voir **partie 2-A** « Préparer les outils de l'enseignant »). Vous pourrez ainsi mettre en place, très rapidement, des groupes de besoins.

> **NOTRE CONSEIL**
>
> Préparez des tableaux avec votre liste de classe et, dans les colonnes, les compétences que vous évaluez. Notez vos observations au fil des situations d'évaluations afin d'en garder une trace.

Quelques exemples de compétences à évaluer, à adapter selon votre niveau de classe

• **En langage oral :** suivre une consigne donnée à l'oral ; répondre à une question ; être capable de s'exprimer devant le groupe ; articuler correctement ; parler avec des phrases-mots, des phrases simples (S-V) ou des phrases complexes (S-V-CO, voire S-V-CO-CC) ; formuler des phrases syntaxiquement justes ; utiliser à bon escient les pronoms sujets « je », « tu », « il », « elle » ; décrire à l'oral, avec clarté, une situation vécue ; donner son avis, argumenter.

• **En langage écrit :** écrire son prénom; recopier un mot; recopier une phrase sans erreur; recopier un texte sans erreur en en respectant la présentation; écrire une phrase syntaxiquement juste, en segmentant correctement les mots; écrire un texte de 5 phrases pour se décrire en segmentant correctement les mots et en plaçant correctement la ponctuation.
• **En lecture :** lire à voix haute des mots; lire à voix haute une phrase sans faire d'erreur et sans s'arrêter au milieu d'un mot; lire à voix haute un texte de manière fluide, en marquant la ponctuation; lire de manière autonome une phrase / un texte et répondre oralement à une question dessus.
• **En numération :** réciter la comptine numérique; écrire des nombres sous la dictée; identifier le chiffre des unités, des dizaines, des centaines...; compléter une suite de nombres à l'oral / à l'écrit.
• **En calcul :** additionner mentalement deux petits nombres (tables d'addition); additionner des dizaines, des centaines; trouver le complément à 10 / à 100; connaître les tables de multiplication.

EN PRATIQUE

Un exemple de critères d'observation pour évaluer l'écriture du prénom

- avec modèle / sans modèle
- sans oubli de lettre
- sans inversion de lettres
- en formant correctement les lettres
- en tenant correctement le crayon

L'évaluation de ces différents critères permet de regrouper les élèves en groupes de besoins : c'est la différenciation pédagogique.

04

L'ORGANISATION DE L'ANNÉE

A COMMENT **ENSEIGNER ?**

1. S'APPUYER SUR LES SCIENCES COGNITIVES

• **À savoir :** Apparues au milieu des années 1950, les sciences cognitives s'attachent à comprendre la manière dont le cerveau humain acquiert, utilise et transmet des connaissances. À la jonction des neurosciences, de la psychologie, de la linguistique et de l'intelligence artificielle, le domaine des sciences cognitives intéresse de fait l'éducation et questionne directement les méthodologies d'apprentissage proposées aux élèves.

Il est indispensable que le professeur se saisisse des éléments de connaissance sur le fonctionnement du cerveau humain pour enseigner et adapter ses pratiques et gestes professionnels. Ils sont un des leviers du « Mieux apprendre » de tous les élèves. Même si les sciences cognitives à l'école sont encore récentes, la prise en compte par certains enseignants du fonctionnement du cerveau montre d'ores et déjà leur importance à venir dans la formation initiale et continue des professeurs compte tenu de leur impact sur la réussite des élèves.

Le fonctionnement du cerveau

Le cerveau est l'organe situé dans la boîte crânienne, responsable de la régulation de la plupart des fonctions du corps. Il traite les informations sensorielles, contrôle les mouvements, gère les fonctions cognitives telles que la pensée, la mémoire, et les émotions. Pour apprendre, le cerveau s'appuie sur un « déjà-là », c'est-à-dire des expériences antérieures et des connaissances déjà acquises. Ce « déjà-là » va se modifier progressivement selon les modalités de l'apprentissage proposées en appui sur les piliers de l'apprentissage décrits p. 137.

Le cerveau contient un grand nombre de **neurones connectés entre eux par les synapses.** Ces dernières permettent de faire passer les informations de la connaissance. Lors de l'apprentissage, des connexions nouvelles entre neurones sont créées et seront renforcées uniquement par l'entrainement. Cette capacité extraordinaire du cerveau à se modifier et à s'améliorer qui dure tout au long de la vie se nomme la **plasticité cérébrale.**

Le professeur va donc chercher à agir sur ces connexions pour que celles-ci deviennent de plus en plus solides par l'entrainement qu'il propose et jusqu'à conduire à une automatisation si l'entrainement est suffisant. Pour l'élève, la tâche devient alors de plus en plus facile à réaliser, et nécessite de moins en moins d'effort jusqu'à devenir automatique ; elle libère alors de l'espace pour permettre de nouveaux apprentissages et ainsi de suite.

Le processus cérébral de l'apprentissage peut être comparé à une promenade en forêt. Un petit sentier forestier se transforme progressivement en chemin à force de passages, d'itérations, de répétitions. Le déplacement est alors de plus en plus facilité car plus le sentier s'agrandit, plus la promenade est aisée. De la même manière, plus les connexions liées à un apprentissage sont utilisées, plus elles se renforcent car elles deviennent plus efficaces et faciles à mobiliser. Cela permet le progrès et la réussite ; c'est valable pour toutes les tâches nécessitant un apprentissage.

La **mémoire** joue ici un rôle majeur puisqu'elle permet l'encodage (entrée de l'information : transformer l'information et les stimuli), le stockage (maintien des informations en mémoire) et la récupération des souvenirs.

Les **émotions** influencent aussi les apprentissages. Elles peuvent avoir un impact direct soit positif soit négatif sur l'attention, la motivation, les stratégies d'apprentissage et la capacité à autoréguler son apprentissage.

Ces informations sur le fonctionnement du cerveau sont à relier à la programmation de vos activités et à leurs modalités. Les exercices doivent être inévitablement proposés de manière répétée, régulière et nombreuse pour rebrasser les connaissances. Les programmes 2024 insistent pour chaque cycle sur un « enseignement explicite, structuré et progressif ». **L'acquisition sera effective si le nombre de répétition et de réactivation a été suffisant.** On comprend donc ici le rôle prépondérant de l'entrainement structuré dans les apprentissages. Toute séquence doit être suivie de phases de réactivation régulière et de temps de ritualisation.

NOTRE CONSEIL

Quand vous construisez une séquence, prévoyez dès sa rédaction une séance de réactivation à placer un peu plus tard, et des séances courtes de ritualisation que vous placerez tout au long de la période, puis ultérieurement. Pour faciliter l'organisation, inscrire dans votre emploi du temps deux créneaux quotidiens, un en français et un en mathématiques, pour ritualiser les apprentissages.
Par exemple : conjuguer un verbe chaque matin, proposer des activités organisées par ceinture de compétences ou activités autonomes enrichies et mises à disposition tout au long de l'année.

Comment le cerveau est-il composé ?

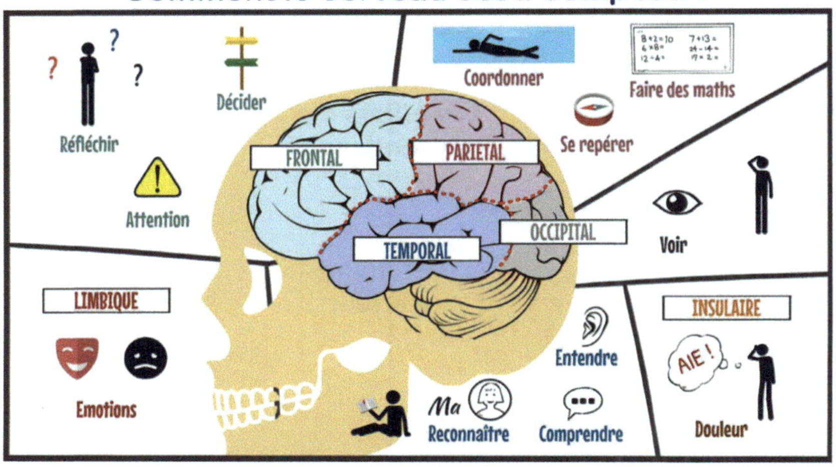

© Enseigner aux élèves comment apprendre, coll. « Du labo à la classe », Nathan, 2022

EN PRATIQUE

Tous mes élèves peuvent-ils apprendre et progresser ?

La réponse des chercheurs est unanime : **OUI**. Tous les enseignants affirment vouloir la réussite de tous les élèves mais peuvent émettre des doutes sur la possibilité de certains à apprendre compte tenu de facteurs qui leur échappent (environnement familial, jeux vidéo, éducation...). Malgré ces doutes, les chercheurs maintiennent que tous les élèves peuvent apprendre en raison de la neuroplasticité du cerveau, capacité essentielle pour créer de nouvelles connexions et ajouter des nouveaux neurones.
En tant qu'enseignant, ne vous basez pas sur le jugement négatif porté par certains enseignants précédents ; ne vous fiez pas à des enseignants plus anciens dans le métier mentionnant qu'ils ont déjà tout essayé, sans succès. Les travaux de Carol Dweck, chercheure en psychologie à l'Université de Stanford, ont montré que la perception de l'enseignant sur les capacités d'apprendre de ses élèves influence directement leur réussite.

Les quatre piliers de l'apprentissage

Stanislas Dehaene, professeur au collège de France et l'un des éminents chercheurs en sciences cognitives, a notamment mis l'accent sur les principaux facteurs qui favorisent la réussite d'un apprentissage : l'attention, l'engagement actif, le retour sur erreur et la consolidation. Ces quatre éléments fondamentaux constituent les piliers de l'apprentissage.

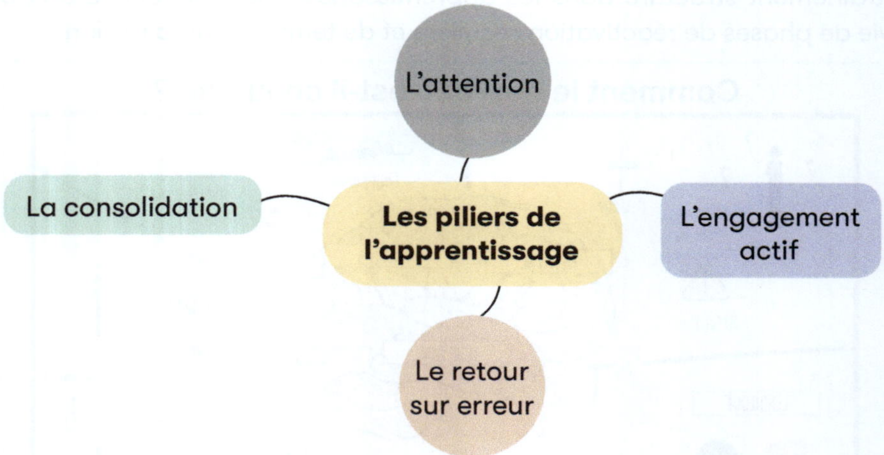

• Le premier pilier : l'attention

Il est impossible d'apprendre si l'on ne prête pas attention à ce qui doit être appris. La capacité d'attention d'un élève n'est pas que du ressort de l'apprenant. L'enseignant, par certains gestes professionnels, crée des conditions propices à l'attention de ses élèves. Le professeur commence en premier lieu par susciter l'attention, par exemple en les interpellant ou en modulant le ton de sa voix ou encore en enlevant tous les distracteurs sur la table. Puis il poursuit en expliquant clairement aux élèves à quoi ils doivent faire attention, en hiérarchisant les informations ou en répétant les plus importantes d'entre elles. Car l'attention est sélective : elle fonctionne comme un filtre qui retient des informations tout en en laissant passer d'autres. Il y a des techniques et des points de vigilance à connaitre pour l'enseignant pour capter l'attention. Plusieurs sont listées dans la **partie 4.B.4**.

• Le deuxième pilier : l'engagement actif

Pour retenir de nouvelles connaissances, écouter passivement le professeur ne suffit pas : il est nécessaire d'interroger, émettre des hypothèses, éventuellement faire des expériences pour essayer de vraiment comprendre de quoi on parle. L'élève doit être acteur. En ce sens la démarche d'enseignement explicite questionne systématiquement sur le « comment » et le « pourquoi » et permet aux élèves d'être acteurs. Par ailleurs, les pédagogies actives (type Montessori, Freinet) participent aussi d'un apprentissage actif.

NOTRE CONSEIL

En tant que professeur débutant, il est vivement recommandé d'écrire les consignes du lancement d'une séance et celles des exercices sur le cahier-journal.
Ce sont quelques mots bien choisis, justes et utiles, car anticipés.
Vous pourrez bien sûr lire votre fiche devant les élèves. Cela vous permettra d'être plus précis et concis d'emblée, et d'éviter des consignes souvent trop longues et parfois hors de propos.

• Le troisième pilier : le retour sur erreur

L'erreur est une source d'apprentissage. L'enseignant doit les accueillir et aider l'élève à comprendre pourquoi il s'est trompé. Lors de visite de classe, les formateurs constatent souvent que seuls les bons élèves sont interrogés. C'est regrettable, vous valoriserez votre travail de pédagogue en interrogeant des élèves en difficulté et en faisant cheminer leurs connaissances. Ce « feedback » en anglais ou retour d'informations permet à l'élève de dépasser son erreur et de la corriger, à condition toutefois qu'il se sente en confiance et encouragé, et non critiqué ou moqué.

L'apprentissage convoque chez l'élève une prédiction de réponse. L'erreur fait apparaître un décalage entre cette prédiction et la réalité qui l'amène à la correction et à faire une nouvelle prédiction. Ce processus à l'œuvre dans le cerveau fonctionne par itération d'essai/erreur. Ces ajustements successifs favorisent l'apprentissage.

• Le quatrième pilier : la consolidation

Mémoriser de nouvelles connaissances ou acquérir de nouvelles compétences n'est que la première étape : pour devenir durable, l'apprentissage demande à être consolidé pour permettre une activité automatique, presque inconsciente.

Qu'il s'agisse d'apprendre à compter, à lire de manière fluide ou à pédaler, le cerveau doit répéter de très nombreuses fois les mécanismes qui président à cet apprentissage, jusqu'à ce que celui-ci soit véritablement maitrisé. Peu à peu, l'effort diminue et se transforme en routine. Ce qui libère de la place dans le cerveau pour apprendre ou faire de nouvelles choses !

Stanislas Dehaene rappelle aussi que le sommeil joue un rôle essentiel dans ce processus.

2. CONSTRUIRE DES SÉQUENCES D'APPRENTISSAGE

Les connaissances et compétences que vos élèves vont devoir construire et acquérir sont nombreuses et complexes ; **travailler une fois sur une notion ne permet pas de la maitriser** et d'être capable de réinvestir ce qui a été travaillé de manière pertinente et efficace. Le fait de construire progressivement, par étapes, la notion, ce qu'on appelle la progressivité, est nécessaire pour que les élèves s'approprient peu à peu les compétences visées. Un réinvestissement fréquent est également important car il permet aux automatismes de se mettre en place et aux apprentissages de s'ancrer sur le long terme. Il nécessite d'une part une phase de ritualisation, c'est-à-dire de réactiver les acquis à un rythme régulier, par exemple tous les jours pendant 10 jours, puis une fois par semaine pendant la période et, d'autre part, de proposer une programmation spiralaire sur l'année et le cycle.

Les enseignants construisent des séquences dans tous les domaines pour atteindre les objectifs définis dans les programmes. Une séquence est un « *ensemble continu ou discontinu de séances articulées entre elles dans le temps et organisées autour d'une ou plusieurs activités en vue d'atteindre les objectifs fixés par les programmes d'enseignement* » (BOEN n° 35-17-09-92). **Une séquence est donc un ensemble organisé de séances délivré sur une période d'enseignement continu qui vise un objectif d'apprentissage.** Le plan de séquence est un outil professionnel indispensable pour planifier efficacement les apprentissages ; il reflète votre réflexion et anticipation. Il vous sera demandé par vos formateurs.

Comment construire une séquence d'apprentissage ?
Avant de construire une séquence, vous devez vous reporter aux programmes et choisir une compétence mentionnée. Puis vous devez répondre à un certain nombre de questions :

- Quelles connaissances (prérequis) doivent avoir les élèves pour aborder le thème ?
- Quelles connaissances ont-ils déjà de ce thème ? Ont-ils déjà travaillé dessus l'année dernière ?
- Quelles sont les connaissances et les compétences qui devront être acquises par les élèves en fin de séquence ?
- Quelles sont les difficultés spécifiques au thème travaillé ?

Une fois ce travail fait, vous rédigerez **le plan de votre séquence** en fixant les objectifs de chaque séance et en veillant à ce que, d'une séance à l'autre, l'apprentissage se fasse de manière progressive. Le plan de séquence fixe le nombre de séance et, pour chaque séance, les objectifs de chacune pour progresser vers l'objectif final de votre séquence, le type de situation d'apprentissage (découverte, institutionnalisation, recherche, entrainement, mémorisation, réinvestissement, différenciation, évaluation formative, évaluation sommative) et les difficultés soulevées. En lisant votre plan de séquence, un autre professionnel doit comprendre comment vos élèves vont réussir à maitriser les notions et compétences travaillées.

Comment articuler les séances ?
Dans une séquence, **la première séance** est consacrée à la découverte de la notion. Il est important de commencer par un rappel effectué par les élèves des acquis construits les années précédentes (par exemple, à partir d'une carte mentale en posant la question « que savez-vous de ... ? » et en notant scrupuleusement les représentations et connaissances des élèves, y compris celles erronées). Vos élèves ont forcément déjà des connaissances que vous avez besoin de cerner pour mieux répondre à leurs besoins. Vous garderez cette carte mentale pour y revenir lors de la phase de bilan et constater l'évolution de leurs représentations et connaissances. Vous proposerez ensuite une activité de recherche pour approfondir la notion, puis une application collective ou en groupe.

NOTRE CONSEIL

Envisager les difficultés spécifiques d'une notion ou d'une compétence, c'est un travail complexe quand on est enseignant débutant. Il faut essayer de se projeter à la place des élèves et se demander « Comment pourraient-ils raisonner ? Qu'est-ce qui pourrait faire qu'ils ne comprennent pas ou qu'ils comprennent autre chose ? Que pourraient-ils faire comme erreur dans cet exercice ? » C'est ce qu'on appelle prendre en compte les obstacles didactiques.

Les documents d'accompagnement sur Eduscol explicitent les obstacles didactiques spécifiques à chaque notion : utilisez-les ! Comprendre en amont les difficultés que risquent de rencontrer vos élèves, c'est les anticiper et rendre votre séquence, et vos gestes professionnels, plus efficaces.

En séance 2, il faut revenir sur la notion découverte en séance 1, et amener les élèves à mobiliser ce qu'ils ont commencé à construire : travail de groupe ou en binôme, réflexion, argumentation, discussion autour des différentes réponses, verbalisation des stratégies. La construction de la trace écrite (ce qu'on appelle l'institutionnalisation) se fait majoritairement à la fin de la séance 2, voire au début de la séance 3, une fois que les élèves ont identifié et dépassé la plupart des obstacles (que vous devez avoir identifiés en amont et mentionnés dans votre fiche de séquence).

En séance 3, un moment d'application individuelle (ardoise, cahier de brouillon) vous permettra d'identifier les élèves ayant des difficultés : c'est l'évaluation formative qui informe l'enseignant.

À la séance suivante, une partie de la classe pourra être en application individuelle pendant que vous apporterez une aide spécifique, avec un tout autre dispositif, aux élèves en difficulté : c'est **la différenciation pédagogique**. Un système de tutorat permettra aux élèves qui travaillent en autonomie de s'entraider si besoin sans déranger l'enseignant.

Il faudra encore que vos élèves s'entraînent (séances courtes, rituels), et peut-être devrez-vous apporter une aide supplémentaire à certains (en APC, par exemple).

Enfin arrivera **la séance consacrée à l'évaluation sommative** pour savoir si les élèves maitrisent les compétences travaillées.

EN PRATIQUE

Les séances doivent-elles toutes avoir la même durée ?

Non, toutes les séances n'ont pas forcément la même durée. La durée d'une séance doit en premier lieu être adaptée à l'âge de vos élèves : en maternelle, les séances durent entre 10 et 20 mn ; en élémentaire, elles peuvent s'étendre de 15 mn à 55 mn pour les élèves de cycle 3.
Au sein d'une séquence, la séance de découverte peut durer 45 mn et la suivante, consacrée à un travail d'application en groupe, seulement 30 mn. Si l'enseignant prévoit ensuite un réinvestissement ritualisé pendant 2 semaines pour permettre aux élèves de construire des automatismes, ces séances pourront ne durer que 15 mn, même en cycle 3. La durée doit être adaptée à la situation d'apprentissage et à l'objectif visé.

Comment préparer une séance ?

Une fois le plan de votre séquence défini, il faut penser la construction de chaque séance en rédigeant une fiche de préparation de séance. Les fiches de préparation peuvent être génériques, pour des activités qui se répètent régulièrement, ou spécifiques à une séance particulière. Elles présentent en détail les étapes des séances d'apprentissage que vous avez prévues.

MÉMENTO

Pour chaque séance, vous devez mentionner :

• le domaine travaillé dans les termes utilisés dans les programmes et le sous-domaine ;
• la durée de la séance ;
• les objectifs en lien avec les programmes ;
• les prérequis ;
• le matériel qui sera nécessaire ;
• les différentes étapes de la séance avec leur durée envisagée.
• le rôle confié à l'ATSEM en maternelle si elle est présente lors de la séance.

Pour chaque étape de la séance, vous devez mentionner :

• l'organisation du groupe ;
• le matériel ;
• la situation d'apprentissage mise en œuvre pour atteindre les objectifs fixés ;
• les consignes qui seront données : attention à la précision des termes utilisés et à l'exemplarité de la langue ;
• les attentes de l'enseignant ;
• ce que font les élèves.

EN PRATIQUE

Doit-on en faire une fiche de préparation pour chaque séance ?

Tous les moments de la journée ne sont toutefois pas accompagnés d'une fiche de préparation. Le plan de séquence est indispensable pour toute nouvelle notion travaillée afin d'assurer une progressivité pertinente et une prise en compte des obstacles didactiques.

La fiche de préparation de séance est à rédiger pour toute séance complexe (séance de découverte, séance avec travail différencié...). Pour les séances d'entrainement par exemple, un déroulé bien explicité dans le cahier journal peut tout à fait être suffisant.

EN PRATIQUE

Rédiger un plan de séquence et des fiches de séance, c'est long ! Est-ce obligatoire ?

Effectivement, rédiger ces documents prend du temps. Mais c'est indispensable pour construire de manière progressive et réfléchie son enseignement. Ce passage à l'écrit force à réfléchir, à anticiper les difficultés, à organiser sa séance avec rigueur.

Une séance bien organisée, c'est l'assurance d'un contenu intéressant pour les élèves et d'une organisation fluide pour sa mise en œuvre : les deux conditions indispensables pour obtenir une adhésion du groupe et un investissement optimal de vos élèves.
Si vous hésitez, que vous ne savez pas vraiment quoi faire, que votre matériel n'est pas prêt, que le contenu n'est pas adapté à vos élèves ou manque de cohérence, certains élèves se mettront à chahuter. La qualité du travail de préparation a une influence conséquente sur la gestion du groupe. Plus vous préparerez votre enseignement, plus vous prendrez du plaisir à enseigner car vous verrez vos élèves adhérer à vos propositions et prendre du plaisir à travailler.

3. EXPLICITER

• **À savoir :** Expliciter, c'est rendre lisible les stratégies utilisées, mettre un haut-parleur sur sa pensée afin de transmettre des procédures de résolution mais aussi d'évaluation de sa progression. En verbalisant à haute voix toutes les actions cognitives qu'il réalise pour répondre à une consigne, l'enseignant permet aux élèves d'avoir accès à l'activité mentale, l'activité cachée, inobservable et de la comprendre pour se l'approprier plus rapidement. Par cette pratique guidée pas à pas, puis autonome, les élèves s'approprient progressivement les procédures expertes.

Qu'est-ce que l'enseignement explicite ?
Il s'agit d'un enseignement très structuré, où l'activité de l'enseignant – essentiel – a pour but de favoriser, par des explications claires et répétées autant que de besoin, la transmission des procédures expertes. Une procédure est experte quand elle conduit toujours aux bons résultats de la manière la plus rapide. Cette pratique où l'enseignant explique, démontre, se questionne, fait, refait devant les élèves puis avec eux en les interpellant favorise un engagement actif des apprenants et une meilleure compréhension de l'objet d'apprentissage.

Nombre de recherches scientifiques ont montré l'efficacité d'un enseignement explicite dans l'apprentissage de nouvelles notions, auprès de publics variés et particulièrement ceux en difficultés sur des contenus divers. Il est particulièrement efficace sur les apprentissages procéduraux des fondamentaux (calcul mental réfléchi, grammaire, compréhension de texte...). L'enseignement explicite favorise la métacognition et l'autorégulation des élèves.

LES 5 ÉTAPES DE L'ENSEIGNEMENT EXPLICITE :				
Étape 1 Ouverture	**Étape 2 Modelage**	**Étape 3 Pratique guidée**	**Étape 4 Pratique autonome**	**Étape 5 Bilan**
DIRE	**MONTRER** Je fais	**GUIDER** Nous faisons	**SUPERVISER** Vous faites	**SOUTENIR**
· Capter l'attention. · **Présenter le domaine, l'objectif et le justifier***, bien le distinguer de la tâche à accomplir. · Insister sur les points clés et limiter toute information superflue. · **Réactiver les connaissances***.	· Réaliser la tâche en mettant **un haut-parleur sur sa pensée : rendre visible l'activité mentale** inobservable (quoi, comment, quand, pourquoi...). · **Associer les élèves : Comment je fais ensuite ?** Donner des exemples et des contre-exemples, expliciter les critères de réussite.	Les élèves réalisent des tâches de même nature que celles montrées lors du modelage. Le PE circule, favorise les interactions entre élèves, s'assure de la maitrise progressive de la notion par les élèves.	**Cette phase débute lorsqu'une grande majorité d'élèves a acquis une maitrise suffisante.** Les élèves réalisent les tâches pour consolider et automatiser. L'enseignant circule, fournit des explications, des rétroactions personnalisées pour faire prendre conscience des progrès et des points à travailler.	**Institutionnalisation, description des apprentissages réalisés.** · Faire la synthèse, avec les élèves, des points à retenir. · Produire une trace écrite avec les élèves. · Annoncer les objectifs de la prochaine séance.

* Facilite le transfert en mémoire à long terme.

Ressource : Une vidéo du CSEN : « MES CLES : Qu'est-ce que l'enseignement explicite ? » https://www.youtube.com/watch?v=aHbnqpbum9c

EN PRATIQUE

Je commence souvent mes séquences par une situation de recherche en groupe pour que les élèves réfléchissent et trouvent par eux-mêmes les procédures. Dois-je supprimer ce travail en groupe ?

Non, utiliser l'enseignement explicite ne signifie pas faire disparaitre systématiquement ce moment de recherche en groupe qui développe de multiples compétences transversales et bénéficie au climat de classe. Mais il convient de faire preuve de vigilance : ce moment de recherche en groupe est bénéfique, sur le plan des apprentissages, aux élèves les plus à l'aise en milieu scolaire. Les élèves en difficulté participent rarement aux échanges et n'entrent pas dans la démarche réflexive du groupe. Ce type de pratique, s'il n'est pas suivi d'un enseignement explicite de la procédure, creuse le fossé entre les élèves en difficulté et les autres. Il faut donc y accorder un temps limité, et insister sur le modelage, avant de passer à la pratique guidée.

Mes élèves les plus en difficulté, malgré la mise en place de l'enseignement explicite, ne s'investissent pas. Comment faire ?

Quand un élève se sait en difficulté, il entre souvent dans une attitude d'opposition au travail, par le chahut ou la passivité. Pour investir ces élèves dans la tâche, vous devez mobiliser des gestes professionnels à leur intention :

• Après avoir rendu visibles les étapes de la démarche efficace sur plusieurs exemples, leur faire répéter oralement ces étapes et les illustrer par une trace écrite précise. Répéter est une tâche simple, cela permet de renforcer le sentiment de réussite ;
• Interroger les élèves les plus fragiles même s'ils ne lèvent pas la main ; s'ils n'ont pas écouté la consigne, leur répéter calmement, sans y associer de reproche. Ils pourront s'appuyer si besoin sur la trace écrite créée collectivement ;
• Prendre le temps de la mémorisation en classe : faire répéter, encore et encore, en grand groupe, en petit groupe, en binôme, individuellement.
• Dans la pratique autonome, s'installer avec le petit groupe d'élèves fragiles pour les accompagner, valider les réussites, les aider s'ils rencontrent des difficultés, reprendre avec eux les étapes à mémoriser.

4. DIFFÉRENCIER

• **À savoir :** Tous les groupes-classes sont hétérogènes : les élèves sont différents dans leur attitude, dans les connaissances et les compétences qu'ils maitrisent. Différencier, c'est adapter son enseignement, dans son contenu comme dans ses gestes professionnels, avec un objectif : celui de faire progresser chaque élève. La différenciation pédagogique permet de réduire les inégalités ; elle favorise la réussite de tous les élèves. Différencier n'est pas individualiser en continu, ce qui constituerait un objectif impossible à atteindre mais aussi, ferait perdre toute cohérence aux valeurs portées par l'École de la République.

Point de vigilance : La différenciation ne porte pas sur les objectifs d'apprentissage, cela creuserait les inégalités entre les élèves. ***Elle porte sur les moyens mis en œuvre, les parcours proposés pour permettre à tous d'atteindre l'objectif.***

« *La différenciation pédagogique peut se définir comme une façon de penser l'enseignement où l'enseignant conçoit des situations suffisamment flexibles pour permettre à tous les élèves de s'engager dans une tâche et de progresser, tout en stimulant la création d'un climat d'interdépendance et d'intercompréhension entre les élèves qui permet de reconnaître la diversité en classe, de la valoriser et d'en tirer parti.* » Prud'homme, Leblanc, Paré, Fillon et Chapdelaine (2015).

« *La différenciation est la prise en compte par les acteurs du système éducatif des caractéristiques individuelles (besoins, intérêts et motivations ; acquis, non acquis et difficultés ; modes d'apprentissage (style, rythme, pouvoir de concentration, engagement...) ; potentialités à exploiter... de chaque élève en vue de permettre à chacun d'eux de maitriser les objectifs fondamentaux prescrits et de développer au mieux leurs potentialités, et de permettre au système éducatif d'être à la fois plus pertinent, efficace et équitable.* » CNESCO, 2017.

Comment fait-on pour différencier ?

Avant tout, il faut prendre le temps de connaitre ses élèves : différencier, c'est en premier lieu porter un regard objectif et analytique sur ses élèves pour pouvoir agir avec efficacité afin de les accompagner dans les apprentissages.

• Un premier axe d'observation : le comportement, la capacité à « être élève »

Quel élève a du mal à se concentrer ? Quel élève n'arrive pas à respecter les règles de prise de parole ? Quel élève participe peu, voire pas du tout ? Quel élève rencontre des difficultés pour sortir son matériel et se mettre au travail ? Quel élève ne se repère pas bien dans la page du cahier ? Quel élève ne s'investit pas dans le travail écrit ?... Évaluez vos élèves en les observant quotidiennement et déterminez, pour ceux qui en ont besoin, un axe de progrès en ciblant une compétence précise. Cette évaluation vous permettra de cibler les besoins de quelques élèves et d'adapter vos gestes professionnels : veiller à interroger certains, vérifier l'écoute et la compréhension des consignes pour d'autres, aider un autre à trouver quel matériel sortir de son casier, passer dans les rangs pour encourager et soutenir dans le travail écrit... Votre présence et votre attention différenciées leur permettront de progresser dans leur positionnement d'élève.

• Un second axe d'observation : les apprentissages

Avant de commencer une séquence (voir **partie 4-A.2**), évaluez les connaissances de vos élèves pour savoir s'ils maitrisent les prérequis. Si certains ont des lacunes, utilisez une séance d'APC pour leur donner un « coup d'avance » : un premier acte de la différenciation pédagogique, pour revoir avec eux les notions nécessaires et anticiper sur la première séance de la séquence. Ils se sentiront ainsi plus à l'aise, pourront participer et être en réussite. Un recueil collectif des connaissances acquises en ouverture de séance et de séquence en posant la question « que savez-vous de... ? » vous permet de situer rapidement le niveau de leurs représentations et celles à faire évoluer. Inscrire au tableau toutes les réponses des élèves, sans les commenter, y compris et surtout celles erronées. Dans cette étape essentielle, vous ne cherchez pas à collecter les bonnes réponses mais toutes les représentations possibles des élèves. Une majorité des élèves doit donner une idée. En fin de séance, revenir avec les élèves sur cette carte mentale pour vérifier l'évolution de leurs représentations.

En cours de séquence, évaluer l'acquisition des connaissances et compétences travaillées afin d'identifier les élèves qui n'ont pas bien compris, mais aussi ceux qui sont très à l'aise : la différenciation, c'est aussi veiller à ce que tous travaillent et que personne ne s'ennuie. Cette évaluation formative vous permettra de mettre en place un enseignement différencié, adapté au niveau de maitrise de vos élèves, à travers différents parcours d'apprentissage et de consolidation.

La différenciation pédagogique peut porter sur différents axes :

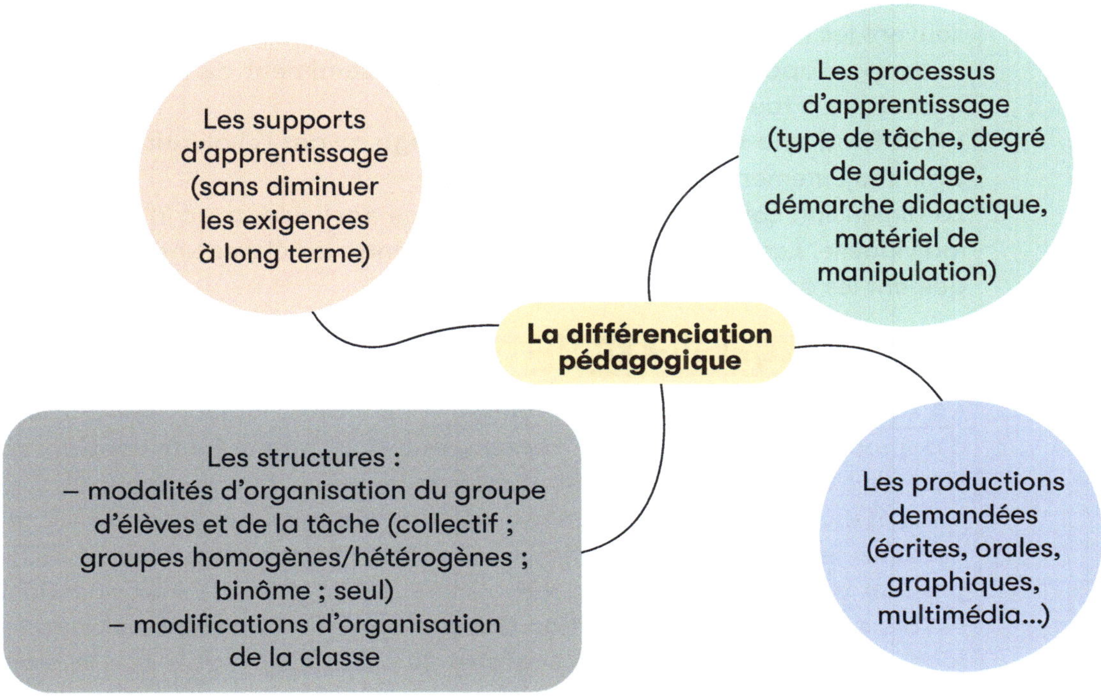

Pour qui doit-on différencier ?

• Pour les élèves ayant des acquis différents : que révèlent les évaluations diagnostiques mises en œuvre ?

• Pour les élèves ayant différentes façons d'apprendre.

• Pour les élèves ayant différents rythmes de travail : quels types d'outils ont été ou seront proposés pour que les élèves parviennent à effectuer la tâche dans un délai raisonnable ? Pour que les plus rapides ne s'ennuient pas en classe ?

• Pour les élèves ayant des besoins éducatifs particuliers : quels types d'enrichissements ou de défis seront proposés à ces élèves ? Quelles sont leurs difficultés, leurs capacités ?

Quand doit-on différencier ?

• **Avant une séquence d'apprentissage :** évaluation diagnostique, APC...

• **Pendant une séquence d'apprentissage ou d'entrainement,** après une évaluation formative. Au cours de la séance avant de passer aux exercices d'entrainement, il est judicieux de poser la question aux élèves « avez-vous compris l'exercice et savez-vous le réaliser seul ? ». Cette question leur permet de s'autoévaluer : « Suis-je en capacité de le faire, ai-je compris la consigne et les différentes étapes ?... Pour les élèves qui nécessiteraient de l'aide, il est préférable de les regrouper ensemble (par exemple : sur une table de besoins en fond de classe, sur le banc sous le tableau, assis au sol ... L'important est de rassembler les élèves en difficulté pour éviter de se déplacer de table en table et de répéter souvent les mêmes conseils. Vous optimisez ainsi votre temps, augmentez le temps d'apprentissage des élèves et leur sentiment de compétences, nécessaire à tout apprentissage.

• **À la fin d'une séquence d'apprentissage**, avant l'évaluation sommative : réajustement, consolidation.

La dimension collective doit en permanence s'articuler avec la dimension individuelle. Les situations de coopération entre les élèves enrichiront largement les apprentissages.

5. AMENER L'ÉLÈVE À CONSTRUIRE DES SAVOIRS

• **À savoir :** Les élèves d'une classe ont naturellement des profils d'apprenants différents que l'enseignant doit prendre en considération pour que tous apprennent et mémorisent des connaissances et des compétences nouvelles et variées inscrites dans les programmes. Pour certains, le fait d'écouter en classe est suffisant pour enregistrer et s'approprier une notion ; pour d'autres, un véritable effort de mémorisation est nécessaire. **La mémorisation des notions et compétences travaillées conditionne la réussite scolaire** : il est indispensable que le professeur enseigne des stratégies et instaure des moments d'entrainement avec des temps dédiés à la mémorisation en classe afin de permettre à tous de réussir.

Pourquoi s'intéresser à la mémorisation ?

La mémoire est centrale dans l'apprentissage. Il n'y a pas d'apprentissage sans mémoire puisqu'elle sert de système de stockage et de réactivation des connaissances acquises. La mémoire n'est malheureusement pas instantanée mais dynamique, ce qui signifie que l'enseignant doit programmer le bon dosage d'entrainement pour conduire à la mémorisation donc à un apprentissage. Il existe plusieurs types de mémoire ; dès la première rencontre avec une information, l'élève l'enregistre immédiatement dans la mémoire sensorielle (auditive, visuelle, kinesthésique) ; si l'information est correctement stockée dans la mémoire de travail, elle est transférée alors dans la mémoire à long terme.

NOTRE CONSEIL

Compte tenu de ces informations et de l'hétérogénéité normale des élèves de votre classe, ils n'en sont donc pas tous au même stade de mémorisation lorsque vous proposez un exercice.
La mémorisation passe en premier lieu par les sens. Donnez donc plus de place à la manipulation et à l'expression orale des élèves, premier stade de mémorisation de l'information.

Quelles sont les étapes du processus d'apprentissage ?

Le processus d'apprentissage de vos élèves va se dérouler en plusieurs étapes sur lesquelles repose le déroulement de la séquence que vous avez construite :

- **l'entrée dans la séance :** sert à introduire la notion, c'est-à-dire l'objet d'apprentissage recherché (« qu'est-ce que je veux que mes élèves apprennent ? »). Cette première phase se déroule par un rappel à l'oral des connaissances et la confrontation à une situation problème. Ce rappel est indispensable. Mais attention, il va convoquer pour certains élèves leur mémoire à long terme (ce qui est acquis), pendant que d'autres s'appuieront sur leur mémoire sensorielle (quelques bribes de connaissances) ;
- **la mise en réflexion :** permet à l'apprenant d'utiliser son « déjà-là » (connaissances et compétences déjà acquises) pour construire de nouvelles connaissances et développer de nouvelles compétences. La recherche individuelle et en groupe est importante pour stimuler la réflexion, et amener l'élève à construire et intégrer de nouvelles démarches. Ces dernières en cours d'intégration sont le cœur de l'apprentissage. Le « feedback », c'est-à-dire la place donnée par l'enseignant pour accueillir et traiter les erreurs des élèves est essentielle ; ce retour sur informations est bénéfique à l'élève pour comprendre ses erreurs et celles de ses pairs et ajuster leurs futures réponses ;
- **l'institutionnalisation :** consiste en la mise en forme par l'apprenant puis par le collectif de l'objet d'apprentissage (« qu'est-ce que j'ai appris, qu'est-ce que je retiens ?) ; cette phase donne lieu à un bilan oral systématique et une trace écrite (ou le retour à celle précédemment écrite) ;
- **l'entrainement :** permet à l'apprenant de développer des automatismes ;
- **le réinvestissement :** témoigne de la capacité de l'apprenant à mobiliser la compétence travaillée dans un contexte plus large et différé dans le temps, ce qui témoigne de l'automatisation effective de la connaissance.

Tout au long de ce processus intervient la mémorisation, pour stocker progressivement les données précises, indispensables à la maitrise de la compétence travaillée : vocabulaire spécifique, terminaisons, règles, étapes du processus à mettre en place... De nombreux élèves, au fil des séances d'une séquence, les mémoriseront facilement sans effort particulier ; le fait d'être attentif tout au long de la séquence leur suffit à mémoriser. Pour d'autres, suivre la séance n'induit pas la mémorisation. On entend souvent des enseignants se désespérer de certains élèves qui ne parviennent toujours pas à mettre en place la stratégie travaillée depuis plusieurs séances et se demandant « Mais que faire ? ».

Comment amener les élèves à mémoriser ?

• **Le premier axe** indispensable est de **rendre explicites les connaissances** devant être mémorisées. Certains élèves ne voient pas par eux-mêmes ce qu'il est nécessaire de retenir par cœur. L'enseignant doit veiller à l'expliciter avec des mots précis : « **Il y a une chose à retenir par cœur, c'est..., car...** ».

Par exemple : « Maintenant que nous avons découvert les terminaisons des verbes du 1er groupe au présent, vous allez les apprendre par cœur car, à chaque fois que vous écrirez une phrase au présent avec un de ces verbes, vous en aurez besoin ; vous chercherez dans votre mémoire la bonne terminaison et éviterez ainsi les erreurs d'orthographe. »
ou « Maintenant que nous avons découvert des techniques pour identifier le verbe conjugué, apprenez-les par cœur car vous allez en avoir besoin pour faire les exercices. »

Cette explication s'accompagne immédiatement d'exemples pour que les élèves comprennent l'intérêt de cet apprentissage et son utilisation concrète, en appui sur la trace écrite, rappelée autant que de besoin. La perspective de l'utilité de la connaissance facilite la motivation de l'élève.

• **Le deuxième axe** est de **prendre le temps de la mémorisation en classe.** Bien souvent, le travail de mémorisation est reporté sur les parents par le biais du travail à la maison, ce qui contribue à creuser le fossé entre les élèves. Si les parents sont dans l'incapacité d'aider leur enfant pour les devoirs, celui-ci se retrouve seul face à une tâche complexe, qu'il n'est pas en mesure de réaliser sans accompagnement.

De retour en classe, alors que d'autres savent, lui ne sait pas : c'est le début du sentiment d'incompétence, qui peut ouvrir la voie à l'échec scolaire. Il est donc indispensable de prévoir, au cours de vos séances, des moments de mémorisation. Ceux-ci peuvent être collectifs, en petits groupes, en binôme, en APC : l'important est que chaque élève fasse l'effort de la mémorisation en ayant à ses côtés d'autres apprenants pour le guider, l'encourager et le stimuler.

Effet positif important : de tels moments d'entraide contribuent à la construction d'un climat de classe serein, bénéfique aux apprentissages.

NOTRE CONSEIL

Lorsque vous donnez des devoirs, évitez de faire noter simplement « Apprendre la leçon ». Ce verbe, « apprendre » n'explique pas clairement vos attendus. Y a-t-il des points à connaitre par cœur ? Faut-il savoir écrire certains mots sans erreur ? L'élève doit-il être capable d'appliquer, sans regarder la leçon, la procédure explicitée ? Doit-il être capable d'expliquer avec ses mots le déroulement de tel événement en histoire par exemple ? Être précis vous évitera de nombreux malentendus, avec les élèves mais aussi avec les parents désireux d'accompagner au mieux leur enfant.
Et bien entendu, si une leçon est à « apprendre » à la maison, un premier travail de mémorisation doit déjà avoir été effectué en classe.

• **Le troisième axe** est de **donner aux élèves des stratégies de mémorisation**. Questionnez vos élèves pour savoir quelles méthodes ils utilisent pour apprendre une poésie, une leçon, les tables de multiplication… Faites-en une liste, enrichissez-la avec vos techniques, et invitez le groupe à expérimenter telle ou telle méthode. Chacun pourra ainsi identifier ce qui lui convient le mieux, ce qui lui parait le plus efficace. Cette liste mise au propre sera très utile pour les élèves et leurs parents lors du travail à la maison : une boite à outils rendant explicites des techniques efficientes.

EN PRATIQUE

Est-ce que je peux donner une poésie en entier à apprendre à la maison ?

Comme tout apprentissage, une poésie doit déjà être travaillée en classe. Le texte sera d'abord étudié à l'école, pour vous assurer qu'il est compris par les élèves et que la mémorisation est engagée. En CP et CE1, la poésie est entièrement apprise en classe ; le travail à la maison vient renforcer la mémorisation.
La longueur du texte doit être adaptée au niveau de votre classe. Une poésie s'apprend généralement en plusieurs fois, à moins que le texte ne soit court. Vous pouvez adapter le nombre de vers à apprendre en fonction des élèves : cette différenciation permettra à chacun de faire l'effort de mémorisation et d'être en réussite.

MÉMENTO

Quelles méthodes utiliser pour apprendre une poésie ?

De nombreuses méthodes peuvent être testées avec vos élèves :

• Répéter à voix haute plusieurs fois un vers, puis deux, puis trois…
• Lire un vers et écrire les mots dans sa tête.
• Mimer chaque vers en le lisant à voix haute.
• Écrire une strophe de la poésie au tableau, la lire ; effacer un mot, la lire à nouveau ; effacer un autre mot, la relire, etc. jusqu'à ce qu'il n'y ait plus aucun mot écrit.
• Chanter le texte sur une mélodie connue.
• Rapper le texte (permet de mettre en valeur le rythme des mots).
• Surligner un vers sur deux d'une même couleur (aide au repérage).
• Dessiner, de manière schématique, chaque vers tout en le disant ; s'aider de la planche de dessins obtenus pour réciter le texte en entier.

Il est important d'expliquer aux élèves que **l'ancrage dans la mémoire résulte du processus de répétition** : je commence à apprendre un jour ; le lendemain, je revois et je continue ; le surlendemain, je revois et je continue etc.

6. ÉVALUER SES ÉLÈVES

Évaluations nationales

Quelle que soit votre classe d'affectation, vous ferez passer à vos élèves les évaluations nationales en septembre, selon le calendrier et les contenus donnés par le ministère. En effet, elles évaluent chaque année en septembre les acquis des élèves de toutes les classes, du CP à la 3e, à partir de tests standardisés, en français et en mathématiques. Elles vont vous fournir, dès la rentrée, des repères sur les acquisitions et difficultés de vos élèves et les aides à leur apporter pour mieux répondre à leurs besoins.

Vous allez les faire passer dans la classe, les corriger et saisir les résultats sur une plateforme numérique. Dès la publication des résultats, vous organisez un retour à chaque famille. En parallèle, dans chaque école, un conseil des maitres y est consacré pour analyser les résultats et envisager des évolutions de pratiques, avec la perspective de faire évoluer les résultats d'une année sur l'autre. Parmi les décisions de l'équipe, il peut être décidé, par exemple, de réaliser des APC par compétences et non par classe, de rédiger des progressions de cycle, d'harmoniser les outils (bande numérique, alphabétique,...), de choisir un manuel commun pour un cycle... Considérez ces évaluations comme diagnostic et utilisez les exercices de remédiation, créés par le site Eduscol, pour vous permettre d'analyser les erreurs de vos élèves et leur proposer des exercices ciblés. Ces derniers devront être pratiqués régulièrement sur une durée de plusieurs mois pour constater des progrès. Cette durée est nécessaire et en lien avec les recherches sur les sciences cognitives.

Évaluation d'école

Toutes les écoles sont désormais évaluées tous les 5 ans, selon un déroulé fourni par le ministère. Ce processus commence par une évaluation interne de la communauté éducative, à partir d'une liste d'indicateurs et des actions en cours (projets, résultats des élèves,...). Ensuite, une équipe d'évaluateurs externes, composée uniquement de personnels de l'Éducation nationale, viendra interroger certains membres de la communauté éducative. S'ensuivra un rapport final mettant en lumière les réussites, lignes de forces de l'équipe et des points d'amélioration. Ce rapport servira de base pour la rédaction du projet d'école.

Si vous êtes affecté dans une école en évaluation, pas de panique. Le dispositif est réalisé en équipe. Le travail collaboratif entre collègues vous permettra en plus d'échanger et de mutualiser des pratiques professionnelles.

Évaluation de vos élèves

L'évaluation ne se passe pas qu'en fin de séquence d'apprentissage, avec un travail écrit. L'évaluation doit être régulière pour guider la construction de votre séquence. De manière générale, l'évaluation pilote réellement vos activités car elle vous fournit les informations indispensables pour vérifier que vos élèves apprennent et réajuster le niveau et le nombre des exercices d'entrainement, l'explicitation, la manipulation... Repérez dans la classe 2 ou 3 élèves dont le milieu familial n'est pas facilitateur de construction de connaissances scolaires pour valider la pertinence de vos activités. S'ils apprennent, c'est que votre enseignement est explicite, que vous proposez suffisamment d'étayage et d'entrainement, continuez. Dans le cas contraire, il est nécessaire de modifier certaines phases de vos séances, de leur fournir plus d'explicitations, de ralentir certaines étapes, d'ajouter de la manipulation... L'évaluation a une fonction régulatrice de la réussite de vos élèves. En évaluant vos élèves, vous évaluez l'efficacité de votre travail.

- **L'évaluation diagnostique :** elle se situe avant le début de la séquence et permet de vérifier où en sont vos élèves dans la maitrise de la notion travaillée. Elle vous fournit véritablement un état des lieux des représentations et connaissances des élèves ;

- **L'évaluation formative :** elle se passe en cours de séquence, simplement en observant la réalisation d'un exercice écrit ou en interrogeant les élèves à l'oral ou avec l'ardoise. L'ardoise permet de voir rapidement ce que vos élèves ont retenu. La correction immédiate de chaque item est privilégiée comme le montrent les recherches en neuro-éducation. Ce « feedback » immédiat permet à l'élève de réajuster sa procédure opératoire. La correction ne doit pas être uniquement la communication d'un résultat mais l'explicitation de toute la procédure pour y arriver. L'évaluation formative permet de repérer les élèves en difficulté et de les prendre en compte dans la suite de la séquence en mettant en place un travail différencié : vous travaillerez avec ce petit groupe pour renforcer leurs compétences pendant que les autres seront en autonomie. Elle peut également permettre d'identifier les élèves qui participeront aux APC.

- **L'évaluation sommative :** elle termine chaque séquence d'apprentissage et évalue le niveau de maitrise des compétences travaillées (non atteint, partiellement atteint, atteint, dépassé). Les compétences travaillées sont notées sur l'évaluation.

En maternelle, l'évaluation est dite positive depuis les programmes de 2015. Elle insiste sur le chemin parcouru par l'élève et pointe ses progrès pour l'encourager dans ses apprentissages.

En conclusion, que ce soit en maternelle ou en élémentaire, **l'évaluation permet de réguler votre enseignement.** L'encouragement permet à l'élève de prendre confiance dans ses capacités en développant le sentiment de compétences.

7. ENSEIGNER EN MATERNELLE

• **À savoir :** La maternelle est la première école et étape du parcours de l'élève. En accueillant les enfants dès l'âge de 3 ans (voire 2 ans), elle nécessite de prendre véritablement en compte le rythme de développement de l'enfant et ses besoins physiologiques, sociaux et affectifs, moteurs, sensoriels et cognitifs. Il est important que vous les connaissiez pour proposer des activités adaptées. L'investissement de l'élève dans les apprentissages, en maternelle puis après, dépend en partie de ses premiers pas à l'école.

L'école maternelle va « transformer » l'enfant, très centré sur lui-même en petite section, en élève.
On parle de « **devenir élève** » dans les programmes de 2008. Cela suppose qu'il comprenne progressivement le rôle et le fonctionnement de l'école, le rôle des personnes, qu'il acquiert des attitudes d'élève (« apprendre à apprendre », « apprendre à penser »...). C'est au travers des activités que vous proposerez et de vos gestes professionnels que cette évolution va s'opérer au fur et à mesure.

Pour les parents, la maternelle est le **premier contact avec l'institution.** Vous veillerez à accueillir chaque famille, à lui faire découvrir et comprendre l'école. Certains parents sont parfois allés peu à l'école, certains dans une autre culture. Dans la plus grande majorité des cas, ils ont à cœur de faire réussir leurs enfants mais peuvent éprouver des difficultés de compréhension et des difficultés personnelles. Pour ces familles éloignées de l'école, votre action est primordiale pour rendre l'école accueillante et compréhensible.

Pour un petit nombre d'entre elles, vous allez être le premier à pointer des difficultés d'entrée dans les apprentissages. Si cela est réel, c'est faire en quelque sorte le deuil de l'enfant rêvé pour les parents. Il convient de parler avec précaution et de vous faire aider pour trouver les mots justes qui rendent compte de la situation tout en proposant des dispositifs d'aide.

La séparation du matin des élèves de petite section avec leurs parents est parfois difficile : les pleurs marquent une inquiétude quand le parent part ou quand l'enfant se rend compte de son absence. Dans tous les cas, vous devez rassurer l'enfant (« *Je te comprends, tu es triste, maman / papa reviendra ce soir te chercher.* »). Ne pas nier la douleur, rassurer, consoler, donner des repères de temps sur l'horloge de la classe, sur la frise de la journée, accepter le doudou, donner la main, asseoir l'enfant près de vous... Les pleurs finiront par s'atténuer et recommenceront peut-être au retour des vacances scolaires suivantes.

Le temps d'attention des élèves en maternelle est assez court : environ 5 minutes en PS, 10 minutes en MS, 15 minutes en GS. Vous pourriez bien sûr les laisser plus longtemps sur une activité, mais vous constateriez rapidement le désintérêt progressif. Cette durée d'attention vous impose de changer très souvent d'activité.

L'aménagement de l'espace revêt un caractère important en maternelle. Il permet de rassurer l'enfant qui doit toujours pouvoir voir l'adulte dans la classe (pas de meuble haut au milieu de la pièce). Il doit répondre au besoin de mouvement (il est inutile d'avoir une table par élève en maternelle).
Toutes les activités s'appuient sur la **manipulation** qui stimule la curiosité et multiplie les occasions d'expériences sensorielles, motrices, relationnelles et cognitives, propres à cet âge. En milieu de GS uniquement, le travail sur fiche permettra le passage du concret vers l'abstrait tout en démarrant systématiquement par une phase de manipulation.

L'école maternelle est une école qui s'adapte aux jeunes enfants et qui organise des modalités spécifiques d'apprentissage : apprendre en jouant, en résolvant des problèmes, en s'exerçant, en mémorisant et se remémorant.
L'école maternelle est **l'école du langage et de l'épanouissement** avec des modalités adaptées au jeune enfant.

B COMMENT GÉRER LA CLASSE **AU QUOTIDIEN ?**

Les informations sont nombreuses en début de carrière ! Peut-être vous sentez-vous submergé par toutes les dimensions de votre nouveau métier. Ne soyez pas inquiet : vous allez peu à peu intégrer tous ces éléments dans votre routine professionnelle et votre charge cognitive va diminuer. Pour vous aider à organiser la vie de votre classe et en faciliter la mise en route, voici une liste de points de vigilance sur lesquels porter votre attention.

1. METTRE EN PLACE ET FAIRE VIVRE LES 3 R : RESPONSABILITÉS, RÈGLES ET ROUTINES

Définir des responsabilités pour que les élèves s'investissent et soient acteurs du fonctionnement de la classe ; fixer des règles pour garantir un climat de classe propice à l'investissement et au travail de tous, dans le respect des différences ; organiser des routines pour que les élèves trouvent des repères et gagnent en autonomie. Ce cadre, qui permet au groupe de fonctionner en toute sérénité, doit être évalué régulièrement par le groupe et modifié dès que le besoin s'en fait sentir (voir également **partie 3-C** « Construire le groupe »).

2. ÊTRE EXIGEANT SUR LE SOIN DANS LE TRAVAIL ÉCRIT

Ne vous dites surtout pas : « *Ils écrivent très mal et font des ratures partout, mais on verra ça plus tard !* », les élèves guettent vos réactions ; il vous faut être exigeant dès les premiers écrits. Les élèves doivent suivre vos consignes de présentation, de couleur pour souligner, de qualité d'écriture. Si vous donnez une consigne, que certains ne la suivent pas et que vous ne dites rien, vous montrez au groupe qu'il n'est pas obligé de répondre à vos demandes. **Votre exigence, bienveillante en ce début d'année, vous positionne comme l'enseignant de la classe.**

Bien entendu, pour être crédible dans vos demandes de soin dans le travail écrit, il faut que, vous-même, vous soyez irréprochable sur ce point : écriture cursive soignée, lettres correctement formées et respectant les hauteurs d'interlignes, outil bien tenu, traits tirés à la règle. **Entrainez-vous pour retrouver ces gestes graphiques, sur feuille et au tableau :** vous trouverez aisément des modèles sur Internet. Quand vous écrivez au tableau, prenez votre temps, que vos élèves voient votre application, et verbalisez vos gestes : votre attitude les amènera à faire de même. La maitrise de l'écriture cursive fait partie des compétences de l'enseignant et vos élèves seront attentifs à cet élément qui contribue à votre statut.

3. ÊTRE EXIGEANT SUR LA QUALITÉ DU LANGAGE

Le langage est le support de toutes les activités. Il vous appartient d'utiliser un langage précis : utilisez les mots justes, faites les répéter et utiliser systématiquement par les élèves pour justifier leur réponse (conjugaison, infinitif, dénombrer...). Reprenez les élèves qui s'expriment approximativement. Certains ne rencontrent cette exigence et cette précision langagières qu'à l'école. Il est important que vous soyez un modèle de paroles et veillez à la qualité de production langagière de tous vos élèves.

4. SUSCITER L'ATTENTION DES ÉLÈVES

Comme mentionné dans le chapitre sur les sciences cognitives (voir **partie 4-A 1**), l'attention des élèves est nécessaire pour déclencher l'apprentissage ; elle en constitue l'un des piliers. Les gestes professionnels du professeur vont largement contribuer à développer cette attention.

Travailler sa posture

L'enseignant doit **être mobile** et se déplacer dans la classe que ce soit pour le temps de leçon ou pour les exercices : la présence physique du maitre conditionne le positionnement et le comportement d'élève. En maternelle, il ne faut pas hésiter à s'asseoir à côté d'un élève perturbateur ; cela permet de le canaliser et de lui montrer l'importance qu'on lui donne. L'enseignant travaillera aussi son **regard périphérique** pour identifier les élèves qui ne sont pas attentifs et utilisera des gestes pour attirer le regard ainsi que des **signes non-verbaux** (par exemple : toucher léger de l'épaule, clin d'œil, sourire, claquement de la bouche...).

La **voix** est un outil précieux à prendre en considération. La moduler en variant le rythme du débit de parole, l'intensité, la tonalité permet de rompre la monotonie du discours et facilite l'attention des élèves.

Enfin, il est indispensable de faire preuve de **dynamisme**, de **sourire**, de **stimuler** (*« Vous pouvez tous trouver une solution, levez la main dès que vous l'avez trouvée » ; « Il me faut plus de doigts levés ! »*) et ne pas hésiter à **faire rire**.

Supprimer les distracteurs potentiels

Pour commencer une nouvelle séance et se lancer plus sereinement dans les tâches à venir, demandez aux élèves de laisser sur leur table uniquement le matériel nécessaire à l'activité. Cela leur permet, d'une part, de réfléchir aux outils/matériels utiles pour les activités à réaliser (par exemple : « Ai-je besoin de la bande numérique sur la table pour apprendre à lire ? », ...) et, d'autre part, d'aider à focaliser leur attention. Si nécessaire, confisquez provisoirement tout objet qui n'a rien à voir avec la leçon (livres, revues, ardoise, feuilles de dessin, jouet, taille-crayon...).

Définir avec les élèves ce qu'est « l'attention »

Les apprentissages nécessitent un effort pour les élèves : il est nécessaire de leur mentionner en amont et de les encourager pour susciter leur engagement. Leur expliciter **l'attitude d'écoute et d'attention**, c'est-à-dire ce que vous attendez en termes de posture d'élève lors d'une leçon, par exemple. Le rappeler régulièrement. Expliquer les raisons scientifiques par rapport au fonctionnement du cerveau. Dès la MS, les élèves peuvent comprendre le fonctionnement du cerveau à partir d'un vocabulaire simplifié et de vidéos éventuellement.

Créer un horizon d'attente de savoirs chez l'élève

L'élève a besoin de se projeter compte tenu des efforts qui lui sont demandés. Donnez systématiquement **l'objectif d'apprentissage** en veillant à le formuler avec peu de mots bien réfléchis en amont pour être concis et précis. Vous gagnerez aussi l'attention des élèves si vous mentionnez l'utilité ultérieure de l'apprentissage en cours pour des apprentissages plus complexes (par exemple : « Cela te servira pour apprendre à lire ») et de manière plus générale dans la vie courante : « tu vas apprendre à... ; cela va te servir à... ; à la fin de la séance, tu sauras... ».

Interrogez systématiquement plusieurs élèves, y compris si la bonne réponse a déjà été énoncée. Lorsque vous posez une question, motivez les élèves en leur disant qu'ils sont tous capables de trouver une réponse et félicitez sans attendre les premiers doigts levés pour en susciter d'autres. Ne jamais mentionner à l'élève : « Cette réponse a déjà été donnée. » car vous pourriez empêcher sa participation sur une prochaine activité. Votre objectif est que tous participent, y compris si leur réponse est identique ou synonyme. En effet, pour certains élèves, répéter ou copier une réponse est déjà un premier pas de participation à l'oral.

5. CORRIGER LE TRAVAIL ÉCRIT

Les exercices d'application, les leçons et poésies : tout ce que vos élèves écrivent doit être corrigé. Les corrections peuvent se faire collectivement dans le cas d'exercices d'application, ou de manière autonome avec des exercices autocorrectifs, mais vous devez toutefois vérifier que chacun a correctement pris la correction. Les leçons et poésies que les élèves doivent apprendre doivent être corrigées avec soin. Si un élève fait beaucoup d'erreurs de copie, écrit très lentement et n'arrive pas au bout de son travail, ou a une écriture peu lisible en raison de difficultés de maitrise du geste d'écriture, prévoyez une version dactylographiée à coller à la suite de son travail.

La correction des cahiers, sauf en cas de remédiation immédiate, ne se fait pas sur le temps devant élèves. Prévoyez dans chacune de vos journées un temps de corrections : le midi, en fin de journée ou le matin avant la classe. Pour corriger, choisissez la couleur de stylo que vous voulez du moment qu'elle se distingue bien du bleu utilisé par les élèves. Que ce soit du rouge, du violet ou du rose, l'important est **la précision et la bienveillance de vos commentaires**.

6. ORGANISER CHAQUE SEMAINE UNE RÉUNION DE CLASSE DANS LE CADRE DE L'EMC

Ce moment de discussion collective est important pour **construire la vie du groupe** et amener les élèves à être **acteurs du fonctionnement de la classe**. Élèves comme enseignant peuvent y prendre la parole et exprimer ce qui les contrarie, ce qui leur plait, ce qu'ils aimeraient voir évoluer. Chacun peut exprimer son ressenti, sans jugement de la part des autres.

La réunion de classe est aussi l'occasion de reprendre les règles de fonctionnement du groupe, de les affiner et compléter si besoin. Elle peut être l'occasion de définir de nouvelles responsabilités qui sont apparues comme nécessaires dans la vie quotidienne de la classe (par exemple, un « électricien » pour éteindre les lumières en sortant de classe).

Cette réunion est l'occasion de parler du comportement de certains, sans les humilier, avec douceur et bienveillance, pour qu'ils prennent conscience que leur comportement ne dérange pas que l'enseignant, mais aussi les autres élèves. Le retour du groupe, assorti de l'expression de la confiance de tous en leur capacité à progresser, les aidera à faire évoluer leur positionnement.

Les élèves peuvent faire des propositions de projets, d'achats pour la classe ; les décisions sont prises de manière démocratique, par un vote à main levée. L'enseignant veille à ce que les idées soient compatibles avec les objectifs scolaires, les contenus des programmes et la sécurité des élèves. Si un projet est voté à la majorité, il s'engage à le mettre en œuvre et y associe les élèves.

7. INFORMER LES PARENTS DES PROGRÈS ET DIFFICULTÉS DE LEUR ENFANT

Votre mission vous impose d'informer régulièrement les parents du travail de leur enfant. La fréquence d'édition du LSU (livret scolaire unique) en élémentaire et du cahier de suivi des apprentissages en maternelle, 2 ou 3 fois par an selon les écoles, n'est pas suffisante pour garantir cette régularité.

En élémentaire, donnez régulièrement le cahier du jour à faire signer aux parents. Transmettez-le au minimum toutes les deux semaines et assurez-vous que les parents le signent bien. Faites également signer les évaluations au fil de leur réalisation, ainsi les parents seront informés des réussites et des difficultés de leur enfant.

En maternelle, donnez le cahier de vie à signer toutes les 2 à 3 semaines. Expliquez aux parents pourquoi il est important de regarder le cahier avec son enfant, de valoriser son travail, de l'amener à verbaliser les activités. Donnez les travaux de peinture au fur et à mesure, sauf si vous prévoyez une exposition. Cela évite de stocker les productions à l'école et donne l'opportunité à l'enfant d'expliquer sa réalisation quand l'activité est encore fraiche dans sa mémoire. Donner une peinture de l'automne fin juin a peu de sens pour l'enfant !

8. DONNER DES DEVOIRS, OUI, MAIS PAS TROP

Les devoirs ne concernent que les élèves d'école élémentaire. Pour rappel, il est interdit de donner des devoirs écrits à faire à la maison. Cette règle a été mise en place pour éviter la dérive des séries d'exercices de manuel à faire à la maison, sous la responsabilité des parents. Afin de garantir l'équité d'entrainement des élèves, les exercices d'application doivent absolument être faits en classe. Pour autant, écrire quelques mots n'est pas interdit : l'important est que l'élève puisse **faire son travail en autonomie.**

Les devoirs doivent permettre aux élèves de revenir sur des notions travaillées afin d'en favoriser la mémorisation et aux parents de suivre les apprentissages de leur enfant. La mémorisation doit impérativement être initiée en classe pour que l'élève puisse travailler réellement en autonomie à la maison. Il est nécessaire de travailler avec les élèves la méthodologie du « Comment apprendre ? » afin que chacun s'approprie des procédures de mémorisation et puisse être autonome.

Le temps consacré aux devoirs ne doit pas excéder **20 minutes en cycle 2, 40 minutes en cycle 3**. Demandez conseil à vos collègues pour connaitre les habitudes de l'école.

En cycle 3, afin de commencer à préparer les élèves au collège en leur apprenant à s'organiser et à s'avancer, les devoirs peuvent être donnés plusieurs jours à l'avance. En CM2, l'enseignant peut commencer à donner, ponctuellement, des exercices écrits. Tout travail écrit donné à la maison doit être corrigé en classe, soit collectivement, soit individuellement.

MÉMENTO

Vous pouvez donner :

- une leçon à relire / apprendre
- une poésie / chanson à apprendre
- des mots à apprendre à écrire (mots invariables, mots fréquents). Leur orthographe pourra être mémorisée en lisant les mots, en les épelant ou en les écrivant
- un texte à relire
- des calculs à mémoriser (tables d'additions, compléments à 10, tables de multiplications...).

EN PRATIQUE

**Un de mes élèves ne fait jamais ses devoirs.
Que puis-je faire ?**

Si ce sont les leçons ou poésies qui ne sont pas apprises, invitez les parents à venir vous rencontrer afin de les alerter et de leur expliquer que ce manque d'investissement et de suivi risque de mettre leur enfant en difficulté. Si ceux-ci vous disent ne pas être disponibles pour veiller au travail de leur enfant, encouragez-les à l'inscrire à l'étude.
Si ce sont des devoirs écrits qui ne sont pas faits, vérifiez que les parents ont bien été informés par l'enfant des devoirs écrits qu'il devait faire et informez-les de cette absence de travail. Vous ne pouvez en rien punir l'élève, les devoirs écrits étant interdits. Vous pouvez cependant lui donner ce devoir à faire en classe, s'il a terminé son travail.

9. METTRE LES ANNIVERSAIRES ET ÉVÉNEMENTS FESTIFS AU SERVICE DES APPRENTISSAGES

Les anniversaires peuvent être fêtés en classe, si cela se fait dans votre école. Tout comme les événements festifs (carnaval, fête de la musique...), ils contribuent à se repérer dans le temps et sont propices à la construction d'un climat de classe serein. Ils peuvent être de véritables moments d'apprentissage, dès lors que vous profitez de ces occasions pour mobiliser les compétences de vos élèves : compter les bougies, trouver en combien de parts chaque gâteau doit être découpé, distribuer les assiettes en les dénombrant à voix haute, chanter ensemble une chanson pour se dire bon appétit dans toutes les langues parlées par les élèves de la classe, écrire un court texte pour raconter l'événement, réaliser un dessin pour illustrer l'événement et y ajouter une légende, réaliser une affiche en amont pour annoncer l'événement et en faire la promotion dans l'école, rédiger une invitation pour les parents et la mettre en forme à l'ordinateur... Ces événements sont propices à la construction de nombreuses compétences de domaines divers. Saisissez-vous en, leur caractère exceptionnel et festif est une source de motivation forte pour les élèves et donne un sens concret aux apprentissages !

10. POUR LES SORTIES SCOLAIRES, VEILLER AU RESPECT DU CADRE LÉGAL

Les sorties scolaires sont une source de construction de connaissances interdisciplinaires ancrées dans un projet de classe défini en amont. Elles sont organisées par l'enseignant dans un objectif pédagogique fixé à l'avance, en conformité avec les attendus des programmes du cycle.
La famille doit être informée précisément des conditions d'organisation de la sortie. **Si celle-ci déborde du temps scolaire, par exemple sur la période méridienne, les parents doivent signer une autorisation de participation à la sortie.**

EN PRATIQUE

Chaque sortie doit-elle faire l'objet d'un projet ?

OUI, car le projet donne du sens à votre sortie quelle qu'en soit la durée et relie les activités et les apprentissages entre eux. Il est nécessaire de le rédiger en amont car, dans tout projet, résident un avant, un pendant et un après. C'est la raison pour laquelle certaines circonscriptions peuvent refuser une sortie avec nuitées si le titulaire de la classe se désiste au dernier moment. Il s'agit bien d'un séjour pédagogique avec des objectifs.

Pour toute sortie, **vous devez remplir en amont une fiche de demande d'autorisation de sortie sur laquelle figurera le nom de tous les accompagnateurs, que vous transmettrez au directeur** : celui-ci autorisera ou non votre sortie après vérification des conditions de sécurité en vigueur définies par le préfet et le recteur, et de l'intérêt pédagogique.

• Une **sortie régulière** nécessite un déplacement hors de l'école pour assurer un enseignement prévu dans l'emploi du temps (piscine, bibliothèque, gymnase). Le départ et le retour se font à l'école. **La sortie**

régulière est obligatoire. Les parents doivent être informés du lieu, du jour et des horaires de la sortie.

• Une **sortie occasionnelle** permet d'assurer une activité d'enseignement sous une forme et dans un lieu différent : par exemple, la visite d'un monument, d'un musée ou d'un lieu spécifique. La famille doit être informée du lieu, du jour et des horaires de la sortie. Les parents peuvent refuser que leur enfant participe à une sortie occasionnelle si elle dépasse les horaires habituels de la classe, par exemple en englobant la pause méridienne. L'élève qui ne participe pas à la sortie facultative est nécessairement accueilli à l'école dans la classe d'un collègue.

• Un **voyage scolaire** est une sortie facultative comprenant une ou plusieurs nuitées. Sa durée doit rester compatible avec la mise en œuvre des programmes.

TAUX D'ENCADREMENT

Compte tenu des enjeux de sécurité, **il est nécessaire de se reporter aux textes en vigueur au moment de la préparation de la sortie sur les taux d'encadrement et conditions liées au contexte** (utilisation des transports, par exemple). En effet, l'enseignant reste le responsable de la sécurité de ses élèves même s'il est aidé d'accompagnateurs, y compris un parent d'enfant perturbateur.

MÉMENTO

En maternelle :

Quel que soit le type de sortie scolaire

Jusqu'à 16 élèves, la sortie scolaire doit être encadrée par 2 adultes au moins (l'enseignant de la classe + un autre adulte).
À partir du 17ᵉ élève, la présence d'1 adulte supplémentaire pour 8 élèves est nécessaire.
L'autre adulte encadrant peut être l'une des personnes suivantes :

- *un autre enseignant,*
- *l'ATSEM,*
- *un parent.*

Un chauffeur de bus n'est pas considéré comme un encadrant.

En élémentaire :

Sortie scolaire sans nuitée :

Jusqu'à 30 élèves, la sortie scolaire doit être encadrée par 2 adultes au moins (l'enseignant de la classe + un autre adulte).
À partir du 31ᵉ élève, la présence d'1 adulte supplémentaire pour 15 élèves est nécessaire.
*La circulaire du 13/06/23 indique également « Toutefois, à l'école élémentaire, l'enseignant peut se rendre seul avec sa classe, soit à pied, soit en car spécialement affrété pour la sortie scolaire, **sur un lieu situé à proximité de l'école pour une durée globale qui ne dépasse pas la demi-journée de classe.** » La vigilance nous invite à vous conseiller d'éviter au maximum une telle situation qui rendrait complexe la garantie de la sécurité des élèves, notamment lors des déplacements en milieu urbain, et la gestion de toute situation inattendue (élève malade, blessé, manquant à l'appel ; enseignant malade…).*

Voyage scolaire :

Jusqu'à 24 élèves, la sortie scolaire doit être encadrée par 2 adultes au moins (l'enseignant de la classe + un autre adulte).
À partir du 25ᵉ élève, la présence d'1 adulte supplémentaire pour 12 élèves est nécessaire.
L'autre adulte encadrant peut être l'une des personnes suivantes :

- *un autre enseignant,*
- *un parent.*

Un chauffeur de bus n'est pas considéré comme un encadrant.

COMMUNIQUER EN TANT QUE **PROFESSIONNEL**

C

En tant que professionnel ou futur professionnel de l'Éducation nationale, votre communication se doit d'être de qualité. Que ce soit avec vos parents d'élèves ou avec vos supérieurs hiérarchiques, en réunion, en rendez-vous ou par écrit, la qualité de votre communication assoit votre statut de professionnel. Préparez avec grand soin la réunion de parents de rentrée : c'est un moment primordial pour rassurer les parents et obtenir leur adhésion, nécessaire à la cohérence éducative.

1. SE PRÉSENTER EN TANT QUE STAGIAIRE

Le rythme de travail des stagiaires (par exemple, alternance une semaine sur deux ou alternance toutes les trois semaines...) indique souvent aux parents que vous entrez dans le métier. S'ils vous posent la question ouvertement, ne le cachez pas et ayez une réponse argumentée et réfléchie en amont. Ne cherchez pas à mentir. Vous pouvez en parler avec le directeur et vos collègues afin d'avoir un discours commun.

Spécifiez que vous avez passé un concours difficile, que vous avez une licence ou un master, que vous suivez des cours qui vous permettent d'enseigner avec des points issus de la recherche actuelle en éducation, que vous êtes suivi régulièrement par des formateurs qualifiés ce qui garantit le sérieux de votre investissement et de votre réflexion tout au long de l'année.

Ensuite, vous gagnerez la confiance des parents grâce à votre professionnalisme. Être professionnel, c'est d'abord mettre les élèves en sécurité physique (en cas d'incident, prévenez les parents par écrit le jour même ou en téléphonant immédiatement selon la gravité), en sécurité affective, en préparant votre travail avec soin et réflexion, en donnant à lire et regarder des productions (des peintures, des cahiers...), en répondant à leur sollicitation orale et écrite.

En fin d'année, il n'est pas rare que les parents vous témoignent de leur reconnaissance à l'égard de leur enfant même s'ils émettaient des doutes à la rentrée. Vous avez réussi à gagne leur confiance. Bravo !

2. PRÉPARER LA RÉUNION DE PARENTS DE RENTRÉE

La réunion de parents de rentrée est un moment très important. Son bon déroulement est déclencheur de confiance et de sérénité chez les parents, ce qui agit directement sur le bien-être des enfants à l'école. La réunion de parents est LE moment où l'enseignant doit convaincre : convaincre de ses compétences professionnelles, de sa bienveillance, de son exigence, de sa capacité à faire progresser tous les élèves. Il s'agit de vous positionner comme professionnel de l'éducation, parfaitement maitre de la situation, même si c'est votre première rentrée ! Le soin apporté à l'organisation de la réunion, la clarté des contenus et votre attitude sereine sont les éléments majeurs de la réussite d'une réunion de rentrée.

Étape 1. La semaine précédant la réunion de parents

Pour amener les parents à se déplacer, le levier affectif parent-enfant est votre meilleur atout ! L'objectif est d'investir les élèves pour attirer les parents. Faites préparer à vos élèves une production individuelle ou collective, que les parents découvriront en arrivant dans la classe. Les enfants en parleront à leurs parents, ce qui les incitera à venir à la réunion.

Quelques idées :

• Faire réaliser par les élèves une banderole d'accueil et de jolies étiquettes portemanteaux (voir **partie 3-D** « Mettre en œuvre les premières situations d'apprentissage »).

• Leur faire décorer un chevalet avec leur prénom à positionner à leur table habituelle.

• Prendre des photos des élèves à différents moments de la journée, dans diverses situations d'apprentissage, et préparer une présentation numérique qui défilera au début de la réunion, le temps que tous les parents arrivent. Prendre soin de photographier tous les élèves et de montrer la présentation à la classe avant la réunion afin que les élèves en parlent à la maison !

• Faire un montage vidéo qui sera projeté en début de réunion, avec de courtes interviews de vos élèves : « *Que fais-tu à l'école ? Qu'est-ce que tu préfères à l'école ? Pourquoi es-tu heureux de venir à l'école ?* » Là aussi, montrer la vidéo aux élèves en amont afin qu'ils en parlent à leurs parents.

• Faire réaliser à chacun un dessin d'accueil ou écrire une petite lettre d'accueil destinée à ses parents, sur une carte joliment décorée, qui sera déposée sur les tables ou distribuée au début de la réunion.

NOTRE CONSEIL

• Pensez à rappeler que la réunion de parents est destinée aux adultes : les enfants n'y sont pas attendus ! Si certains parents viennent avec leur enfant, évitez de leur proposer d'aller jouer au coin bibliothèque : le fond de la classe risque de se transformer en salle de jeu, bruyante et dérangeante pour tous. Donnez de quoi dessiner à chacun et installez-les à côté de leurs parents.

• Et si un enfant se met à faire un caprice, une colère ? Vous n'êtes pas en situation de gestion de classe, vous n'avez pas la responsabilité des enfants. Demandez au parent de sortir avec l'enfant le temps que celui-ci se calme.

Étape 2. Avant la réunion de parents

Préparer l'espace pour accueillir

La première chose à faire avant de recevoir les parents de vos élèves est de ranger votre classe, et en particulier votre bureau. Un espace bien organisé et rangé renvoie aux parents l'idée que vous n'êtes pas débordé par le quotidien de la classe. Prenez le temps également, avec vos élèves, de ranger correctement leur case. Si vous en avez dans l'école, ajoutez deux bancs en fond de classe : si certains parents viennent à deux, ils ne pourront pas s'installer tous les deux à la table de leur enfant. En maternelle, utilisez les bancs du regroupement et les chaises habituelles.

À l'entrée de la classe, installez une table sur laquelle vous mettrez une liste d'émargement.

Installez tout ce que vous avez préparé avec vos élèves. Il ne vous reste plus qu'à accrocher sur le tableau, ou projeter, une photo de la classe, avec les élèves assis à leur table : votre classe est prête à accueillir les parents d'élèves !

Préparer le contenu

Mener une réunion ne s'improvise pas. Le contenu doit être réfléchi, organisé, afin de transmettre efficacement les informations importantes sans en oublier, et surtout de capter l'attention de votre auditoire, fatigué après une journée de travail. Voici les points importants à aborder :

• **Présentez-vous et présentez les adultes présents auprès des élèves :** ATSEM, AESH, référent pour la cantine, intervenants EPS, musique, arts plastiques si vous avez la chance d'en bénéficier.

• **Présentez le groupe classe :** nombre d'élèves ; nombre de garçons, de filles ; présentation des nouveaux élèves, des élèves en intégration scolaire s'il y en a. Valorisez le groupe : toujours positiver. Évitez de dire « *c'est un groupe classe difficile* », « *le niveau est faible* » : c'est anxiogène pour les parents, et cela n'apporte rien. Que quelques élèves soient difficiles, oui, mais ce n'est jamais le groupe ! Vous pouvez parler de l'hétérogénéité du groupe classe, mais en rassurant les parents : vous allez veiller à ce que chacun progresse, et que personne ne s'ennuie.

• **Posez vos valeurs :** prenez le temps d'expliciter les valeurs que vous développez dans votre classe : la coopération par le travail de groupe, la valorisation de l'erreur comme outil pour comprendre les raisonnements des élèves et comme étape vers la réussite, l'entraide, le respect des différences, la responsabilisation, l'autonomie... Expliquez en quoi ces valeurs sont utiles en classe et comment les développer à la maison (par exemple, savoir boutonner son manteau ou lacer ses chaussures). Ces habiletés développées à la maison aideront l'enfant à se sentir à l'aise à l'école. Explicitez également les lois non négociables et votre intransigeance sur ces points : la violence, les insultes, les moqueries. Donnez un exemple de la manière dont vous gérez ces situations pour rassurer les parents sur votre maitrise et prise en compte de ces difficultés récurrentes à l'école et éventuellement inspirer les parents en manque d'idées !

• **Explicitez le fonctionnement de la classe :** les réunions de classe ; les responsabilités mises en place ; votre système de suivi du comportement...

• **Présentez les programmes :** évitez de rentrer dans le détail des programmes officiels, ce serait ennuyeux pour les parents. Présentez rapidement les différents domaines et les axes forts et insistez sur les éléments caractéristiques du cycle et du niveau. Écrivez au tableau l'adresse électronique du site où les programmes sont consultables : http://www.eduscol.education.fr

• **Présentez les supports d'apprentissages :** cahiers, manuels... Donnez la fréquence des retours de productions et cahiers à la maison ; explicitez l'importance de l'attention des parents à ce qui est fait en classe pour encourager leur enfant dans le travail.

• **Expliquez comment se passe l'évaluation :** présentez le fonctionnement par compétences, le LSU ou le carnet de suivi des apprentissages et la synthèse des acquis selon la maternelle ou l'élémentaire, son fonctionnement, la fréquence de remise, le rôle des parents.

• **Décrivez une journée type :** horaires des récréations, de la cantine ; déplacements dans l'école ; activités quotidiennes (ex : calcul mental, ¼ d'heure lecture...) ; les jours EPS, natation... avec les recommandations pour l'équipement. Expliquez quand sont notés les devoirs, comment est fait le cartable.

• **Exposez les projets et axes forts de l'année :** « projet » ne signifie pas nécessairement « classe transplantée » ! Des défis scientifiques, un axe de travail en littérature autour du loup, une exposition sur les droits de l'enfant.... La présentation de ces projets montre aux parents combien vous vous êtes projeté dans votre

NOTRE CONSEIL

• Nouvellement arrivé à l'école, vous n'avez aucun projet en tête ? Allez voir votre directeur et vos collègues et demandez-leur quelles sont les opportunités sur l'école, la ville, le centre culturel, l'école de musique... Pensez à contacter les structures de proximité (musée, maison de retraite, entreprise...) : de belles visites et rencontres peuvent avoir lieu, de manière très simple, sans aller loin !

• Pensez également aux projets dans l'école, avec les autres classes. Organiser des moments de lecture entre GS et CE1, des exposés de sciences entre deux classes, des ateliers de bricolage entre grands et petits, l'écriture d'une histoire à deux classes, beaucoup d'activités sont possibles !

année et combien vous êtes investi auprès de leurs enfants. N'annoncez que ce que vous êtes certain de réaliser. Si certains de vos projets sont en attente de réponse, présentez-les avec réserve aux parents.

• **Faites un point sur les sorties scolaires :** parlez du besoin de parents accompagnateurs; rappelez que l'enfant est toujours ravi de voir son parent, que cela lui signifie inconsciemment que l'école est importante.

• **Explicitez les conditions du bien-être des enfants :** la réunion de rentrée est l'occasion de faire passer quelques messages éducatifs et de réaffirmer le rôle des parents dans le bien-être de leur enfant. Les parents ont parfois besoin d'entendre l'enseignant formuler des attentes claires pour être pleinement convaincus de leur propre légitimité à avoir certaines exigences avec leur enfant. Développer ce que signifie « bien dormir » et « bien manger » pour un enfant de 3 à 10 ans; donner le nombre d'heures de sommeil recommandées par les médecins selon l'âge de vos élèves et amener les parents à déterminer l'heure de coucher idéale; parler des effets néfastes de l'exposition aux écrans; de l'importance des jeux de société en famille; des effets exceptionnels des discussions en famille pour améliorer la qualité du langage, enrichir le vocabulaire, mieux comprendre en lecture; de l'importance de l'exemplarité pour enrichir le comportement d'un enfant, pour susciter l'envie de lire par exemple : autant de thématiques à soulever pour conforter les parents dans leurs actes éducatifs, et en inciter certains à agir!

• **Concluez :** affirmez votre confiance en les parents : enseignants et parents travaillent ensemble au bien-être et aux progrès de l'enfant. Insistez sur l'importance de la confiance mutuelle et sur le non-jugement : le parent agit à la maison, avec ses compétences parentales et ses contraintes; l'enseignant agit à l'école, avec ses compétences professionnelles et ses contraintes.

NOTRE CONSEIL

À la fin de la réunion, de nombreux parents attendent généralement pour parler personnellement à l'enseignant. Ces entretiens ne sont pas souhaitables : ils sont trop brefs pour être vraiment constructifs, ils ne se font pas dans des conditions de confidentialité satisfaisante et ils retardent beaucoup votre départ de l'école. Aussi, pour éviter cela, prenez les devants en annonçant que vous ne ferez pas d'entretien individuel à la fin de la réunion, mais que vous êtes disponible pour fixer des rendez-vous avec les parents qui le souhaitent.

Étape 3. Pendant la réunion de parents

Les parents vont avoir l'occasion, pour la première fois, de vous observer et de vous écouter longuement. Veillez à mettre une tenue professionnelle et soignée, dans laquelle vous vous sentez bien.
Le premier contact est primordial. Quand les parents arrivent, accueillez-les à l'entrée de la classe avec le sourire, en les regardant dans les yeux et en parlant distinctement, d'un ton enjoué.
Commencez la réunion en remerciant les parents pour leur présence.

Quelques conseils de communication

• Méfiez-vous de votre corps ! En situation de stress, le corps a tendance à se replier, les épaules à tomber, le dos à se courber, les yeux à fuir vers le sol, les mains et les pieds à s'agiter. Ces indicateurs témoignent d'un manque de confiance, qui peut inquiéter les parents. Asseyez-vous ou restez debout selon votre convenance, tenez-vous bien droit, et gardez votre conscience attentive aux mouvements de votre corps.

• Parlez fort, comme devant vos élèves, avec une diction précise.

• Regardez votre auditoire, ne restez pas les yeux sur votre feuille, ce qui ne vous empêche pas d'avoir votre conducteur sous les yeux pour vous guider.

• Ayez le sourire !

• Ne vous rabaissez pas. Au contraire, montrez de la confiance ! **Que vous soyez stagiaire, T1, T2 ou plus, vous êtes avant tout un professionnel et les parents ont besoin d'être rassurés par votre affirmation comme tel.** (voir **partie 4-C** « Se présenter en tant que stagiaire »)

NOTRE CONSEIL

• Pour informer les parents absents, deux possibilités s'offrent à vous :

– Prévoir un compte rendu de réunion et le distribuer le lendemain à leurs enfants. Vous pouvez prévoir, de manière générale, de faire un compte rendu des points importants que vous distribuerez à tous les parents, à coller dans le cahier de liaison, et que vous donnerez aussi à tout nouvel élève.

– Prévenir, dans le mot d'invitation à la réunion, que les parents ne pouvant être présents sont invités à solliciter un parent présent pour leur faire un retour.

• Certains parents ont un rapport difficile avec l'école, souvent lié à leur vécu quand ils étaient enfants, ou à leur origine culturelle. L'école est un endroit où ils se sentent mal, ou pas à leur place. Si leur enfant est un de vos élèves en difficulté (scolaire ou comportementale), ***prévoyez de les inviter à venir vous rencontrer rapidement en période 1***.

3. RECEVOIR DES PARENTS

• **À savoir :** Vous serez amené à recevoir des parents en rendez-vous à de multiples occasions, que ce soit à leur demande ou suite à votre sollicitation. Il est demandé aux enseignants de recevoir les parents au moins 2 fois par an, en comptant la réunion de rentrée comme première rencontre. Des relations régulières et une coopération active entre les familles et l'école favorisent la réussite des enfants.

Si des parents demandent à vous rencontrer, vous ne pouvez pas refuser et vous devez vous rendre disponible à un horaire qui leur convient, en dehors du temps devant élèves. Prévoyez un créneau allant de 20 min à 45 min, selon l'objet de la rencontre : faire cheminer des parents vers les besoins d'une prise en charge extérieure demande plus de temps que faire un bilan de scolarité pour un élève sans difficulté.

Étape 1. L'invitation

Si vous souhaitez rencontrer des parents, invitez-les à venir à l'école en leur proposant des jours et horaires variés. Soignez la qualité de votre écrit et n'oubliez pas de le dater et de le signer.

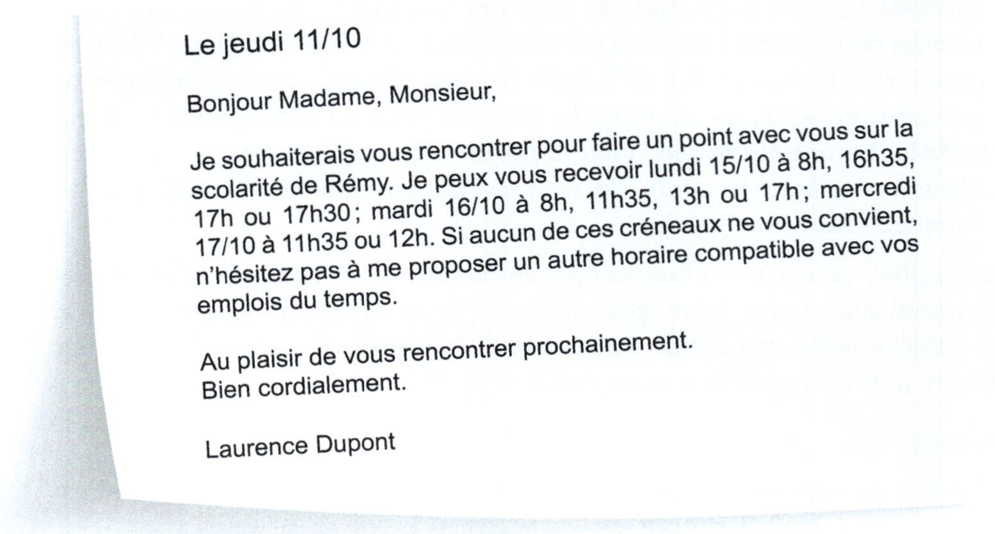
Le jeudi 11/10

Bonjour Madame, Monsieur,

Je souhaiterais vous rencontrer pour faire un point avec vous sur la scolarité de Rémy. Je peux vous recevoir lundi 15/10 à 8h, 16h35, 17h ou 17h30 ; mardi 16/10 à 8h, 11h35, 13h ou 17h ; mercredi 17/10 à 11h35 ou 12h. Si aucun de ces créneaux ne vous convient, n'hésitez pas à me proposer un autre horaire compatible avec vos emplois du temps.

Au plaisir de vous rencontrer prochainement.
Bien cordialement.

Laurence Dupont

Si vous répondez à la sollicitation de parents, répondez avec politesse en faisant part de vos disponibilités.

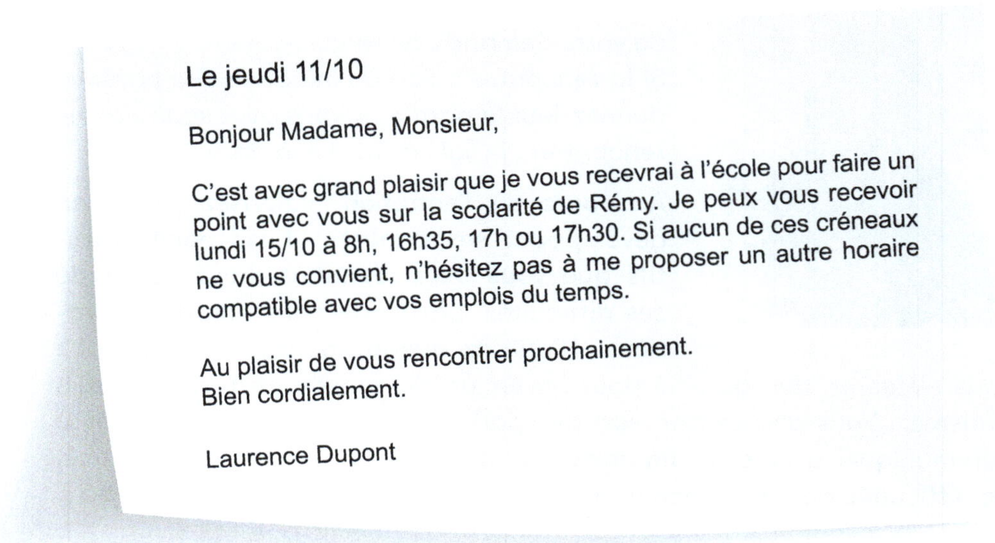
Le jeudi 11/10

Bonjour Madame, Monsieur,

C'est avec grand plaisir que je vous recevrai à l'école pour faire un point avec vous sur la scolarité de Rémy. Je peux vous recevoir lundi 15/10 à 8h, 16h35, 17h ou 17h30. Si aucun de ces créneaux ne vous convient, n'hésitez pas à me proposer un autre horaire compatible avec vos emplois du temps.

Au plaisir de vous rencontrer prochainement.
Bien cordialement.

Laurence Dupont

Étape 2. La préparation de la rencontre

Prenez le temps de réfléchir à ce que vous allez dire aux parents. Faites un point sur l'élève, tant dans son comportement que dans ses résultats. Notez les points positifs et les axes de progrès.
Si vous souhaitez faire part aux parents de votre inquiétude sur un point particulier, rassemblez des pièces pour étayer votre propos : liste d'événements datés qui se sont passés à l'école, relevé de phrases dites par l'élève, cahiers, évaluations. Notez des formulations précises de ce que vous souhaitez dire : vous éviterez des approximations dans votre communication.

Questionnez vos collègues sur l'histoire de l'élève et sur les rendez-vous qui ont eu lieu les années précédentes. Quelles difficultés avaient déjà été identifiées ? L'élève a-t-il déjà été suivi par le RASED ? Un programme personnalisé de réussite éducative (PPRE) a-t-il déjà été mis en place ? Avait-il un suivi à l'extérieur de l'école ? Peut-être des alertes ont déjà été lancées auprès des parents, des demandes de bilan chez un orthophoniste ou un psychologue ont été faites. Il est important que vous ayez connaissance de tous ces éléments avant de recevoir les parents afin d'assurer avec cohérence le suivi de l'élève.

Renseignez-vous sur la situation parentale de l'élève et sur la responsabilité parentale en cas de couple séparé. Sauf décision de justice contraire, les deux parents doivent être sollicités et informés de la scolarité de leur enfant, cela fait partie de leurs droits.

Étape 3. La rencontre

Prévoyez un espace de rencontre en rassemblant quelques tables et en installant des chaises autour.

Commencez par remercier les parents pour leur présence.
Si la rencontre a lieu à votre initiative, commencez la discussion en exposant les raisons de votre demande de rendez-vous.
Si la rencontre a lieu à l'initiative des parents, donnez-leur la parole : « *Vous avez souhaité me rencontrer ; je suis à votre écoute.* »

Au cours de l'entretien, valorisez l'élève en développant ses qualités et les points positifs que vous avez identifiés. Pour parler de ses difficultés, partez de constats, d'observations. N'utilisez aucun vocabulaire médical : vous n'êtes en rien qualifié pour porter un diagnostic de type dyslexie, autisme… Vous pouvez par exemple, parler de difficultés observées pour communiquer avec ses camarades, de difficultés pour tracer des lettres, de difficultés pour se concentrer, etc. en donnant des exemples précis.

Questionnez les parents sur le comportement de l'enfant à la maison, sur son rythme de vie. En général, cet échange d'observation permet de créer une cohésion des éducateurs autour de l'enfant. Cela place les parents en acteurs de l'action à mener, au côté de l'enseignant.

Au cours de la rencontre, mettez par écrit les informations importantes qui émergent. Notez les demandes faites aux parents et les décisions prises avec eux, aussi bien vos engagements que les leurs. Si des parents refusent les dispositifs proposés, notez-le également (par exemple : refus que leur enfant reste à l'étude ou participe aux APC).

À la fin de la rencontre, lisez à voix haute les éléments de votre compte rendu et faites-le signer par les parents. Archivez tous les comptes rendus d'entretien : ils vous seront utiles si vous rencontrez à nouveau les parents ou si vous sollicitez le RASED, et vous les transmettrez aux enseignants du niveau supérieur en fin d'année.

4. COMMUNIQUER À L'ÉCRIT AVEC UN PARENT, AVEC L'INSPECTEUR, EN CAS D'ABSENCE

Comment écrire à un parent ?

Les supports de communication peuvent être variés : cahier de liaison ou de correspondances, email, ENT. Quel que soit le support, vous soignerez votre message. Si vous répondez à une demande d'un parent, vous devez répondre dans la journée. Les parents souhaitent sentir que les enseignants sont disponibles. Votre message devra être respectueux : ils ne doivent pas se sentir jugés ou culpabilisés mais considérés sur un pied d'égalité. Vous commencez par « Madame, Monsieur ». Vous exposez clairement votre demande en vous appuyant sur des faits précis. Vous ne portez pas de jugement par écrit. Vous clôturez par une formule de politesse (« Cordialement »).

Comment écrire à votre hiérarchie ?

Toute correspondance doit suivre impérativement la voie hiérarchique (directeur puis inspecteur), c'est-à-dire en passant par le directeur qui transmettra à l'inspecteur ; ou directement à votre supérieur hiérarchique (l'inspecteur) selon le document à envoyer. Si vous écrivez au directeur académique des services de l'Éducation nationale (DASEN), vous respecterez également cette voie.

Si vous adressez votre lettre à l'inspecteur, vous commencez votre courrier par « Monsieur l'Inspecteur ». Vous nommez la fonction et non la personne. Vous poursuivez par « J'ai l'honneur de... ». Vous exposez avec un vocabulaire précis votre demande. Vous terminez votre courrier par une formule de politesse : « Je vous prie de croire, Monsieur l'Inspecteur, à l'expression de ma considération distinguée. »

Que faire en cas d'absence ?

• En cas d'arrêt maladie

Téléphonez au directeur le plus tôt possible et au plus tard le jour même avant 8h20. Informez dans la journée de la durée de votre arrêt de travail. Prévenez avant la fin de votre congé si un prolongement d'arrêt est prévu. En cas d'arrêt maladie, le volet employeur du formulaire *Arrêt maladie* fourni par le médecin lors de la visite médicale doit être envoyé à l'inspecteur dans un délai de 48 heures.

• En cas de demande d'autorisation d'absence

Toute demande d'autorisation d'absence doit impérativement transiter par l'inspecteur de l'Éducation nationale de circonscription dont vous dépendez. Vous devez utiliser le formulaire « demande d'autorisation d'absence » au moins 15 jours avant la date de l'arrêt, indiquer précisément le motif et joindre un justificatif.
L'inspecteur vous indiquera si votre absence est accordée.

QUELQUES SITUATIONS **SPÉCIFIQUES**

D

Toutes les classes sont uniques et vous serez confronté dans votre quotidien à des situations spécifiques, parfois déstabilisantes, qu'il vous faudra gérer en professionnel. Les quatre situations développées dans cette partie répondent à des problématiques auxquelles tous les professionnels, quelle que soit leur expérience, sont un jour confrontés. Nous vous apportons des éléments de résolution, des gestes professionnels concrets, mais n'oubliez pas que vous faites partie d'une équipe : osez solliciter vos collègues et leur demander conseil. Le partage d'expérience et la force collective sont les meilleurs atouts pour résoudre des situations spécifiques.

COMMENT ENSEIGNER DANS UNE CLASSE À NIVEAU MULTIPLE ?

Qu'est-ce qu'une classe multiniveaux ?

C'est une classe dans laquelle des élèves d'âges différents sont regroupés. Il peut s'agir d'un double niveau (par exemple MS et GS), triple niveau voire davantage. L'appellation multiniveaux est erronée dans la mesure où toutes les classes ont des élèves de niveau hétérogène. Il serait plus juste d'appeler une classe multi-âge. Sa constitution est directement liée au nombre d'élèves affectés dans l'école sur chaque tranche d'âge ou d'un véritable choix pédagogique de l'équipe. Les enseignants qui travaillent à partir de la pédagogie Montessori ou Freinet favorisent ces structures. Chaque niveau (ou tranche d'âge) doit travailler son programme. Un double niveau correspond donc à deux programmes, un triple niveau à trois programmes… et autant de travail de préparation.

Comment gérer la classe ?

- Identifier les enseignements en classe entière : EMC, vie de la classe.
- Travailler en français et en mathématiques, sur des entrées communes en distinguant compétences et objectifs.
- Identifier les activités en commun : les lectures en privilégiant une exploitation différenciée selon les niveaux.
- S'appuyer sur les mêmes activités avec des objectifs par niveau : l'EPS, les arts plastiques.
- Adapter la longueur des chants, comptines, poésies.
- Avoir autant de tableaux que de niveaux.

Quelles recommandations pour construire son emploi du temps ?

• Avoir un emploi du temps très structuré avec des temps collectifs d'échanges, d'interaction et de mises en commun. Indiquer sur l'emploi du temps votre présence selon un code couleur.

• Alterner des temps distincts par niveau. Un niveau travaille en autonomie pendant que vous vous dédiez à l'apprentissage d'une compétence avec l'autre groupe.

• Avoir sur votre cahier journal autant de colonnes que de niveaux pour visualiser rapidement ce que chaque groupe fait simultanément.

Quels sont les avantages ?

Les élèves développent forcément leur autonomie et des compétences méthodologiques car vous êtes obligé de proposer une organisation avec des temps d'autonomie de certains élèves pour vous consacrer à une autre

NOTRE CONSEIL

- Développez l'autonomie de vos élèves : annoncez les objectifs et les critères de réussite pour que l'élève puisse se repérer. Faites reformuler la consigne par plusieurs élèves pour vous assurer qu'ils ont compris. Dire ne suffit pas. N'hésitez pas à doubler vos consignes orales par des pictogrammes, et verbalisez les différentes étapes de réalisation affichées sur le tableau.
- Explicitez en début d'année votre fonctionnement et rappelez-le fréquemment. Par exemple : « Quand je travaille avec le groupe A, je ne peux pas être dérangé par un élève du groupe B. Si un élève a besoin d'aide, il cherche la solution, passe à un autre exercice ou demande à un camarade. »
- Mettez à disposition des outils (tables de multiplication, alphabet, aide-mémoire…), expliquez comment et quand les utiliser, où les ranger… Un temps d'explication et d'entrainement est nécessaire. Ce n'est pas du temps perdu, il vous permettra d'en gagner ultérieurement. L'organisation se construit progressivement.
- Mettez en œuvre des ateliers en autonomie qui permettent de développer la capacité de l'élève à travailler seul, à développer son sentiment de compétences et la différenciation. Les activités proposées doivent toutes répondre à un objectif, être progressives et en adéquation avec les acquis de l'élève. Ce sont des activités d'entrainement à réaliser progressivement par palier. Par exemple : activités de manipulation, puzzles, jeux Smart Game, fiches d'entrainement en lecture, en conjugaison, en mathématiques… Ce ne sont pas des activités de délestage.
- Mettez en place des plans de travail qui permettent à l'élève de s'organiser.
- N'hésitez pas à demander conseils à vos collègues et à vos formateurs.

partie de la classe. Travailler en autonomie nécessite que vous ayez défini des règles de fonctionnement et des responsabilités en amont, que le cadre soit très clair.
Les élèves développent aussi des compétences d'entraide et de tutorat entre pairs.
Si vous gardez vos élèves deux années de suite, vous gagnerez du temps de mise en route de la classe en septembre et aurez une meilleure connaissance de vos élèves.

COMMENT ACCUEILLIR UN ÉLÈVE ALLOPHONE EN CLASSE ?

Qu'entend-on par élève allophone ?

C'est un enfant qui parle une langue maternelle autre que celle du pays d'accueil et de l'école.

Selon son niveau linguistique, l'Éducation nationale propose un dispositif spécial dénommé UPE2A (unité pédagogique pour enfants allophones nouvellement arrivés) pour accueillir les élèves allophones nouvellement arrivés. Ce dispositif, accessible uniquement à l'issue de tests et à partir du CP, existe dans quelques écoles. L'objectif est de garantir l'égalité des chances et la réussite scolaire quelle que soit l'origine sociale et culturelle et d'accompagner l'inclusion progressive dans les classes ordinaires.

L'élève qui bénéficie du dispositif UPE2A est inscrit dans une classe ordinaire et partage son temps entre sa classe d'affectation et l'UPE2A. Il ne peut pas être à 100 % en UPE2A. Par conséquent, si vous êtes affecté dans une école avec ce dispositif, il est fort possible que vous ayez 1 ou 2 élèves en temps partagé dans votre classe.

Quelles sont les actions à mener en priorité dans votre classe ?
Le bain de langage à l'école ne suffit pas pour réussir l'apprentissage du français. Des actions spécifiques et ciblées sont nécessaires. Certains enfants peuvent avoir besoin de temps.
• Travaillez le vocabulaire usuel de l'école (lieux et activités) et de la classe (alphabet, nombres, matériel, jour de la semaine)... Travailler les consignes. Utiliser des visuels type *flashcard*, imagiers par champ lexical (les lieux, les actions, les personnes...). Prononcer le mot, la phrase puis lui faire répéter par vous ou un pair. Articuler et faire attention à sa prononciation, son accent, ses intonations.
• Travaillez systématiquement en amont le vocabulaire d'un album, d'un texte, d'une poésie afin qu'il ait plus d'appuis quand le travail se fera en collectif. Ce travail peut être réalisé en APC.

Que vos élèves soient accueillis ou non en classe UPE2A, l'ensemble de ces conseils s'applique pour l'accueil en classe ordinaire. Vous programmerez des temps quotidiens dédiés pour ce profil d'enfants pour un apprentissage volontaire, progressif et dynamique.

Comment procéder en classe ordinaire pour accueillir un élève allophone ?

• **Comprendre la situation de l'élève.** En plus de la langue, l'élève a très souvent des références culturelles différentes, parfois même au niveau scolaire. Les différences entre les systèmes scolaires et les écoles entre elles sont parfois importantes. Un temps d'adaptation est donc nécessaire pour qu'il comprenne et trouve ses nouveaux repères. Pour l'aider, associez-le à un pair volontaire pour l'aider à découvrir le nouvel environnement (la classe, la cour, la cantine, les jeux...).

• **Sécuriser l'élève.** Même si l'enfant ne parle pas le français, il comprend la gestuelle du corps et les mimiques du visage (sourire, grimace, colère...). Mimer, dessiner, montrer, sont autant de gestes qu'il va comprendre, associés à un vocabulaire simple. Placez-le avec des camarades et face au tableau. Surtout ne l'excluez pas. Incluez-le dans les groupes, donnez-lui la parole pour lui signifier qu'il appartient au groupe ; il finira par se lancer par un mot, quelques mots, en répétant ceux de ses pairs. De manière générale, pour ces élèves comme pour les autres, ne dévalorisez pas toutes prises de paroles, y compris celles de ceux qui répètent les phrases et idées de leurs camarades. Certains font de réels efforts pour oser prendre la parole devant un groupe. Si vous dites « *ça a déjà été dit, c'est la même chose...* », vous cassez cette dynamique de participation. Un élève qui ne s'exprime pas à l'oral (ce qui nécessite forcément de se mettre en avant et d'avoir confiance en soi) commencera souvent par répéter. Il se lancera ultérieurement après plusieurs essais pour formuler ses propres idées. Il est important que vous valorisiez toutes les tentatives mêmes incomplètes pour le rassurer.

• **Dédramatiser.** Le temps d'adaptation et des premières communications peut être long. Ce n'est pas du temps perdu. L'élève engrange des mots, des messages, des rituels progressivement. Certains élèves ont besoin de plus de temps pour retrouver des repères scolaires qui s'associent aussi souvent à des changements de pays et de vie.

• **Proposer un matériel adapté :** imagier, dictionnaire bilingue, lexique, lotos, Memory, jeux à utiliser en maternelle comme en élémentaire.

• **Valoriser ses efforts :** portez des appréciations générales sur son investissement et ses progrès, sur du vocabulaire appris.

• **Valoriser ses connaissances dans tous les domaines :** EPS, sciences, musique, activités artistiques...

• **Varier les modalités de travail :** avec un pair (pour rebrasser du vocabulaire par exemple), avec un petit groupe (sur des jeux dédiés au langage), avec vous.

COMMENT CADRER LES ÉLÈVES AU COMPORTEMENT PERTURBATEUR ?

Qu'appelle-t-on élève perturbateur ?

Un élève est considéré comme perturbateur quand il dérange les autres par son comportement, que ce soit dans la classe ou dans les autres lieux de vie de l'école. Irrespectueux des règles, irrespectueux des autres, des enfants comme des adultes, irrespectueux du matériel, ils sont un obstacle pour la concentration des autres élèves, pour la mise en œuvre des situations d'apprentissage construites par l'enseignant et parfois même pour la construction de leurs propres apprentissages. Ces élèves dits « perturbateurs » sont source d'appréhension pour les enseignants, qui craignent de les avoir dans leur groupe classe, mais aussi pour les autres élèves, qui redoutent parfois leur présence.

Si un élève a un comportement perturbateur, ce n'est pas sans raison. Ces élèves sont bien souvent en recherche d'attention, en difficulté de communication, en détresse affective ou se sentent incompétents dans les apprentissages scolaires. Le milieu familial peut être source d'un véritable mal-être chez l'enfant, tout comme l'école qui peut générer un sentiment d'insécurité, une perte d'estime de soi par comparaison avec les autres élèves ou à travers des remarques d'adultes. Qu'elles soient d'ordre personnel ou scolaire, les causes qui amènent un élève à déroger aux règles du vivre ensemble sont multiples. Et plus l'élève avance dans son parcours scolaire, plus l'étiquette du perturbateur lui colle à la peau et, tel un rôle qui lui a spécifiquement été attribué, il lui est difficile d'en sortir.

Comment amener un élève au comportement perturbateur à s'apaiser ?

Bien souvent, des suivis à l'extérieur de l'école sont mis en place, si les parents sont coopératifs, pour aider ces élèves à s'apaiser. **En maternelle**, l'enseignant est souvent le premier adulte à pointer les difficultés de l'enfant ce qui, pour les parents, peut être difficile à admettre. Ils peuvent être en manque de repère par rapport au comportement d'enfants du même âge, accuser l'enseignant de ne pas savoir s'y prendre. C'est souvent dans la récurrence du message par des enseignants différents que ces parents finissent par admettre la situation.

Mais au quotidien, l'élève reste présent en classe, avec ses angoisses, son agitation, son agressivité : l'enseignant doit plus que jamais mobiliser ses compétences professionnelles pour le prendre en compte en maintenant, chaque jour, un regard bienveillant, ce qui est loin d'être aisé. Face à un élève qui dérange le groupe par son comportement, il faut réagir rapidement. Si l'élève a l'impression de pouvoir agir librement, sans réaction de votre part, ses provocations vont s'intensifier.

Voici quelques conseils pour agir et réagir :

• Ne pas crier

En criant sur l'élève, vous inondez l'espace de la classe de votre colère et y soumettez les autres élèves, alors qu'ils n'y sont pour rien. En plus, vous fatiguez votre voix.

Enfin, crier signifie laisser sa colère s'exprimer, donc être submergé par ses émotions : face à un élève, vous devez absolument garder une distance professionnelle pour être capable, même quand vous le grondez, de continuer à réfléchir, à analyser son comportement, pour y répondre de manière adéquate.

Toute colère doit être **une fausse colère, une mise en scène pour marquer votre désapprobation face au comportement de l'élève.** Le professionnel que vous êtes doit être capable de se fâcher auprès d'un élève et, la seconde suivante, de parler au groupe d'une voix enjouée et avec le sourire.

• Agir sur l'élève spécifiquement

Pour agir sans crier, vous devez vous déplacer jusqu'à l'élève au comportement perturbateur et vous adresser à lui uniquement. **Utilisez une voix calme, posée, dans les tonalités graves, en regardant l'élève dans les yeux** : c'est ainsi que vous arriverez à montrer votre autorité et votre sérénité face à cet élève.

Par votre calme, vous lui montrez qu'il n'a pas pris le dessus sur vous. Expliquez-lui la raison de votre mécontentement, formulez clairement ce que vous attendez de lui ; faites-lui formuler une solution pour la prochaine fois, ou donnez-lui clairement une solution, ou faites-le choisir entre deux solutions que vous proposerez. Vous lui donnez ainsi des clés qu'il n'a souvent pas eues à la maison. La technique du choix (« *Tu peux faire ci ou tu faire ça, que choisis-tu ? Que veux-tu essayer ?* ») donne le sentiment à l'élève qu'il est acteur même si le périmètre a été cadré par vous en amont. Prévenez-le de la sanction qu'il aura s'il recommence. Puis demandez-lui : « *As-tu bien compris ?* » Attendez que l'élève vous réponde, et exigez qu'il le fasse avec un « *Oui, maitre / Oui, maitresse* » : la politesse est à exiger en toute situation.

• Sanctionner

Si l'élève réitère, réagissez immédiatement en appliquant la sanction annoncée. Rappelez-lui votre intervention précédente et le contrat que vous avez passé avec lui, expliquez-lui en quoi il n'a pas respecté son engagement, faites-lui expliciter pourquoi il n'a pas essayé une des solutions du contrat, et sanctionnez-le. **N'acceptez aucune discussion, aucune négociation** : le contrat était clair, l'élève ne l'a pas respecté, il est sanctionné. La sanction doit être en lien avec la faute commise et être porteuse de sens ; elle doit être éducative. Faire copier des lignes à un élève n'a pas de rôle éducatif mais uniquement punitif.

Par exemple, si l'élève a renversé plusieurs fois volontairement la trousse d'un camarade, faites-lui ramasser, s'excuser oralement, en écrivant un texte ou en faisant un dessin, changez-le de place (« *Tu préfères rester à côté de ton camarade et faire attention à ses affaires ou être seul à une table ?* »). N'oubliez pas de le valoriser dès que pointe le moindre progrès (« *Je vois que tu as fait attention, tu peux être fier* »).

Après chaque sanction, prenez le temps de parler avec l'élève afin de l'amener à réfléchir sur son comportement. **Positionnez-vous comme garant du bien-être de tous et responsable des progrès de tous les élèves** : vous ne pouvez tolérer qu'il continue à agir ainsi.

• Prendre le temps de parler avec l'élève

En consacrant du temps à cet élève, vous lui montrez qu'il est important pour vous. Pendant une récréation, pendant le temps de cantine, ou pendant que les autres élèves travaillent en autonomie, isolez-vous avec l'élève pour pouvoir discuter en toute tranquillité.

Questionnez-le : « *Pourquoi agis-tu ainsi ? As-tu quelque chose à me dire ? As-tu des soucis en ce moment ? Y a-t-il des choses qui t'inquiètent ?* » Dites-lui que vous, vous êtes inquiet pour lui car il ne peut pas bien apprendre en se comportant comme ça. Dites-lui votre confiance en sa capacité à fournir des efforts car vous savez qu'il a de nombreuses qualités, et **insistez sur votre volonté de l'y aider, de l'accompagner et de ne jamais l'abandonner**.

• Mettre en place un contrat individuel de comportement

Un contrat de comportement individuel peut être mis en place à l'issue de l'entretien individuel. Les parents de l'élève peuvent être associés à ce dispositif : les informer des difficultés comportementales de leur enfant est important, leur expliquer ce que vous mettez en place l'est également. Identifiez un objectif comportemental que l'élève devra respecter. Par exemple : ne pas se lever en classe pour aller voir ses camarades, ou ne pas parler / chanter à voix haute. Écrivez cet objectif sur une petite carte (10 cm x 10 cm) et tracez en dessous un tableau des jours de la semaine, découpés en demi-journées. À chaque fois qu'il ne respecte pas son objectif, tracez une croix sur la carte. L'avantage de ce dispositif est que votre intervention se résume à un geste discret, éventuellement une phrase murmurée à l'élève au comportement perturbateur : **cela évite les reproches à voix haute** qui nuisent au climat de classe et stigmatisent l'élève. Le signal gestuel est très puissant. Fixez un objectif raisonnable pour la première semaine (ne pas avoir plus de deux croix par demi-journée par exemple), puis augmentez vos exigences peu à peu.

Chaque fin de semaine, ou chaque fin de journée si nécessaire, faites un point rapide avec l'élève sur son contrat de comportement. Valorisez tous les petits efforts, même si le contrat n'est pas respecté sur l'ensemble de la semaine.

• Construire le climat de classe

Tous les gestes professionnels et situations d'apprentissage mis en place pour développer un climat de classe serein vont grandement **contribuer à sécuriser et apaiser l'élève au comportement perturbateur**. Un cadre de règles discuté collectivement et compris par le groupe, des sanctions mesurées et comprises, progressives et identiques pour tous, des instances de parole pour s'exprimer, des activités et des temps calmes ritualisés, un fonctionnement de classe coopératif où chacun trouve sa place, des situations d'apprentissage qui responsabilisent les élèves, des élèves qui se respectent dans leurs différences et des enseignants joyeux qui veillent au bien-être de tous : peu à peu, l'élève va s'apaiser et gagner en sérénité. Mais cela ne se fera pas en un jour, ni même en une période !

• Adapter son attitude d'enseignant et modifier son regard sur l'élève

Quand on parle différenciation, on limite souvent cette pratique aux compétences notionnelles. Pourtant, les élèves ne sont pas que différents dans leur niveau de maitrise des notions disciplinaires ! Les élèves au comportement perturbateur se sentent souvent en insécurité et en manque d'attention. **Différencier son attitude d'enseignant est une pratique efficace pour les apaiser** : demandez discrètement à l'élève s'il va bien aujourd'hui, faites-lui un petit compliment sur son tee-shirt, posez une main sur son épaule quand vous sentez qu'il commence à s'agiter en classe, glissez-lui dans l'oreille que vous avez vu qu'il essayait de faire des efforts…

De petites phrases à dire en toute discrétion, juste pour montrer à cet élève que vous êtes attentif à lui, et qu'il n'a pas besoin de faire des bêtises pour que vous le remarquiez. N'hésitez pas à l'interroger de temps à autre sur des exercices que vous êtes sûr qu'il réussira. Lui adresser des attentions positives, lui permettre un autre rapport au savoir et donner l'occasion à ses camarades de le voir sous un meilleur jour sont des leviers pour ouvrir la voie du changement.

Quelles sanctions mettre en place ?

Selon les écoles, différentes échelles de sanction, qui font intervenir tous les membres de l'équipe pédagogique, sont établies ; suivez le protocole gradué institué en conseil des maitres. Pour la plupart des élèves perturbateurs, les sanctions appliquées de manière rigoureuse et cohérente, associées aux dispositifs bienveillants de la classe, vont enclencher une évolution du comportement de l'élève.

Vous pouvez donner une punition écrite (lettre d'excuse, travail réflexif sur les conséquences de son acte…), mais aussi lui interdire l'accès à certains jeux dans la cour, lui donner une tâche à effectuer au service de la collectivité, ou lui supprimer un droit, par exemple le droit d'exercer une responsabilité dans la classe.

Rapidement, inviter les parents à venir vous rencontrer pour leur exposer les difficultés de comportement de leur enfant et pour envisager avec eux une réponse cohérente à la maison comme à l'école. Pour que l'enfant progresse, la cohérence éducative est nécessaire.

Peut-on exclure un élève de la classe ?
Oui, exclure un élève ponctuellement, en l'envoyant avec un travail à effectuer dans une autre classe, est possible, et parfois même nécessaire pour préserver les autres élèves et l'enseignant. **Ne le laissez surtout pas seul dans le couloir ou dans une autre classe sans surveillance.** Comme toute sanction, elle doit être annoncée (ce n'est pas à la première bêtise qu'on exclut un élève de la classe) et proportionnée ; une exclusion doit rester exceptionnelle et n'être appliquée qu'en cas d'acte grave :
• l'élève empêche les autres de travailler par un chahut permanent et ne se calme pas malgré les demandes de l'enseignant ;
• l'élève agit avec violence : violence verbale ou violence physique ;
• l'élève s'oppose ouvertement à l'enseignant : affirmation d'un manque de respect.

Dans tous les cas, vous devez affirmer votre positionnement : « *Mon travail, c'est d'amener tous mes élèves à progresser, de les amener à apprendre de nouveaux savoirs et de veiller à ce qu'ils se sentent bien. Si, par ton comportement, tu m'empêches de faire mon travail auprès de tes camarades, alors je suis obligé de t'exclure de la classe.* »
Il est important de prévenir les parents de l'élève concerné. Rédigez un mot explicatif reprenant avec précision les faits, sans interprétation personnelle, et informant de l'exclusion et du travail donné à effectuer dans l'autre classe. Demandez également aux parents de signer les exercices faits.

COMMENT GÉRER L'HÉTÉROGÉNÉITÉ DANS UNE CLASSE ?

• **À savoir :** L'hétérogénéité est la norme dans toutes les classes en maternelle comme en élémentaire. Elle s'explique naturellement par les différences entre les élèves : âge, sexe, culture, niveau social, mode de vie, motivation, connaissances... Elle conduit l'enseignant à différencier sa pédagogie pour que chaque élève puisse apprendre et progresser. Différencier, c'est se donner les moyens de répondre à la diversité des élèves et offrir à chacun les meilleures conditions pour apprendre (voir **partie 4-A 4**).

La différenciation introduit la notion d'égalité des chances et de réussite scolaire pour tous.

« *Tout le monde est un génie. Mais si vous jugez un poisson à sa capacité de grimper dans un arbre, il vivra toute sa vie en croyant qu'il est stupide.* » Cette citation d'Albert Einstein illustre bien ce propos.

Comment mettre en œuvre la différenciation ?

Il est nécessaire de bien connaître ses élèves c'est-à-dire leurs acquis, mais aussi leurs différences de maitrise des compétences dans les différents domaines. L'évaluation est un levier essentiel pour la mettre en place, pour savoir situer un élève dans ses apprentissages et proposer ensuite des modalités de travail qui répondront aux besoins de l'élève et compenseront ainsi leurs différences.

Par exemple, si vous enseignez la technique opératoire de la multiplication et qu'un élève ne connaît pas ses tables de multiplication, vous le mettez d'emblée en difficulté. Dans ce cas précis, vous travaillez la mémorisation des tables en dehors de la séance sur la technique opératoire (en APC, sur les temps d'autonomie, en groupe de besoins) et vous mettez à sa disposition les tables de multiplication pendant la séance de calcul. Il pourra ainsi comprendre la technique opératoire et disposera de son aide-mémoire « tables de multiplication » tant que celles-ci ne seront pas connues.
Gardez à l'esprit que vous êtes toujours exigeant sur la qualité du travail et que vous offrez à vos élèves, selon leur profil d'apprenant, des moyens et des procédures variés d'apprentissage pour atteindre, par des voies différentes, des objectifs communs de savoirs.

Concrètement, vous repérez en amont les besoins des élèves les plus faibles lors de l'évaluation diagnostique de la séance et identifiez ce qui va faire obstacle à l'acquisition de la compétence (le vocabulaire, la maitrise des tables, la concentration...). Pendant la séance, les activités collectives de début de séance pour présenter l'objectif et de fin de séance pour la mise en commun sont menées en commun. Entre ces deux temps, vous fournissez aux élèves fragiles les moyens supplémentaires dont ils ont besoin : support, étayage, temps dédié, encouragement... Tous travaillent sur la même compétence, certains en totale autonomie, d'autres avec vous.

MÉMENTO

Quels sont les élèves concernés par la différenciation ?

- Les élèves avec des fragilités et difficultés d'apprentissage
- Les élèves lents qui ont besoin de plus de temps
- Les élèves rapides
- Les élèves qui ont des difficultés de concentration

Qu'est-ce qui peut être différencié ?

• **Les contenus :** augmenter le nombre d'étapes de réalisation, ajouter une étape de manipulation, réduire la complexité…

• **Le guidage :** répéter et expliciter la consigne, donner un exemple, lire l'énoncé, illustrer par un schéma…

• **Les outils :** ajouter des couleurs, surligner les points importants, donner du matériel de manipulation…

• **L'organisation :** travail en individuel, en binômes, en groupe de besoins en autonomie avec l'enseignant.

• **La production :** le nombre d'exercices à réaliser, le temps donné, le support papier ou numérique…

Quels sont les avantages ?

Vous travaillez dans la zone proximale de développement (développée par Lev Vygotski, pédagogue psychologue) ce qui permet à l'élève de réussir, de prendre confiance en lui, de développer son autonomie, de tisser des liens de qualité enseignant-élève.

Vous voyez vos élèves réussir (les lents, les fragiles, les excellents, les rapides) ce qui vous prouve le principe d'éducabilité de chacun.

NOTRE CONSEIL

- Vous pouvez vous appuyer sur les 7 familles d'aides aux élèves définies par Roland Goigoux : s'exercer, réviser, soutenir, préparer revenir en arrière, compenser, faire autrement.
- Ne pas hésiter à demander à un élève de la classe que vous aurez identifié s'il est volontaire pour aider un camarade.
- Travailler à certains moments de la journée et / ou de la semaine avec un plan de travail qui permet d'individualiser pour consolider les acquis, de vous concentrer sur certains élèves pendant que d'autres sont en autonomie.
- Aménager un espace dans la classe pour regrouper les élèves à besoins à certains moments : la table des besoins, un banc…
- Utiliser des ouvrages qui proposent des parcours différenciés, notamment en compréhension de texte.

COMMENT UTILISER UN PPRE ?

• **À savoir :** Lorsque l'élève est en difficulté, que ce soit sur le plan pédagogique ou comportemental, l'enseignant met en place des aides pour y répondre ; cette proposition de différenciation est attendue de tout professeur. Cet apport d'aides personnalisées et leur mise en œuvre sont rédigés dans un PPRE (voir **Programme personnalisé de réussite éducative** p. 213). Celui-ci peut intervenir à tout moment.

Comment le mettre en œuvre ?

Concrètement, vous constatez **des difficultés récurrentes** chez un élève avec un ou des besoins identifiés (par exemple : manque de concentration pour se mettre au travail). Vous fixez un objectif réalisable et précis (par exemple : rendre l'élève autonome pour commencer son travail). Vous réfléchissez en équipe sur les aides à apporter (par exemple : enlever tout matériel inutile sur la table, demander à l'enfant de choisir entre commencer seul ou avec vous, établir avec lui une routine de mise en travail en trois étapes, dédier une table...). La période de mise en œuvre est nécessairement courte mais éventuellement renouvelable ; vous expliquez impérativement à l'élève et à sa famille les difficultés et aides proposées. Vous prévoyez les modalités d'évaluation. Les aides sont rédigées dans un document **signé par la famille, le directeur et l'enseignant**. Elles peuvent associer d'autres membres de la communauté éducative (RASED, par exemple) et parfois des partenaires extérieurs.

Pourquoi le mettre en œuvre ?

Un élève en difficulté a besoin de reprendre confiance en lui, de croire en ses capacités à réussir à partir d'une attention particulière et d'actions ciblées et d'avoir confiance dans l'enseignant en l'encourageant. Sans ces aides, l'élève va se décourager et pourrait aller jusqu'au décrochage scolaire et/ou un maintien. Cette différenciation est un « coup de pouce » dans la classe qu'il est souvent nécessaire d'initier en APC. Il est dans votre mission d'engager et d'officialiser cette prise en charge d'élèves en difficulté.

La famille doit être associée, même si un PPRE peut se dérouler sans leur validation. Le PPRE montre à la famille l'attention portée à leur enfant et les actions concrètes mises en œuvre et valorise votre travail d'enseignant. Il contribue aussi à redonner confiance dans l'école à la famille.

EN PRATIQUE

J'aide déjà l'élève au quotidien dans la classe, que va apporter en plus la rédaction d'un PPRE ?

Mettre en place un PPRE permet d'officialiser les besoins spécifiques d'un élève et la stratégie mise en place pour l'amener à progresser. Le PPRE associe les parents, l'élève, l'enseignant et éventuellement les membres du RASED autour d'un objectif commun. Il fixe avec précision les engagements de chacun et prend une forme contractuelle qui vous engage, mais engage également les parents et l'élève. Dans un PPRE, rédigé par exemple pour un élève de CM1 n'ayant pas encore une lecture fluide, celui-ci peut mentionner : pour l'enseignant, chaque semaine, une séance d'APC consacrée au travail du code, deux séances de lecture oralisée différenciées lors des séances de lecture ; pour l'élève et les parents, un engagement à lire à voix haute chaque jour 10 minutes en semaine et 20 minutes le week-end. Rédiger un PPRE, c'est programmer l'aide que vous allez apporter à cet élève et lui montrer qu'il n'est pas seul, mais accompagné par un collectif d'adultes engagés dans sa réussite.

ANNEXES

EXEMPLE D'EMPLOI DU TEMPS CYCLE 1

<table>
<tr><th></th><th>LUNDI</th><th>MARDI</th><th>MERCREDI</th><th>JEUDI</th><th>VENDREDI</th></tr>
<tr><td>8h20-8h35
Accueil</td><td colspan="5">Développement et structuration du langage (DSL) : oral</td></tr>
<tr><td>8h35-8h55
Rituels</td><td colspan="5">DSL : oral et écrit
Acquérir les premiers outils mathématiques (APOM)
Explorer le monde (EM)</td></tr>
<tr><td>8h55-9h20
Ateliers</td><td colspan="2">DSL
1 groupe avec PE / 1 groupe avec ATSEM / 2 groupes en autonomie</td><td>Agir, s'exprimer, comprendre à travers les activités artistiques (AECAA)</td><td colspan="2">DSL
1 groupe avec PE / 1 groupe avec ATSEM / 2 groupes en autonomie</td></tr>
<tr><td>9h20-9h30</td><td colspan="5">DSL : rangement et discussion bilan des activités</td></tr>
<tr><td>9h30-9h55
Ateliers</td><td colspan="2">APOM
1 groupe avec PE / 1 groupe avec ATSEM / 2 groupes en autonomie</td><td>EM
Le monde des objets, du vivant et de la matière</td><td colspan="2">APOM
1 groupe avec PE / 1 groupe avec ATSEM / 2 groupes en autonomie</td></tr>
<tr><td>9h55-10h05</td><td colspan="5">DSL : rangement et discussion bilan des activités</td></tr>
<tr><td>10h05-10h35</td><td colspan="5">Récréation</td></tr>
<tr><td>10h35-11h10
Motricité</td><td colspan="5">Agir, s'exprimer, comprendre à travers l'activité physique / les activités artistiques (spectacle vivant, relaxation)</td></tr>
<tr><td>11h10-11h30
Regroupement</td><td colspan="5">DSL : l'écrit (histoire lue, compréhension, dictée à l'adulte)
AECAA (chant, écoute, rythme, instruments)</td></tr>
<tr><td></td><td colspan="2">Pause méridienne</td><td></td><td colspan="2">Pause méridienne</td></tr>
</table>

EXEMPLE D'EMPLOI DU TEMPS CYCLE 1 (SUITE)

<table>
<tr><th></th><th>LUNDI</th><th>MARDI</th><th>MERCREDI</th><th>JEUDI</th><th>VENDREDI</th></tr>
<tr><td>13h20-13h35
Accueil</td><td colspan="2">DSL</td><td rowspan="3"></td><td colspan="2">DSL</td></tr>
<tr><td>13h35-14h
Temps calme</td><td colspan="2">AECAA (écoute musicale)</td><td colspan="2">AECAA (écoute musicale)</td></tr>
<tr><td>14h-14h30
Ateliers autonomes individuels, remédiation</td><td colspan="2">APOM / EM / DSL</td><td colspan="2">APOM / EM / DSL</td></tr>
<tr><td>14h30-15h00
Langage en regroupement</td><td>DSL : phonologie</td><td>DSL (histoire, comptine, bilan de la journée)
AECAA (chant)</td><td></td><td>DSL (histoire, comptine, bilan de la journée)
AECAA (chant)</td><td>DSL : phonologie</td></tr>
<tr><td>15h-15h30</td><td>Récréation</td><td></td><td></td><td></td><td>Récréation</td></tr>
<tr><td>15h30-15h50
Rituels</td><td>DSL : oral et écrit
APOM
EM</td><td></td><td></td><td></td><td>DSL : oral et écrit
APOM
EM</td></tr>
<tr><td>15h50-16h15
Activités en demi-classe</td><td>EM
AECAA</td><td></td><td></td><td></td><td>EM
AECAA</td></tr>
<tr><td>16h15-16h30
Regroupement de fin de journée</td><td>DSL (histoire, comptine, bilan de la journée)
AECAA (chant)</td><td></td><td></td><td></td><td>DSL (histoire, comptine, bilan de la journée)
AECAA (chant)</td></tr>
</table>

EXEMPLE D'EMPLOI DU TEMPS CYCLE 2

	LUNDI	MARDI	JEUDI	VENDREDI
8h30	Rituels : français	Rituels : français	Calcul mental : 15’	Calcul mental : 15’
8h45	Mathématiques	Lecture	Lecture	Mathématiques
9h15	Calcul mental : 15’	E.P.S.	Français	
9h30	Français			Lecture
10h00				
10h15	Lecture	Français	Mathématiques	Mathématiques
11h00	Anglais	Mathématiques Calcul mental : explicitation des procédures	Anglais	Français
11h30	A.P.C.	A.P.C.		

EXEMPLE D'EMPLOI DU TEMPS CYCLE 2 (SUITE)

	LUNDI	MARDI	JEUDI	VENDREDI
13h30	Arts plastiques / Français	Espace / Sciences	Éducation musicale	E.P.S.
14h15		Mathématiques	Français Rituels Français	Français Rituels Français
15h00				
15h15	Temps / Espace	Français	E.P.S.	Éducation musicale E.M.C.
16h00	Anglais	Lecture	Lecture	
16h30				

EXEMPLE D'EMPLOI DU TEMPS CYCLE 3

	LUNDI	MARDI	MERCREDI	JEUDI	VENDREDI
8h30	**Rituels Français**	**Rituels Français** / **Français** Dictée		**Rituels Français** / **Mathématiques**	**Mathématiques** **Calcul mental : explicitations des procédures**
9h15	**Français**		**E.P.S.**		
9h30		**Français**		**Français**	**Mathématiques**
10h00					
10h15	**Calcul mental 15'** / **Mathématiques**	**Calcul mental 15'** / **Anglais**	**semaine 1 Français** (rédaction) **semaine 2 Mathématiques** (problèmes)	**Calcul mental 15'** / **Éducation musicale**	**Rituels Français 15'** / **E.P.S.**
11h00		**Éducation musicale**		**Mathématiques**	**Français : écriture**
11h30		**A.P.C.**			**A.P.C.**
12h15					

EXEMPLE D'EMPLOI DU TEMPS CYCLE 3 (SUITE)

	LUNDI	MARDI	MERCREDI	JEUDI	VENDREDI
13H30	semaine 1 Arts plastiques	Histoire / Géographie		Sciences et technologie	**Écriture** devoirs pour la semaine
14H00	semaine 2 Anglais				E.M.C.
15H00					
15H15	Français			Anglais 15'	
15H30				E.M.C. / Langage oral (débat)	

EXEMPLE DE PROGRESSION DE CYCLE

Écriture en cycle 2

ATTENDUS DE FIN DE CYCLE

- Copier ou transcrire, dans une écriture lisible, un texte d'une dizaine de lignes en respectant la ponctuation, l'orthographe et en soignant la présentation.
- Rédiger un texte d'environ une demi-page, cohérent, organisé, ponctué, pertinent par rapport à la visée et au destinataire.
- Améliorer une production, notamment l'orthographe, en tenant compte d'indications.

	CP	CE1	CE2
CONNAISSANCES ET COMPÉTENCES ASSOCIÉES	**Copier de manière experte** (lien avec la lecture) Savoir tracer toutes les lettres minuscules de l'écriture cursive. Copier des mots, puis une phrase dans une écriture cursive ou scripte lisible, en prenant appui sur les syllabes.	**Copier de manière experte** (lien avec la lecture) Savoir tracer toutes les lettres minuscules ou majuscules de l'écriture cursive. Copier un texte court, par groupes de syllabes, dans une écriture cursive lisible, en respectant la ponctuation et l'orthographe. Commencer à respecter la présentation.	**Copier de manière experte** (lien avec la lecture) Maitriser l'écriture cursive. Copier un texte court, par groupes de mots, dans une écriture cursive lisible, en respectant la ponctuation et l'orthographe, et en soignant la présentation.
	Produire des écrits en commençant à s'approprier une démarche Écrire de manière autonome des mots simples réguliers en respectant les correspondances entre lettres et sons. Concevoir et écrire collectivement (dictée à l'adulte) une phrase simple cohérente, puis plusieurs phrases. Concevoir et écrire individuellement une phrase simple cohérente.	**Produire des écrits en commençant à s'approprier une démarche** Concevoir et écrire individuellement, ou avec l'aide de l'adulte, un texte cohérent (environ 5 lignes) et pertinent par rapport à la visée.	**Produire des écrits en commençant à s'approprier une démarche** Concevoir et écrire individuellement un texte d'une demi-page environ, cohérent, organisé, ponctué, et pertinent par rapport à la visée, au genre et au destinataire.
	Réviser et améliorer l'écrit qu'on a produit (lien avec l'EDL) Comparer sa production écrite à un modèle et rectifier ses erreurs.	**Réviser et améliorer l'écrit qu'on a produit** (lien avec l'EDL) Améliorer sa production, en tenant compte des indications données. Produire un travail écrit soigné.	**Réviser et améliorer l'écrit qu'on a produit** (lien avec l'EDL) Améliorer sa production, notamment l'orthographe, en tenant compte des indications données. Produire un travail écrit soigné.

EXEMPLE DE PROGRAMMATION DE CLASSE

EMC Cycle 3

PÉRIODE 1	PÉRIODE 2	PÉRIODE 3	PÉRIODE 4	PÉRIODE 5
– Les règles de vie de la classe, de l'école – Le rôle et les élections des délégués de classe – Les droits de l'enfant	– Les harcèlement : information et prévention ; acteur, complice, observateur silencieux, victime ; la responsabilité individuelle : agir et réagir – L'organisation de la ville – Le rôle du maire	– Améliorer la ville : entrer dans une démarche écologique – La violence intra familiale : prévention des violences et violences sexuelles faites aux enfants (Programme EVAR)	– L'organisation de l'État : le Parlement ; président, ministres, députés et sénateurs ; la séparation des pouvoirs – La construction de la loi	– S'engager pour changer le monde : revue de presse ; mettre en place un projet philanthropique
EMC / Langage oral : des débats pour initier la réflexion de groupe				
– Débat : Qu'est-ce qui te rend heureux ?	– Débat : « On peut rire de tout. » Qu'en pensez-vous ? – Débat : « On est riche de nos différences. » Qu'en pensez-vous ? – Débat : Fait-il bon vivre en ville ?	– Débat : A-t-on le droit d'être en colère ? – Débat : Un enfant doit-il toujours être gentil ?	– Débat : La loi nous empêche-t-elle d'être libre ?	– Débat : Si tu le pouvais, que changerais-tu dans le monde ?

EXEMPLE DE PROGRAMMATION DE CLASSE – PROGRAMMATION CP

Questionner le monde – L'espace et le temps – Explorer les organisations du monde

PÉRIODE 1	PÉRIODE 2	PÉRIODE 3	PÉRIODE 4	PÉRIODE 5
		L'ESPACE		
		Se repérer dans l'espace et le représenter		
- Se repérer dans la classe : identifier et nommer les différents espaces. - Se repérer dans l'école : identifier et nommer les différents espaces. - Représenter la classe.	- Réaliser une maquette simplifiée du quartier autour de l'école. - Se repérer sur l'espace de la maquette en utilisant le vocabulaire des positions.			
		Situer un lieu sur une carte ou un globe		
		- Localiser la terre et la mer sur un globe terrestre. - Localiser les continents sur un planisphère.	- Situer un espace étudié sur le globe terrestre ou sur un planisphère (lien avec la littérature, les pays d'origine des élèves).	- Utiliser un logiciel de vue aérienne pour localiser une ville, un pays (lien avec les exposés).
		LE TEMPS		
		Se repérer dans le temps et mesurer des durées		
- Identifier des rythmes cycliques : les jours, les mois, les années, les saisons. - Identifier les divisions de la journée : les heures. - Connaitre l'ordre des jours de la semaine. - Se repérer dans la journée de classe : temps de classe, récréation, cantine.	- Réaliser une frise et placer quelques événements de la journée de classe. - Associer jour de la semaine et activité. - Situer des événements de la vie quotidienne les uns par rapport aux autres.	- Connaitre quelques outils pour matérialiser l'écoulement du temps (sablier, horloge, montre, chronomètre...).		

EXEMPLE DE PROGRAMMATION DE CLASSE – PROGRAMMATION CP (SUITE)

Questionner le monde – L'espace et le temps – Explorer les organisations du monde

PÉRIODE 1	PÉRIODE 2	PÉRIODE 3	PÉRIODE 4	PÉRIODE 5
LE TEMPS				
Repérer et situer quelques événements dans un temps long				
		- Connaitre les modes de vie de la génération précédente : l'enfance des parents.	- Connaitre des inventions datant de la génération précédente. - Connaitre l'école d'autrefois (1900).	- Connaitre des modes de déplacement d'autrefois. - Repérer et ordonner quelques événements qui ont marqué l'histoire. Les associer à une période historique.
LES ORGANISATIONS DU MONDE				
Comparer des modes de vie				
			- Comparer quelques modes de vie des hommes et des femmes - Identifier le mode de vie d'un autre pays.	
Comprendre qu'un espace est organisé				
	- Identifier et nommer quelques espaces proches de l'école. - Dessiner l'espace proche de l'école.	- Identifier le rôle de quelques bâtiments proches de l'école (mairie, épicerie, lieux de prière...).		
Identifier des paysages				
				- Identifier et caractériser un paysage urbain, un paysage montagnard, un paysage maritime, un paysage rural, à partir de photographies.

EXEMPLE DE PROGRAMMATION DE CLASSE

Écriture CM1

PÉRIODE 1	**Éviter les répétitions** Transformer une phrase en changeant l'ordre des mots. *J'ai les yeux bleus. / Mes yeux sont bleus.* **Écrire un portrait** **Projet de journal de classe :** **Étape 1 :** lecture de portraits pour en extraire les caractéristiques. Mise en place du vocabulaire et organisation des informations en paragraphes. **Étape 2 :** écriture individuelle de son autoportrait. *Travail sur la structure de la phrase : positionner correctement les points, éviter d'utiliser « je » à chaque phrase (renverser la phrase). Utiliser des adjectifs, des comparaisons.* TUIC : écriture des portraits avec le traitement de texte pour réaliser le journal. **Évaluation :** écrire le portrait d'un personnage imaginaire (sorcière)	- Les majuscules en lettres curs., associées aux prénoms, aux pays ou aux régions et villes françaises : C, G, S, L, E, I, J, H, K, A, M, N - Copier un texte sans erreur, en respectant la graphie des lettres et la présentation du texte.
PÉRIODE 2	**Amplifier une phrase** Amplifier une phrase syntaxiquement correcte en coordonnant par « et » un verbe et un autre. **Rédiger un écrit de type journalistique** **Étape 1 :** lecture d'articles de journaux de différents types (faits divers, interview, compte-rendu d'événements politiques, économiques) et observation de leurs caractéristiques. **Étape 2 :** observation de la structure d'un journal pour les enfants : dossier, articles, titres, images, sommaire, jeux, blagues, horoscope… **Étape 3 :** choix d'un sujet en lien avec l'école, le quotidien de la classe, les exposés… **Étape 4 :** écriture des articles par 2 ou 3 : interview ? TUIC : écriture des articles avec le traitement de texte pour affichage sur les panneaux de la cour (insertion d'image). **Évaluation :** écriture d'un article suite à la lecture d'une nouvelle racontant l'histoire d'un enfant ayant sauvé un bébé dans un incendie.	- Idem : D, T, B, F, P, R, U, V, W, O, Q - Copier un texte sans erreur, en respectant la graphie des lettres et la présentation du texte.
PÉRIODE 3	**Amplifier une phrase** Amplifier une phrase syntaxiquement correcte en enrichissant les groupes nominaux. Utilisation de la virgule. → Passer de la phrase en pyjama à la phrase en tenue de soirée ! **Rédiger un court texte narratif fictionnel** **Étape 1 :** repérage des connecteurs temporels dans un texte. **Étape 2 :** phrases à remettre dans l'ordre pour écrire un texte. **Étape 3 :** raconter une histoire à partir d'images séquentielles : trois phrases maximums par image.	- Copier un texte sans erreur, en respectant la graphie des lettres et la présentation du texte. - Noter des informations, des idées, des hypothèses utiles au travail scolaire.

EXEMPLE DE PROGRAMMATION DE CLASSE (SUITE)

Écriture CM1

PÉRIODE 3 (suite)	**Rédiger la fin d'un récit** **Étape 1 :** repérage d'un récit (contes : le Chat Botté et Barbe bleue) et repérage des trois parties composant la structure d'un récit. **Étape 2 :** recomposition des 3 textes dont les paragraphes ont été mélangés. **Étape 3 :** après repérage de l'exposition du contexte et de l'événement perturbateur, écriture de la fin d'un récit. **Évaluation :** écrire la fin d'un récit.	
PÉRIODE 4	**Écrire un dialogue** **Étape 1 :** lecture d'un dialogue et repérage des personnages. Utilisation de couleurs pour surligner les paroles de chaque personnage. Observation des incises et liste des verbes utilisés. Recherche de verbes pouvant servir pour l'écriture de dialogue. **Étape 2 :** réécriture d'un dialogue mal présenté (utilisation de couleurs pour repérer les paroles de chacun). **1re production en groupes :** en lien avec l'enseignement moral et civique : mise en scène autour des thèmes débattus en classe (la liberté, le respect, la gentillesse, l'exclusion...). Écriture de dialogues pour réaliser des scénettes à destination des élèves de CP. - Respecter la présentation et la ponctuation du dialogue. - Utiliser des verbes énonciateurs variés (dire, répéter, crier, murmurer, répondre, demander...) pour les incises. Oralisation et mise en scène en période 5. **2e production individuelle :** lecture d'une courte situation initiale et écriture du dialogue induit. **Évaluation :** mise en dialogue d'une situation quotidienne.	- Copier un texte sans erreur, en respectant la graphie des lettres et la présentation du texte. - Noter des informations, des idées, des arguments mobilisables dans les échanges à l'oral.
PÉRIODE 5	**Rédiger un récit** **Projet de création de livres « dont tu es le héros » : sur période 5** **Étape 1 :** écriture en groupe de 4 ou 5 du début d'un récit jusqu'à l'entrée d'un personnage. **Étape 2 :** individuellement, écriture de la suite du récit. - Travailler sur la cohérence du récit - Utiliser correctement le présent - Employer des mots de liaison - Éviter les répétitions Suite du projet : - En TUIC : utilisation du traitement de texte pour mettre en page les albums. - En expression artistiques : faire 2 ou 3 illustrations. - En technologie : apprendre à utiliser la relieuse. Prêt des albums dans les maisons en fin de période 5.	- Copier un texte sans erreur, en respectant la graphie des lettres et la présentation du texte. - Noter des informations, des idées, des arguments mobilisables dans les échanges à l'oral.

EXTRAIT D'UN CAHIER JOURNAL CYCLE 1 GS – VENDREDI 4 SEPTEMBRE

Développement et structuration du langage : DSL
Acquisition des premiers outils mathématiques : APOM
Explorer le monde : EM

HORAIRES	DOMAINES	COMPÉTENCES	DÉROULEMENT DES ACTIVITÉS	MATÉRIEL	OBSERVATIONS
8h20-8h35 Accueil	DSL	- Communiquer avec les adultes et les autres élèves. - Respecter les règles de politesse.	Arrivée des élèves ; accueil des parents et des élèves ; activités en autonomies de la période (dessin libre, jeux de brique, petits chevaux, bibliothèque, pinces à linge).	Tout ce qui est nécessaire pour les activités d'accueil de la période + étiquettes prénoms + affiche « maison des présents ».	
8h35-8h55 Rituels	DSL / APOM / EM	- Découvrir le principe alphabétique. - Construire le nombre pour exprimer les quantités. - Acquérir la suite orale des mots-nombres. - Écrire les nombres avec les chiffres. - Stabiliser les premiers repères temporels : organisation de la journée, de la semaine.	Au coin regroupement : - chanson « Bonjour », - comptine « Je vais à l'école », - observation des étiquettes, prénoms des absents : reconnaissance, dénombrement, - dénombrement des présents, - recherche des nombres sur la droite numérique et écriture au tableau, - construction de la date en utilisant le calendrier et mise en place des étiquettes, - répétition des jours de la semaine.	Matériel des rituels.	
8h55-9h25	AA / DSL / EM	- Identifier les prénoms de la classe. - Identifier quelques lettres, les nommer, les reconnaitre, les tracer dans l'aire, leur associer un son. - Réaliser une production plastique en utilisant des empreintes. - Utiliser le langage oral pour communiquer et coopérer. - Écouter les autres et tenir compte de leur propos. - Développer sa motricité fine. - Reproduire le schéma corporel.	Travail en atelier : - avec le PE, groupe rouge : travail sur les étiquettes prénoms du groupe (différences, ressemblance, identification) ; - avec l'ATSEM, groupe jaune : décoration de la couverture du cahier de vie avec des empreintes de briques de jeu en peinture ; - en autonomie, groupe vert : jeu d'imitation au coin cuisine « préparer un bon repas » ; - en autonomie, groupe bleu : faire « Groloulou » en pâte à modeler en s'aidant de l'illustration de l'album.	- Étiquettes prénoms - Peinture : couleurs primaires dans 3 bacs - Feuilles papier canson format A4. - 9 briques de jeu (3 dans chaque couleur). - 6 blouses. - Matériel du coin cuisine bien rangé : ustensiles, nourriture, couverts, linge. - Pâte à modeler (6 boules). - 6 illustrations de Groloulou plastifiées. - 6 sets de table.	

EXTRAIT D'UN CAHIER JOURNAL CYCLE 1 GS – VENDREDI 4 SEPTEMBRE (SUITE)

Agir, s'exprimer, comprendre à travers les activité artistiques : AA

Agir, s'exprimer, comprendre à travers les activité physiques : AP

HORAIRES	DOMAINES	COMPÉTENCES	DÉROULEMENT DES ACTIVITÉS	MATÉRIEL	OBSERVATIONS
9h25-9h35	DSL	- Utiliser le langage pour raconter, pour reformuler une consigne, pour donner son avis. - Écouter les autres. - Se concentrer, être attentif.	Au coin regroupement : bilan de fin d'atelier : 2 élèves de chaque groupe expliquent aux autres ce qu'ils ont fait et montrent leur production.		
9h35-10h	AA / DSL / EM	Cf. ci-dessus	Travail en atelier : changement de groupe : - avec le PE, groupe vert, - avec l'ATSEM, groupe bleu, - en autonomie, groupe rouge : coin cuisine, - en autonomie, groupe jaune : pâte à modeler.		
10h-10h30	Récréation				
10h30-11h15	AP / APOM	- Collaborer, s'opposer, coopérer. - Agir dans l'espace. - Construire le nombre pour exprimer les quantités et acquérir la suite orale des mots-nombres.	Échauffement : travail d'écoute (marcher au rythme des battements de mains de la maitresse ; se statufier au signal ; se déplacer silencieusement à la manière d'animaux). Puis jeu collectif pour construire le groupe : la chasse au trésor. À chaque partie, dénombrement des objets ramenés dans chaque camps, comparaison des collections, et annonce des vainqueurs. Retour au calme : relaxation « dans la forêt ».	- Sacs de sable, balles en mousse et anneaux en grand nombre. - 4 cerceaux de couleurs différentes pour symboliser les malles des trésors. - Fond sonore nature.	
11h15-11h30	DSL	- Écouter de l'écrit et comprendre, en écoutant, un album, un conte lu par l'enseignant. - Échanger et réfléchir avec les autres en donnant son avis, en reformulant, en enrichissant.	Nouvelle lecture de la rentrée de Groloulou.		

EXTRAIT D'UN CAHIER JOURNAL CYCLE 3 CM1 – JEUDI 19 SEPTEMBRE

HORAIRES	DOMAINES	• *COMPÉTENCES* / - CONNAISSANCES	DÉROULEMENT	OBSERVATIONS
8h30	Administratif		Appels cantine / Ateliers / Étude. Point cahiers de liaison.	
8h40	Calcul	• *Calculer avec des nombres entiers et des nombres décimaux.* - Mettre en place des stratégies de calcul mental.	Trouver des compléments à des multiples de 100 : travail collectif avec l'ardoise.	
9h10	Lecture	• *Lire, comprendre et interpréter un texte littéraire adapté à son âge et réagir à sa lecture.* - Extraire des informations d'un texte. - Lire à voix haute de manière fluide.	1. Correction collective du début du questionnaire de lecture en reprenant la méthodologie (utilisation de la fiche de lexique). 2. Travail en deux groupes : - lecture oralisée avec le PE par groupe de besoin, - fin de la fiche de lecture en autonomie et illustration du chapitre 6 pour ceux qui auront terminé.	
10h00 10h20	Récréation			
10h20 11h15	Histoire / Écriture	• *Situer chronologiquement des grandes périodes historiques.* • *Placer quelques événements importants.*	Travail par groupes de 3-4 pour associer les illustrations d'une même période. Puis mise en commun : discussion, argumentation et éventuellement recherche documentaire (6 albums documentaires mis sur la table du fond) pour lever les doutes. Réalisation des frises individuelles avec 5 feuilles de couleur + les illustrations en noir et blanc. Écriture du début de la trace écrite.	
11h15 11h30	Éducation musicale	• *Chanter et interpréter.*	Suite du travail de « Le pouvoir des fleurs » : apprentissage du couplet 2.	

EXTRAIT D'UN CAHIER JOURNAL CYCLE 3 CM1 – JEUDI 19 SEPTEMBRE (SUITE)

HORAIRES	DOMAINES	• *COMPÉTENCES* / - CONNAISSANCES	DÉROULEMENT	OBSERVATIONS
13h30	Numération	• *Utiliser et représenter les grands nombres entiers, des fractions simples, les nombres décimaux.* - Décomposer les nombres entiers. - Comprendre le système décimal. - Encadrer à la dizaine près, à la centaine près.	Rituel : 4 567 – 2 489 - Représentation des nombres par le dessin. - Chiffre des centaines / dizaines… - Décomposition additive. - Nombre de centaines cachées / dizaines cachées… - Encadrement.	
14h00	Sciences	La planète Terre ; les êtres vivants dans leur environnement. • *Identifier les enjeux liés à l'environnement.* - Suivre et décrire le devenir de quelques matériaux de l'environnement proche. Relier les besoins de l'être humain, l'exploitation des ressources naturelles et les impacts à prévoir et gérer. - Exploitation raisonnée et utilisation des ressources en eau.	L'eau sur Terre : Voir fiche de séquence, séance 1 - Ressources en eau : vocabulaire associé. - Eau douce / eau salée. - Différents états de l'eau. - Cycle de l'eau.	
15h00 15h15	Récréation			
15h15 16h10	Étude de la langue	• *Maitriser les relations entre l'oral et l'écrit.* • *Acquérir la structure, le sens et l'orthographe des mots* • *Maitriser la forme des mots en lien avec la syntaxe* • *Observer le fonctionnement du verbe et l'orthographier.*	Préparation de dictée 3 : travail individuel. Aide individualisée.	
16h10 16h30	Matériel		Mise en place des classeurs et des intercalaires. Rangement des préparations de dictée.	

EXEMPLES DE GRILLES D'OBSERVATIONS ET D'ÉVALUATION

Cycle 1

Domaine d'activité : agir et s'exprimer avec son corps. Compétence évaluée : *danser (se déplacer, faire les gestes) en concordance avec la musique, le chant et les autres enfants.*

On notera que, dans ce cas, la question de l'apprentissage antérieur est cruciale. Déclencheur : une activité de danse en musique impliquant plusieurs enfants (situation de production mobilisatrice).

Grille d'observation/lecture analytique : on peut imaginer une grille portant sur quatre dimensions, selon le modèle ci-après :

OUTIL – ESQUISSE D'UNE GRILLE D'OBSERVATION ANALYTIQUE POUR UNE ACTIVITÉ DE DANSE EN MUSIQUE			
Dimensions à observer	**Niveau 1**	**Niveau 2**	**Niveau 3**
Déplacements dans l'espace	Reste statique	Se déplace, mais avec lourdeur	Occupe l'espace disponible
Réalisation de gestes	Absence de gestes	Gestes décousus	Gestes harmonieux
Concordance avec la musique	Aucune concordance	Concordance ponctuelle	Concordance parfaite
Concordance avec les autres enfants	Aucune concordance	Concordance ponctuelle	Concordance parfaite

EXEMPLES DE GRILLES D'OBSERVATIONS ET D'ÉVALUATION (SUITE)

Cycle 2

L'évaluation de la compétence : *avoir compris et retenu quelques principes d'hygiène personnelle et collective et leur justification* (domaine 2 : vivre ensemble), pourra se fonder sur deux types d'observations :

1. Observation en continu du comportement (ce qui n'exige pas la mise en œuvre d'un déclencheur spécifique).

2. Analyse des réponses de l'élève à un questionnaire écrit ou oral portant sur les principes identifiés (modalité d'évaluation : système de questions).

L'évaluation des compétences pourra s'effectuer en utilisant une grille construite sur le modèle suivant :

OUTIL – ESQUISSE D'UNE GRILLE D'ÉVALUATION DANS LE DOMAINE DU VIVRE ENSEMBLE					
	Compréhension	**Compréhension**	**Mémorisation**	**Mémorisation**	**Mémorisation**
	Oui	Non	insuffisante	acceptable	parfaite
Principe 1					
Principe 2					
Principe 3					

EXEMPLES DE GRILLES D'OBSERVATIONS ET D'ÉVALUATION (SUITE)

Socle commun de compétence, connaissance et culture compétence 1 : maitrise de la langue française.

Item n° 1 : *S'exprimer à l'oral comme à l'écrit dans un vocabulaire approprié et précis.* La colonne « explicitation » des références rattache l'item à des activités telles que raconter, décrire, exposer. Par exemple : « présenter un travail à la classe en s'exprimant en phrases correctes et dans un vocabulaire approprié ».

La colonne « indications » envisage deux types de situations d'évaluation (donc ; deux grandes modalités) :

1. Situations de classe ordinaire (par exemple : lors de conduite de projets) : l'élève est alors observé dans la continuité de son comportement.
2. Activités spécifiquement conçues pour l'évaluation, et déclenchant :
   – soit une activité orale (ex. décrire un objet ; présenter un travail ; faire un récit) ;
   – soit une activité écrite (les mêmes tâches débouchant sur une production écrite).

Cette même colonne « indications » précise ensuite que l'évaluation pourra porter sur différentes capacités, dont trois sont listées : rappeler un événement ; rapporter un récit ; restituer des informations. Avant d'indiquer que l'observation devra porter sur : la clarté de l'expression ; la pertinence du propos ; le vocabulaire employé ; l'emploi de connecteurs appropriés.

Il nous semble que l'évocation des capacités sur lesquelles l'évaluation peut porter nous laisse encore à l'extérieur du travail central à réaliser, qui consiste à identifier les principales dimensions de la compétence à évaluer. Des capacités comme « rappeler un événement », ou « rapporter un récit », ne sont que des capacités support pour la compétence visée : s'exprimer à l'oral comme à l'écrit. Le rappel d'un évènement, ou le rapport d'un récit, seront des occasions de s'exprimer. Mais ces capacités ne se confondent pas avec celle que l'on veut pouvoir spécifiquement apprécier. Les indications portant sur « l'observation » donnent alors des informations plus directement utiles pour notre travail central, en nous invitant à regarder du côté de l'expression, du propos, et du vocabulaire. Car l'item est centré d'une façon générale sur l'expression, et, plus particulière, sur le vocabulaire. La grille de lecture/analyse devrait donc au moins comporter deux rubriques : expression (clarté ? fluidité) ; et vocabulaire (pertinence ? précision ?). On pourrait penser aussi que la pertinence du propos tenu est une dimension importante de la capacité d'expression. Par ailleurs, les indications concernant le seuil d'acceptabilité ajoutent des informations, en indiquant que l'item est évalué positivement quand « l'élève parvient à construire un discours... continu, même court, en se faisant comprendre, en adaptant son propos au destinataire ». Deux dimensions de la compétence visée sont ainsi suggérées : capacité à se faire comprendre ; capacité d'adaptation au destinataire. Si bien que, en considérant que la dimension « expression » se dédouble en « clarté » et en « fluidité », et que la dimension « vocabulaire » se dédouble également en « précision » et « appropriation », on pourrait se doter d'un outil de lecture/analyse comportant 7 lignes :

OUTIL - ESQUISSE D'UNE GRILLE D'ÉVALUATION POUR L'EXPRESSION ORALE			
Dimensions de l'item	**Niveau 1 (insuffisant)**	**Niveau 2 (acceptable)**	**Niveau 3 (très satisfaisant)**
Clarté de l'expression			
Fluidité de l'expression			
Pertinence du vocabulaire			
Précision du vocabulaire			
Pertinence du propos			
Adaptation du propos au(x) destinataire(s)			
Capacité de se faire comprendre			

GRILLE D'OBSERVATIONS D'ACCOMPAGNEMENT DES BESOINS

MANIFESTATIONS (ÉLÉMENTS FACTUELS)	LIEU	MOMENT DE LA JOURNÉE	PERSONNE(S) IMPLIQUÉE(S)	CIRCONSTANCES DES FAITS	RÉACTIONS
Quoi ?	***Où ?***	***Quand ?***	***qui ?***	***Cause ?***	***Conséquence ?***

EXEMPLE DE PROGRAMME PERSONNALISÉ DE RÉUSSITE ÉDUCATIVE

Annexe b – Exemple de PPRE

académie Lille
direction des services départementaux de l'éducation nationale Nord
inspection Lille I Lambersart
éducation nationale

PROGRAMME PERSONNALISÉ DE RÉUSSITE ÉDUCATIVE N° 1
Année 2025-2026
Action prévue du………………….au…………………
(De 3 semaines à une période maximum)

L'ÉCOLE	L'ÉLÈVE
Nom de l'école : **Ville :** **Secteur de collège :** **Enseignant(e) :** **Classe : CE1 – CE2** (en cas de cours double, merci d'entourer le niveau suivi par l'enfant)	**Nom :** **Prénom :** **Date de naissance :** **Trouble(s) particulier(s) :** ☐ vision ☐ audition ☐ motricité ☐ langage ☐ corrigé(s) ☐ non corrigé(s) PAP ☐ PPS ☐ **Suivi(s) extérieur(s) :** **Nom(s) et lieu(x) :** **Jour(s), horaire(s) des suivis :**

TEMPS N° 1 : ÉLABORATION DU PPRE en conseil de cycle du ……..(Date)

- À partir de l'identification précise des difficultés persistantes lors de l'observation de l'enfant en situation d'apprentissage
- Définition d'un à deux objectifs prioritaires en référence aux attendus des programmes de mise en œuvre du socle commun

RÉUSSITES DE L'ÉLÈVE	DIFFICULTÉS DE L'ÉLÈVE	OBJECTIF(S) POURSUIVIS PAR LE PPRE
L'enfant déchiffre correctement un texte. Lecture assez fluide. Bonne mémorisation Élève attentif lors d'une situation d'écoute L'enfant connait la suite des nombres jusque 90. Il sait dénombrer des quantités. Il sait compter de un en un, de 10 en 10 jusque 60. Il sait lire et écrire les nombres inférieurs à 60. **Il a compris que la base 10 régissait notre système de numération.**	Déchiffre sans chercher de sens. Compréhension des informations explicites d'un texte lu par l'élève. Il ne sait ni lire ni écrire les nombres au-delà de 59.	**1. Amener l'enfant à comprendre un texte** **2. Être capable de lire et d'écrire les nombres de 60 à 99**
Points d'appui (domaines du socle commun appréciés par l'enfant / exemples : en technologie, en arts visuels…) porte un intérêt pour les arts plastiques, le dessin…		

EXEMPLE DE PROGRAMME PERSONNALISÉ DE RÉUSSITE ÉDUCATIVE (SUITE)

TEMPS N° 2 : MODALITÉS DE MISE EN ŒUVRE DU PPRE

Organisation des actions envisagées dans la classe, avec l'équipe de cycle, dans l'école, avec la famille et les partenaires

OBJECTIF 1	
Compétences Domaines	**Amener l'enfant à comprendre un texte** Comprendre un texte : 1. Identifier des relations entre les mots, entre les mots et leur contexte d'utilisation 2. Contrôler sa compréhension Domaines 1 et 2
Au sein de la classe	Reprise du texte étudié en amont (en APC). Possibilité de faire expliciter à la classe le vocabulaire par les enfants ayant profité de l'APC et mettre en place des groupes de besoin : différencier les supports en jouant sur la longueur du texte, la présence ou non d'illustrations, de mots illustrés, la police… Présence ou non de l'enseignant au sein des groupes de besoin : lecture guidée, étayage, reformulation… Et/ou Proposer différents types d'écrit : lire pour fabriquer (fiches techniques), lire pour dessiner, pour compléter un dessin, reconstitution d'une scène à partir d'éléments à placer d'après la lecture du texte… en vue de faire prendre conscience de la nécessité de se représenter ce qu'on a lu, de faire des pauses, de se relire. Mise en commun des productions des élèves, échanges autour des stratégies utilisées.
Et/ou Au sein du cycle	Mettre les emplois du temps en barrette. Élaboration de groupes de compétences : dans chaque groupe est travaillée une stratégie de compréhension (ex : comprendre un mot dans une phrase / utilisation du dictionnaire, utilisation du contexte pour anticiper le sens d'un mot…)
En APC	Profiter de cette aide en petit groupe pour découvrir le texte **en amont.** Ce temps de langage privilégié permettra d'expliciter le vocabulaire, d'aider à la clarification des passages non compris, de faire reformuler les idées importantes… Profiter de cette aide en petit groupe **pour approfondir la compréhension d'un texte lu et étudié en classe.** Fréquence : 2 fois par semaine, 30 à 40 min
En stage de remise à niveau	Voir formulaire « Stage de Réussite »
Avec les parents (activités ou jeux possibles à la maison)	L'enfant emmène chez lui l'album étudié en classe en vue de le raconter et/ou de le lire à ses parents ou à ses frères et sœurs. Les parents et leur enfant partagent la lecture d'un album de la classe ou de la bibliothèque école.
Avec les partenaires extérieurs	Selon les besoins
Avec l'enfant (retranscrire les propos de l'élève)	– ce que je réussis : – est difficile pour moi : – ce je vais essayer :

EXEMPLE DE PROGRAMME PERSONNALISÉ DE RÉUSSITE ÉDUCATIVE (SUITE)

OBJECTIF 2	
Compétences Domaines	**Être capable de lire et d'écrire les nombres de 60 à 99** Représenter : Utiliser des nombres pour représenter des quantités et des grandeurs Appréhender différents systèmes de représentations 1,2, 4
Au sein de la classe	**Mettre à la disposition de l'enfant un référent qui pourrait être construit en APC** Adapter dans les problèmes les nombres proposés… Lors des dictées de nombres : faire choisir l'enfant dans une liste de nombres, lui permettre d'utiliser son référent, utiliser des mots d'autres langues comme septante, huitante, nonante. l'inviter à se représenter le nombre avec du matériel avant de l'écrire en chiffre.
Et/ou au sein du cycle	Décloisonnement en numération : constitution de groupes de niveau (nombres inférieurs à 20 /de 60 à 90 /… à lire, écrire, représenter, à comparer, ranger…).
En APC	Jeux mathématiques : jeux de lotos ciblés sur les nombres de 60 à 99, jeu de familles sur ces mêmes nombres, jeux d'association des différentes représentations d'un même nombre : écriture chiffrée à associer à l'écriture en lettres, à la décomposition additive du nombre, à la collection, représentation imagée de ce nombre (les mains, les blocs en base 10 et le matériel construit avec les élèves pour illustrer les regroupements). Pour prendre conscience de ce qui change dans le mot nombre à l'oral et à l'écrit ; jeu du nombre démasqué (exemple : démasquer la valeur de quatre vingt quatorze et trouver comment il s'écrit en chiffres, relever son identité en lui dessinant son portrait). Jeu de la marchande avec articles dans les 60 à 80 euros.
Et /ou En stage de Réussite	Voir formulaire « Stage de Réussite »
Avec les parents (activités ou jeux possibles à la maison)	Reprise des jeux : jeu de la marchande…
Et/ou Avec les partenaires extérieurs	
Avec l'enfant (retranscrire les propos de l'enfant ou l'absence de réponse)	– ce que je réussis : à compter jusque 90, à écrire les nombres jusque dans les 50 – ce qui est difficile pour moi : écrire et lire les nombres plus grands – ce je vais essayer : d'utiliser mes outils

LE CADRE « LES 3 R » : RÈGLES, RESPONSABILITÉS, ROUTINES

Exemples de responsabilités à distribuer dès la maternelle

La responsabilité morale et juridique est au fondement de la société démocratique. Elle se construit progressivement comme finalité de l'éducation dès la maternelle. Dans la classe, prendre une responsabilité initie l'élève à la responsabilité citoyenne. Elle développe le sentiment d'appartenance au groupe en contribuant au bien commun.

Nous vous proposons dans cette fiche une version synthétique et une version détaillée des responsabilités.

Version synthétique[1]

- Étiquettes présents/absents
- Compter les présents
- Compter les absents
- Compter les filles
- Compter les garçons
- Chaque jour compte
- Cahier d'appel
- Programme de la journée
- Écriture de la date
- Calendrier à mettre à jour
- Météo
- Gardien du temps
- Cahier de cantine
- Chef de rang
- Portier
- Responsable lumières
- Roi du silence
- Responsable fenêtres
- Matériel de sport
- Matériel pour récréation
- Messager
- Nettoyer la classe
- Responsable Animaux
- Responsable Plante
- Tableau à entretenir
- Collation à préparer
- Cahiers de liaison à collecter
- Cahiers, feuilles à ramasser
- Cahiers à distribuer
- Matériel à préparer
- Mur des mots
- Mot du jour
- Devoirs à écrire
- Travail des absents
- Cartable à préparer
- Président du conseil
- Ordinateurs à allumer/éteindre
- Bibliothèque

Version détaillée

L'appel :

– Enlever les étiquettes de présence du tableau d'appel en fin de journée et les préparer pour le jour suivant. (Les poser sur une table par exemple dans le sens de lecture ce qui oblige à repérer l'emplacement de la majuscule et ne pas les superposer.).
– Dénombrer la quantité d'élèves présents.
– Dénombrer la quantité d'élèves absents.
– Dénombrer la quantité d'élèves présentes filles.
– Dénombrer la quantité d'élèves présents garçons.
– Lire les noms sur le cahier d'appel.

1 Liste construite à partir de l'ouvrage *La pédagogie positive à l'école primaire – Cycles 1 à 3*, Eve Leleu-Galland, Florence Samarine, Dunod, 2020.

LE CADRE « LES 3 R » : RÈGLES, RESPONSABILITÉS, ROUTINES (SUITE)

L'emploi du temps de la journée :
– Écrire ou ordonner les activités de la journée sur le tableau.

La date
– Composer la date du jour à partir d'étiquettes, l'écrire sur le tableau.
– Mettre à jour le calendrier (barrer le jour, lire l'évènement de la journée si besoin et l'expliciter : une sortie, un anniversaire, une activité…).
– Chaque jour compte : compter les jours passés depuis la rentrée, depuis un événement… et/ou décompter les jours restant avant les vacances, un anniversaire…
– Décrire la météo.

Services pour la classe
– Gardien du temps.
– Présider le conseil des élèves.
– Rédiger son compte rendu.
– Apporter le cahier de cantine à la directrice et lui mentionner le nombre d'élèves déjeunant à la cantine.
– Chef de rang.
– Tenir la/les portes.
– Éteindre les lumières.
– Vérifier que les fenêtres soient ouvertes ou fermées.
– Ranger le matériel de sport après une séance.
– Apporter les messages à la directrice, à un autre enseignant.
– Nettoyer le tableau, un espace…
– Distribuer les cahiers/feuilles, les ordonner, par ordre alphabétique ou par groupe, les collecter en fin de séance.
– Préparer du matériel. Par exemple : mettre un pinceau dans chaque pot de peinture.
– Mettre à jour le mur des mots.
– Écrire les devoirs pour les élèves absents.
– Préparer le cartable de certains élèves (retenus au moment de la préparation par exemple).
– Tenir la bibliothèque : vérifier le rangement, enregistrer les prêts de livres.
– Prendre soin des animaux : alimentation, nettoyage.
– Arroser les plantes.
– Préparer la collation de fruits : éplucher, couper, partager, servir.

Services pour l'école
– Ranger le matériel en fin de récréation.
– Étendre les serviettes pour les faire sécher.

EXEMPLE DE FICHE D'EXPLICITATION DES GESTES PROFESSIONNELS À DESTINATION D'UN AESH

Accompagnement de Thomas
Il a besoin d'être encadré avec exigence afin d'acquérir un comportement d'élève de cycle 3.

- **Être correctement assis, dans une position de travail.**
→ *lui dire avec clarté et précision ce qu'il doit modifier dans son positionnement : avoir le dos contre le dossier de la chaise, tenir sa tête droite, ne pas avoir les mains dans les poches, garder ses chaussures, ne pas avoir les jambes écartées en grand.*
- **Parler avec un langage exemplaire.**
→ *être exigeant avec Thomas sur son langage, sur la qualité des phrases employées, sur le vocabulaire utilisé (pas de vocabulaire familier en classe, pas de « ouai », des formules de politesse).*
→ *lui parler avec un langage exemplaire pour être modélisant et l'amener à progresser*
- **Être à l'écoute de la séance en cours.**
→ *lui dire explicitement vers où doit se porter son regard et son attention (la maîtresse, l'AESH, le groupe).*
→ *lui faire répéter les consignes.*
→ *lui demander régulièrement s'il a compris et, si ce n'est pas le cas, lui réexpliquer individuellement ce qui a été dit.*
- **Réfléchir quand il y a un questionnement, un exercice.**
→ *aider Thomas à construire son raisonnement, le guider en lui donnant les étapes à faire, sans lui donner la réponse.*
→ *lui répéter individuellement les questions afin de l'inciter à réfléchir et à lever le doigt pour participer (« la maitresse a demandé…, quelle est ta réponse ? »).*
- **Suivre le rythme des changements d'activité.**
→ *lui demander ce qu'il doit sortir comme matériel.*
→ *l'aider à s'organiser, notamment dans la gestion de la pochette rouge.*
- **S'appliquer dans le travail écrit.**
→ *rappeler à Thomas les consignes de présentation s'il commence à écrire au mauvais endroit.*
→ *vérifier qu'il ne fait pas d'erreur de copie et l'inviter à se relire s'il en fait afin qu'il trouve ses erreurs et se corrige seul.*
→ *le stimuler, l'aider à réfléchir, dans les exercices écrits. Thomas a beaucoup besoin d'être rassuré.*
- **Mémoriser les notions travaillées.**
→ *faire répéter plusieurs fois à Thomas ce qui a été travaillé en classe afin qu'il mémorise un maximum.*

CRÉDITS ICONOGRAPHIQUES

Couverture : hd : ADOBE STOCK / Rido,
m : ISTOCK / Wavebreakmedia

Pages : 16 : NATURIMAGES / Valéry TRILLAUD ;
18 : ISTOCK / StockPlanets ;
20 : ISTOCK / fotografixx ;
33 : ADOBE STOCK / New Africa ;
36 : ADOBE STOCK / Contrastwerkstatt ;
40 : ISTOCK / oksix ;
47 : ADOBE STOCK / contrastwerkstatt ;
51 : ISTOCK / aldomurillo ;
55 : ISTOCK / FatCamera ;
66 : ISTOCK / Fly View Productions ;
68 : ISTOCK / SDI Productions ;
71 : Jeanne Paturel / Agence 1h23 ;
74 : Sabrina Dolidze / Divergence Images ;
77 : ISTOCK / skynesher ;
84 : ISTOCK / StockPlanets ;
87 : Nicolas Guyonnet / Hans Lucas via AFP ;
89 : ADOBE STOCK / Daisy Daisy ;
91 : Jeanne Paturel / Agence1h23 ;
94 : ISTOCK / skynesher ;
97 : LOUAPRE Thomas / Divergence Images ;
99 : REA / Mathilde MAZARS ;
102 : ISTOCK / SDI Productions ;
112 : SIGNATURES / Arno Brignon ;
114 : MAXPPP / Guillaume Bonnefont / IP3 PRESS ;
127 : ADOBE STOCK / Robert Kneschke ;
140 : SHUTTERSTOCK / Rido ;
148 : ISTOCK / izusek ;
151 : THIERCELIN Emmanuelle / Divergence Images ;
154 : Jeanne Paturel / Agence 1h23 ;
156 : ADOBE STOCK / Rawpixel.com ;
159 : ISTOCK / Skynesher ;
161 : SHUTTERSTOCK / PeopleImages.com-Yuri A ;
162 : ADOBE STOCK / Paylessimages ;
165 : ISTOCK / BraunS ;
169 : SHUTTERSTOCK / VPales ;
174 : SHUTTERSTOCK / noowans ;
177 : ROBIN Arnaud / Divergence Images ;
180 : ISTOCK / PeopleImages

IMPRIM'VERT®
© 2025 - 7399

Achevé d'imprimer par ISIPRINT en juillet 2025
N° de projet : 10304790
N° d'impression : 202505.0228
Dépôt légal : août 2025
Imprimé en France